# Alles Glück der Welt

Vom Leben der Menschen in den 30 glücklichsten Ländern der Welt

Rund 200 Inseln und Inselchen umfasst der Schärengarten Huvudskär vor Stockholm. Holzhütten gehören hier zum schwedischen Glück dazu.

Der Forschungsreisende Matthew Flinders gab der pittoresken Lucky Bay im Südwesten Australiens ihren mehr als passenden Namen.

New York City ist nicht nur die bevölkerungsreichste Stadt der USA, sondern auch Traumziel zahlreicher Besucher aus aller Welt.

# Vorwort

## Symbolerklärung

 soziale Unterstützung

 Lebenserwartung

 Entscheidungsfreiheit

 Spendenbereitschaft

 Korruptionswahrnehmung

 Bruttoinlandsprodukt (BIP)

Am Lago de Atitlán in Guatemala liegt das Glück gerne entspannt in der Hängematte.

Das Streben nach einem glücklichen Leben, nach Glück, was es bedeutet und wo man es findet, vor allem, wie man es behält, beschäftigt Menschen auf der ganzen Welt. Es sei das höchste Gut, sagte schon Aristoteles.

Glück zu definieren ist keine leichte Aufgabe. Jeder Kulturkreis, jeder Einzelne begreift und interpretiert Glück unterschiedlich. Ist es rein subjektiv oder sogar objektiv messbar? Den ersten Versuch unternahm 2011 das *Sustainable Development Solutions Network* im Auftrag der Vereinten Nationen mit seinem *World Happiness Report*. Dieser Bericht beleuchtet seither jährlich die Lebenszufriedenheit der Menschen weltweit aus unterschiedlichen Perspektiven. So wird zum Beispiel das Maß an sozialem Angebot für Bedürftige in den verschiedenen Ländern verglichen oder die nationalen Unterschiede in der Spendenbereitschaft betrachtet.

Auf Grundlage des *World Happiness Report* 2020 nimmt dieses Buch seine Leserinnen und Leser mit auf eine inspirierende Reise: Autorinnen und Autoren erzählen von ihren ganz persönlichen Glückserfahrungen, zeichnen empathische Porträts von Locals, deren Alltag und ihren kleinen und großen Visionen. Anschließend stellen sie eine überraschende Besonderheit in den 30 glücklichsten Ländern der Erde vor.

Das Königreich Bhutan bildet den Auftakt, obschon das Land auf dem Dach der Welt es nicht unter die Top-30 geschafft hat. Bhutan war allerdings einer der Mitinitiatoren des *World Happiness Report* im Jahr 2011. Es ist vor allem auch das einzige Land, das statt des Bruttoinlandsprodukts das sogenannte Bruttonationalglück als Entwicklungsindikator nutzt. Obwohl es kein afrikanisches Land unter die ersten 30 Länder geschafft hat, zeigt das letzte Porträt, dass Menschen auch dort glücklich sein können – trotz der wirtschaftlich instabilen Lage: Simbabwe bordet über von kulturellem Reichtum und paradiesischer Natur. Und vertrauensvoller Zuversicht.

Die insgesamt 32 Länderporträts werden von Icons begleitet, die Analysefaktoren aus dem *World Happiness Report* symbolisieren und das Ranking des jeweiligen Landes im Vergleich zu Deutschland und der Welt abbilden.

Mit farbenfroh eindrucksvollen Bildern illustriert, lädt das Buch ein, »alles Glück der Welt« zu suchen und zu finden. Der Glücksbegriff ist vielschichtig und persönlich besetzt. Vielleicht bereichert ein Exkurs in die Glückswelten unterschiedlicher Kulturen die Suche nach dem eigenen Glück.

| | | | | |
|---|---|---|---|---|
| Bhutan | 12 | [18] USA | 158 |
| [01] Finnland | 20 | [19] Tschechien | 166 |
| [02] Dänemark | 30 | [20] Belgien | 174 |
| [03] Schweiz | 38 | [21] Vereinigte Arabische Emirate | 182 |
| [04] Island | 46 | [22] Malta | 190 |
| [05] Norwegen | 54 | [23] Frankreich | 198 |
| [06] Niederlande | 62 | [24] Mexiko | 206 |
| [07] Schweden | 70 | [25] Taiwan | 214 |
| [08] Neuseeland | 78 | [26] Uruguay | 222 |
| [09] Österreich | 86 | [27] Saudi Arabien | 230 |
| [10] Luxemburg | 94 | [28] Spanien | 238 |
| [11] Kanada | 102 | [29] Guatemala | 246 |
| [12] Australien | 110 | [30] Italien | 254 |
| [13] Großbritannien | 118 | Simbabwe | 262 |
| [14] Israel | 126 | | |
| [15] Costa Rica | 134 | Register | 270 |
| [16] Irland | 142 | Bildnachweis | 272 |
| [17] Deutschland | 150 | Impressum | 272 |

Wie glücklich gutes Essen machen kann, wissen die Menschen in Taichung. Taiwan befindet sich jedoch nicht nur deshalb unter den Top-30 der glücklichsten Nationen.

# Bhutan

Zwar schafft es Bhutan nicht unter die ersten dreißig im *World Happiness Report*, doch gehört im Himalayastaat das Streben nach Glück zum Regierungsprogramm. Und das hat mit seinem vierten König und seiner berühmten Aussage zu tun: »Für uns ist das Bruttonationalglück wichtiger als das -einkommen.«

Malerische Häuser säumen die Straßen Thimphus, der Hauptstadt Bhutans.

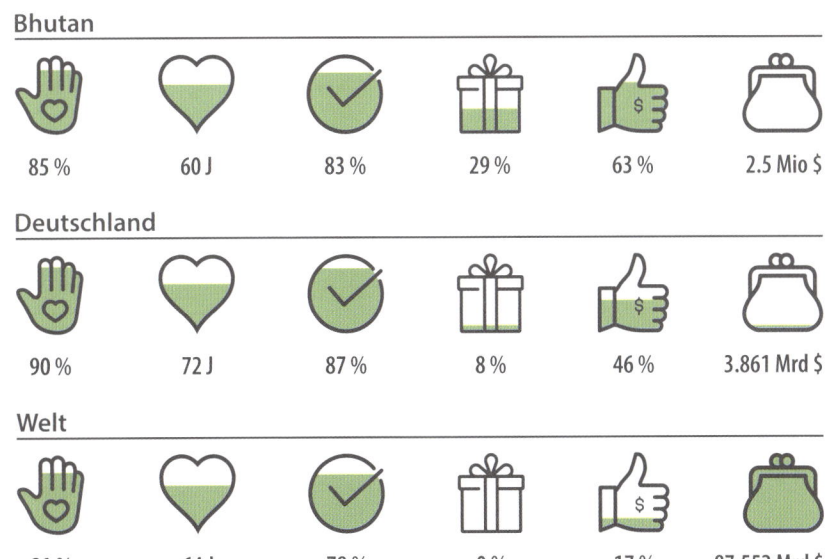

Martin H. Petrich

# Glücklichsein als Regierungsprogramm

Das harte Leben hat sich tief in die Gesichter der Frauen eingegraben. Schweigend sitzen sie auf dem steinernen Boden des ehrwürdigen Gom-Kora-Klosters und polieren die goldglänzenden Butterlampen für die buddhistische Abendzeremonie. Eine ältere Frau lehnt sich an die Wand und dreht murmelnd ihre Gebetsmühle. Kinder laufen über das Klostergelände, und ein paar Hunde dösen vor sich hin.

Die Stille wird nur vom Rauschen des reißenden Flusses unterbrochen, welcher sich tief in die zerfurchte Schlucht geschnitten hat. Ein dichtes Dschungelkleid umhüllt die Berghänge, die sich steil vom Flussufer in die Höhe ziehen. Landidyll pur. Hier im Osten Bhutans ist alles noch bedächtiger als im ohnehin entspannten Königreich. Die Region ist kaum besiedelt, die wenigen Menschen verlieren sich in ein paar Gehöften, Dörfern und Städten.

»Bhutan – Happiness is a Place« – mit diesem Werbespruch lockt das Königreich erfolgreich Touristen an. Auch mich begeistert das Land immer wieder aufs Neue: die traumhaft schöne Bergwelt, die tief verwurzelte buddhistische Kultur, die trutzigen Klosterburgen – *Dzong* genannt –, die archaischen Feste. Vor allem verströmt das Land eine unendliche Ruhe (abgesehen vom nächtlichen Hundegebell), die sich schnell auf einen überträgt. Aber ist in diesem kleinen, zwischen Indien und Tibet eingezwängten Himalaya-Staat wirklich das Glück zu Hause? Sind jene Frauen von Gom-Kora mehr happy als Frauen anderswo? Wer Glücklichsein mit beseeltem Dauerlächeln verbindet, wird enttäuscht. Die Bhutanerinnern und Bhutaner sind sehr freundlich, aber doch eher zurückhaltend, zuweilen gar verschlossen. Wie das bei Bergvölkern oft der Fall ist.

Was heißt überhaupt Glück für die 750 000 Landesbewohner, das ihnen sogar per Verfassung zusteht? Dort steht in Artikel 9, Satz 2: »Der Staat ist bestrebt, jene Bedingungen zu fördern, die das Streben nach dem Bruttonationalglück ermöglichen.« Wie das geht? Nachfrage beim »Gross National Happiness Centre« in der Hauptstadt Thimphu. Dort heißt es, dass das Bruttonationalglück von vier Bedingungen abhängig ist: Die Entwicklung muss nachhaltig und gerecht erfolgen, die Umwelt soll erhalten bleiben, die Kultur bewahrt und gefördert, zudem das Land gut regiert werden. Und in allen vier Punkten hat sich in Bhutan viel getan. Die Lebenserwartung hat sich in den letzten 50 Jahren auf durchschnittlich über 70 Jahre verdoppelt, fast alle Kinder gehen zur Schule, das kulturelle Leben blüht, die junge Demokratie funktioniert, und die Königsfamilie wird hochverehrt. Und das ist es, was mich in Bhutan so fasziniert. Aus dem Wenigen, was die Menschen haben, holen sie das Beste heraus. Auch die Frauen von Gom-Kora zeigen uns: Man braucht nicht viel, um glücklich zu sein.

Rund 900 Meter über dem Talgrund wurde das Kloster Taktshang an Felsen erbaut.

»Für mich ist Bruttonationalglück schlichtweg Entwicklung mit Werten.«

S.M. Jigme Khesar Namgyel Wangchuck, König von Bhutan

Dass Mönche nicht den gesamten Tag nur meditieren, ist in Bhutan jedem klar.

Kunzang Choden

# Die Frau, die Geschichten zum Leben erweckt

Kunzang Choden liebt Geschichten. Und das seit ihrer Kindheit. Geboren im Jahr 1952 im Ogyen Choling, einem uralten Herrenhaus im Tang-Tal bei Bumthang, hing sie den Erwachsenen von klein auf an den Lippen. Es gab auch nichts anderes, denn Bücher waren Mangelware, die Winter kalt und Besucher rar. Diese Geschichten halfen der neunjährigen Choden dann auch, eine zwölftägige Reise zu Fuß durch die Berge bis zu einem Bahnhof in Indien zu überstehen, von wo ein Zug sie zu einem katholischen Internat im bengalischen Kalimpong brachte. Dort gab es für Mädchen aus Bhutan eine der wenigen Möglichkeiten, eine gute Schulbildung zu erhalten. Fern ihrer geliebten Heimat, halfen die Erzählungen über ihre Einsamkeit hinweg.

**Auch wenn sie mit Übersetzungen von Legenden Fuß in der literarischen Welt fasste, hat auch Choden selbst einiges zu erzählen.**

Als sie nach Jahren des Studiums in das Tang-Tal zurückkehrte, wandelte sie das Haus ihrer Vorfahren in ein Heimatmuseum um, denn »jedes einzelne Ausstellungsstück hat eine Geschichte«, so Choden. Und die möchte sie den Menschen erzählen: Webstühle künden von der Kunstfertigkeit der Weberinnen früherer Generationen. Behälter zum Aufbewahren von Buchweizen oder Gerste zeugen von den harten Wintern Bhutans. Die heiligen Schriften aus der hauseigenen Druckerpresse wiederum bekunden die Weisheitslehren des Buddhismus. Und da ist die fantastische Maskensammlung für das jährliche Tempelfest, die uralte Mythen und Sagen lebendig werden lässt.

Vergangenes zu bewahren und darüber zu erzählen, wurde zu ihrem Lebensthema. Nicht nur in ihrem Museum, sondern auch als gedrucktes Wort. Kunzang Choden begann, alte Legenden und Erzählungen ins Englische zu übersetzen. Mittlerweile sind ein halbes Dutzend Bücher von ihr erschienen. 2005 publizierte sie als erste Bhutanerin einen eigenen Roman in englischer Sprache. In »The Circle of Karma« (Der Kreislauf des Karmas) erzählt sie die Geschichte der jungen Tsomo, die nach dem Tod ihrer Mutter die ärmliche Heimat verlässt und sich auf Reisen begibt. Ihre Wege führen durch Bhutan und den Norden des Subkontinents. Es ist auch eine Reise zu ihr selbst. Am Ende geht es um die Erkenntnis, dass man wahres Glück nur in sich selbst finden kann.

In einer Zeit, in der die Kunst des Erzählens verloren zu gehen droht, erzählt Choden auch online. Denn, so ist sie überzeugt: »Erst in der mündlichen Wiedergabe wird die Geschichte durch die Fantasie und das Verständnis des Erzählers verschönert und bereichert.« Dabei wird sie von ihrer Tochter Dechen Roder unterstützt, die als Filmregisseurin Karriere machte. Schließlich gibt es für beide nichts Schöneres, als das Herz der Menschen mit ihren Geschichten zu berühren.

# Das Glück des Bogenschießens

Ihre *Gho* – tunikaartige Gewänder – flattern im Wind, als die Männer singend im Gleichschritt tanzen. Wieder hat ihr Team einige Punkte ergattert, als der Pfeil eines Schützen die schmale Scheibe trifft. Und die feiern sie mit einem altertümlichen Tanzritual. Die Männer sind gegen das Nachbardorf angetreten und auf dem Weg zum Sieg. Es ist eine typische Szene für einen Sonntag in Bhutan. Kaum ein Dorf, an dem es keinen Schützenplatz gibt, denn Bogenschießen ist der Nationalsport im Königreich. Dazu reicht ein lang gezogener Grasstreifen, an dessen beiden Enden je eine Holztafel mit aufgemalter Zielscheibe steht. Dazwischen liegen eindrucksvolle 145 Meter. Auch die Familien sind mit von der Partie. Während die Frauen das mitgebrachte Mittagessen vorbereiten, bestaunen Kinder die Hightech-Bögen ihrer Väter. Noch ist dieser Sport eine Männerdomäne. Doch das ändert sich seit geraumer Zeit. Auch immer mehr Frauen erlernen die Kunst des Bogenschießens. Schließlich gilt auch hier: Geteiltes Glück ist doppeltes Glück.

Farbenfroh und traditionell gekleidet sind die Bogenschützen und die anfeuernden Zuschauer in einem Vorort von Thimphu.

[ 01 ]

# Finnland

Jedes Jahr küren die Vereinten Nationen in ihrem *Happiness Report* die glücklichste Nation der Erde. Zum vierten Mal in Folge ergatterte 2021 Finnland den ersten Platz. Dass Natur zum Glück der Finnen beiträgt, dürfte wenig überraschen, denn 90 Prozent des Landes sind mit Wasser oder Wald bedeckt.

Ruhige Seen, dichte Wälder – der Kolovesi-Nationalpark ist Idyll und Naturglück pur.

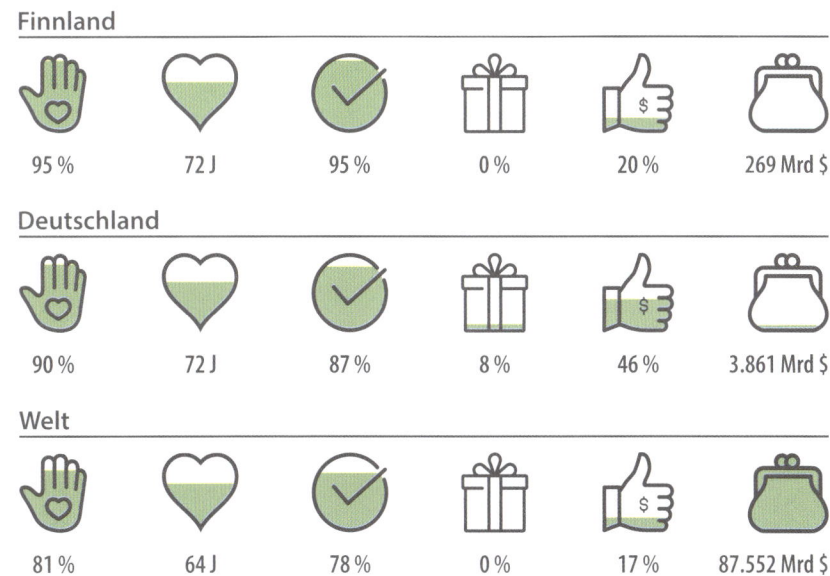

# »Onni ei tule etsien, vaan eläen.«

Glück findet man nicht, indem man es sucht, sondern indem man es lebt.

Rasso Knoller

# Die erste Reise ins Land der Glücklichen

Ein Buch hat mein Leben verändert. Klingt dramatisch. War aber so. Es war Mitte der 70er-Jahre, als ich am Schaufenster einer Buchhandlung in meiner bayerischen Heimatstadt vorbeiging. Und da stand er dann. Ein Bildband über Finnland. Auf dem Cover ein Foto des typischsten aller Finnlandblicke – die Aussicht von den Kolibergen hinab auf den Pielinensee mit seinen Dutzenden Inseln. Eine Landschaft aus Grün und Blau – und weil das Foto im Herbst aufgenommen wurde, auch ganz viel Gelb. Ich war begeistert. Wo immer das war, da wollte ich hin.

Ich war damals 16 und hatte mit Finnland noch nichts am Hut. Am folgenden Tag stand ich erneut vor dem Laden. Ich hatte mein knappes Taschengeld zusammengekratzt und kaufte das Buch. Noch im Schulbus, auf dem Weg nach Hause, blätterte ich den Band aufmerksam durch. Und als ich alle Seiten förmlich verschlungen hatte, war ich Finnlandfan.

Und dann kam er endlich – der nächste Sommer. Wie alle meine Freunde machte ich mich mit dem Interrailticket in der Tasche und dem Rucksack auf dem Rücken auf den Weg. Die Kumpels reisten nach Italien, Griechenland oder Spanien. Mein Ziel aber hieß Finnland, oder genauer gesagt Karelien. Denn ich wollte exakt dorthin, wo das Titelbild des Bildbands aufgenommen worden war. Und ich war nicht allein, denn seit dem Kauf des Buches hatte ich ein halbes Jahr Zeit gehabt, um Ruth, meine erste Freundin, zu überzeugen, dass Finnland das Land unserer Sommerferien werden sollte. Danke, Ruth. Wir haben im Zelt übernachtet, am Ufer namenloser Seen und mitten im Wald. Und dann, endlich am Ziel angekommen, in der Jugendherberge in Vuonislahti, einem roten Haus, nur wenige Meter vom Pielinen entfernt. Dort haben wir ein Boot gemietet und sind hinübergerudert ans andere Ufer, dorthin, wo das Ziel meiner Träume lag – die Koliberge. Wir stiegen den Hang hinauf und standen bald am Gipfel des Ukko-Koli, dem Ort, an dem das Foto des Bildbandes aufgenommen worden war, das mein ganzes Leben verändern sollte.

In meiner Erinnerung war dieser Sommer Mitte der 70er-Jahre ein besonderer Sommer, einer voller Sonnenschein und Glück. Hätte ich ein Land erschaffen können, so hätte es ausgesehen wie Nordkarelien im Sommer. Ein Land voller Seen mit Inseln und eines, an dem an jedem Ufer eine Sauna steht.

Mir war klar, ich würde wiederkommen. Im nächsten Jahr, mit Interrail. Und im übernächsten auch. Irgendwann war Ruth nicht mehr dabei, die Liebe zu Finnland aber ist bis heute geblieben.

**Es ist dieser Ausblick vom Ukko-Koli auf den Pielinen und seine unzähligen (etwa 2 000) Inseln, in den sich viele sofort verlieben.**

Petri Honkala

# Ein Mann zum Mieten: Glücksguide von Beruf

Petri Honkala, 59, ist *Happiness Guide*, und doch spricht er lieber von Zufriedenheit. Glück, das klinge so absolut, so als müsse immer alles perfekt sein, sagt er. In kurzer Hose und Badelatschen holt er mich am kleinen Yachthafen von Mathildedal zu einem Spaziergang ab. Mit seinem Zopf, der Sonnenbrille, die er lässig im Haar statt vor den Augen trägt, und seinem vollen Bart sieht Honkala aus wie eine Mischung aus Althippie und einem ehemaligen Weltmeister im Surfen. Dass wir uns in Mathildedal treffen, ist kein Zufall, denn der kleine Ort in Südfinnland ist so etwas wie das Zentrum der Glückssucher. Früher stand hier eine Eisenhütte, heute versuchen 130 Menschen ihren Traum von einem anderen Leben zu verwirklichen.

Die einen verdienen ihr Geld mit einem Café, die nächsten mit einer Galerie – hier leben Kunsthandwerker, Musiker, Bierbrauer, Maler und Lebenskünstler ... ob sie glücklicher sind in Mathildedal als anderswo? Wer weiß. Auf jeden Fall aber scheinen sie alle irgendwie angekommen zu sein – an einem Ort, an dem sie ihr Leben leben können. Wäre Pippi Langstrumpf Finnin, dann würde auch sie hier wohnen. Wegen der bunten Holzhäuschen, der großen Gärten mit den blühenden Bäumen und vielleicht auch, weil hier eine Herde Alpakas unter der finnischen Sommersonne grast. Vieles in Mathildedal erinnert an Astrid Lindgrens Bullerbü. Das gefällt auch den Touristen, die im Sommer für einen Wochenendausflug, fürs kleine Glück zwischendurch, hierher kommen.

Im normalen Leben ist Petri Honkala Physiotherapeut, als *Happiness Guide* ist es seine Aufgabe, Menschen aus anderen Ländern den finnischen Weg zum Glück zu zeigen. Das geschieht mit einem Augenzwinkern, denn natürlich glaubt auch er nicht, dass man in Finnland den Königsweg zum perfekten Leben gefunden hat. Und ein bisschen hat das Ganze auch mit Touristenwerbung zu tun. Bei »Visit Finland«, der Fremdenverkehrsorganisation des Landes, hat man nämlich schnell entdeckt, dass Glück auch ein gutes Verkaufsargument sein kann. Deswegen haben Werbefachleute Freiwillige wie Petri Honkala angeworben, die Touristen auf einen Ausflug in ihr finnisches Leben mitnehmen. »Rent a Finn« heißt die Aktion, bei der Gäste aus dem Ausland einige Tage mit einem »richtigen« Finnen verbringen können. Und für die hat Petri Honkala dann auch einen Ratschlag für ein gutes Leben parat: »Ich bin ein einfacher Mann und versuche meine Energie auf die positiven Dinge des Lebens zu konzentrieren«, sagt er und erzählt dann, wie er Kraft findet, wenn er Gitarre spielt oder mit seinem Hund durch den Wald spaziert.

»Ich bin ein einfacher Mann und versuche meine Energie auf die positiven Dinge des Lebens zu konzentrieren.«

Petri Honkala steckt seine Gäste gerne mit einem zufriedenen Lächeln an – und mit seiner positiven Lebenseinstellung.

In der Spinnerei Ruukin Kehräämö lässt sich ein Laden finden, in dem die Frau von Petri Honkala ökologische Kleidung – meist aus Alpakawolle – verkauft.

Saimi Hoyer

# Jubelschreie aus dem Wald

Finnen lieben die Natur, aber nicht jeder freut sich so exaltiert darüber, wenn er einen Pilz findet, wie Saimi Hoyer.

Glücksrufe im finnischen Wald. Saimi Hoyer ist fündig geworden. Sie hat wieder einmal einen seltenen und besonders schmackhaften Pilz gefunden. Wer mit dem 47-jährigen Model zum Waldspaziergang aufbricht, darf keinen ruhigen und besinnlichen Ausflug erwarten. Im orangefarbenen, zu ihrer Haarfarbe passenden Anorak, mit einem bunten Halstuch, einer knallroten Hose und festen Wanderschuhen ist Hoyer im finnischen Herbstwald unterwegs – sonst sorgt sie als Fotomodell für Glanz auf den Titelseiten internationaler Magazine, jetzt bringt sie Farbe in den Wald.

An diesem Morgen läuft sie aufgeregt mal hierhin, mal dorthin, so wie ein junger Hund beim ersten Ausflug auf unbekanntem Gelände. Für den Laien schwer erkennbar, scheint Hoyers Zickzackkurs aber einem Plan zu folgen. Denn an ihrer Seite wird ein Pilzspaziergang zur Erfolgsgeschichte. Man wandert von einer Fundstelle zur nächsten. Finnland ist ein Paradies für Pilzfreunde, und beschränkte man seinen Ehrgeiz auf das Sammeln bekannter Arten wie Pfifferlinge und Steinpilze, käme auch der Durchschnittssammler mit einem vollen Korb nach Hause. Hoyer gibt sich aber nicht mit dem »Normalprogramm« des gewöhnlichen Pilzfreundes zufrieden. Bei ihren Streifzügen durchs Unterholz landen vor allem exotische Arten im Sammelkorb. An diesem Tag hält sie plötzlich einen Natternstieligen Schneckling in der Hand. Und wieder fragt sie sich kopfschüttelnd, warum diese Spezialitäten wohl den Augen anderer Sammler entgangen sind. Dann scheint sie zu realisieren, dass sie mit mir einen absoluten Pilzlaien an ihrer Seite hat, setzt ihr breitestes Lachen auf und sagt: »Jeder darf auf seine Art verrückt sein.« Und ergänzt: »Manche sammeln Briefmarken, und die kann man nicht mal essen.«

Das Outfit bildet einen leuchtenden Kontrast zum grünen Waldboden – doch Saimi Hoyer selbst befindet sich in vollem Einklang mit der Natur, zumindest beim Pilzesammeln.

# Wurst und Bier vor der Saunatür

»In Finnland gibt es mehr Saunas als Autos.« Das sagt Ritva Müller, Mitglied der Finnischen Saunagesellschaft und für viele Jahre offizielle Sauna-Botschafterin ihres Landes. Zu jedem finnischen Sommerhaus gehört ein kleines rot oder gelb gestrichenes Saunahäuschen direkt am Seeufer. Im Sommer ist das dann das Zentrum des Familienlebens. Wenn ein Finne in schwärmerischem Ton von seiner *rantasauna* – der Ufersauna – erzählt, könnte man meinen, er spricht von seiner Geliebten. Finnen tragen ihre Gefühle nicht unbedingt offen zur Schau – wenn es aber ums Saunieren und Angeln geht, werden auch sie sentimental.

Anders als in Deutschland ist der Saunagang in Finnland keine Pflichtveranstaltung für Gesundheitsapostel. Nirgendwo hängen »Zehn goldene Saunaregeln«, die vorschreiben, was man zu tun und was zu lassen hat. Auch wenn deutsche Ärzte davor warnen – ein paar Flaschen Bier gehören für Finnen zum Schwitzvergnügen. Nach dem Saunagang wird dann gegessen. Meist eine *Saunamakkara*, eine Saunawurst, die man zu Beginn des Schwitzgangs in Alufolie eingewickelt und auf den Saunaofen gelegt hat.

Kaltbecken braucht man in Finnland keine – der nächste See ist nie weit entfernt. Schon der Ausblick darauf sorgt für Entspannung.

[02]

# Dänemark

Spektakuläre Kreidefelsen, Krokodile zum Anfassen, berührende Literatur, eine stylische Hauptstadt mit Top-Restaurants oder die Renaissance von Bakskuld, dem »Schwein der Armen« ... Das und vieles mehr macht das kleine Königreich zwischen Nord- und Ostsee so liebenswert und seine Bewohner so glücklich.

Türkis- bis smaragdfarben leuchtet die Ostsee vor den Kreideklippen der Insel Møn.

**Dänemark**

| | | | | | |
|---|---|---|---|---|---|
| 96 % | 72 J | 95 % | 0 % | 17 % | 346 Mrd $ |

**Deutschland**

| | | | | | |
|---|---|---|---|---|---|
| 90 % | 72 J | 87 % | 8 % | 46 % | 3.861 Mrd $ |

**Welt**

| | | | | | |
|---|---|---|---|---|---|
| 81 % | 64 J | 78 % | 0 % | 17 % | 87.552 Mrd $ |

Marc Vorsatz

# Tief in der Kreide

Von wenigen Ausnahmen abgesehen kann man die Landschaft Dänemarks nicht wirklich als dramatisch bezeichnen. Nach Osten, Westen, Süden und Norden hin meist nur Horizont. Eine flache Scholle, viel Ackerbau, noch mehr Milchkühe, recht zersiedelt. Die Zeiten, als stattliche Eichen- und Buchenwälder das gesamte Land bedeckten und Urwaldriesen noch ehrenvoll in sich zusammenbrechen durften, sind längst Geschichte.

Und doch verzaubert das kleine Königreich Einheimische wie Besucher mit seinem ganz eigenen Charme. Ein paar Eckpunkte, die sicherlich dazu beitragen: Ein gut ausgebauter öffentlicher Nahverkehr macht das Leben leichter und ganz nebenbei auch umweltfreundlicher, der Lebensstandard ist hoch, das Land gilt als sicher, die medizinische Versorgung ist vorbildlich, Bildung wird als hohes Gut angesehen. Ein gesunder Lebensstil mit viel Bewegung an frischer Luft und hochwertigen Nahrungsmitteln beeinflusst das positive Lebensgefühl der tiefenentspannten Dänen, die seit Jahren zu den glücklichsten Menschen der Welt zählen.

Aber vielleicht sind es ja auch die kleineren Bilderbuchstädte wie Aarhus, »Die Stadt des Lächelns«, oder ihre große Schwester, die prosperierende Hauptstadt Kopenhagen, in der man sogar im Hafenbecken schwimmen und alles per pedes erreichen kann. Mit ihren herausragenden Restaurants wie dem Noma, das viermal zum besten der Welt erklärt wurde. Oder ist es am Ende doch der schnelle Hotdog to go von der Ecke, eine dänische Erfindung, der den Alltag so *easy going* macht? Oder wiederentdeckte Lebensmittel wie Strandkohl und Queller von den dänischen Wattenmeerinseln, die grade eine Renaissance in der Gastronomie erleben? Und warum lässt man in Dänemark für einen banalen Plattfisch, die Kliesche, edle Austern einfach Austern sein? Klingt etwas skurril, ist es aber nicht und macht die überaus freundlichen Dänen noch sympathischer. Denn die lassen nichts auf ihr »Schwein der Armen« kommen. So nannte man die Kliesche früher. Wie seit Jahrhunderten wird der Fisch auch heute noch komplett mit Haut und Kopf eingesalzen, luftgetrocknet, geräuchert und schließlich direkt vor dem Verzehr gebraten. Bakskuld heißt das leckere Gericht und das wird wie eh und je mit den Fingern verputzt.

Und da wären wir auch schon bei landschaftlichen Highlights des Landes, an denen sich Jahr für Jahr die Geister scheiden: Nord- oder Ostsee? Das ist hier die Frage. Oder lieber beides, ganz oben an der Spitze von Nordjütland, wo sich die Wassermassen des Skagerrak mit denen des Kattegat vereinen? Die Nordseeküste lockt mit ihrer herben Schönheit, rauen Winden und Weite, die liebliche Ostseeküste dagegen mit endlosen weißen Sandstränden. Fest steht: Beide Küsten schmeicheln der Seele und beginnen einen Flirt mit ihr.

Schätze der ganz besonderen Art verstecken sich in den spektakulären Kreidefelsen der Ostseeinsel Møn. Auf zwölf Kilometern Länge verleihen die weißen Klippen dem UNESCO-Biosphärenreservat ein unverwechselbares Gesicht. Stolze 128 Meter reckt sich der Dronningestolen, der sagenumwobene Thron der Königin, in die Höhe. Bis heute schlummern die versteinerten Überreste von gewaltigen Schlangensauriern, mächtigen Haien und Riesentintenfischen tief in der Kreide. Ein Haizahn hier, ein Donnerkeil dort.

Schulklassen gehen heute auf geologische Exkursionen und Eltern mit ihren Kindern auf fossile Schatzsuche. Mit Hämmerchen machen sich die Nachwuchsforscher an der Kreide mit ihren stummen Zeugen zu schaffen. Die Schäden gelten als vernachlässigbar. Das klingt einleuchtend, bedenkt man, dass Starkregen und Frost immer wieder Klippen abbrechen und mit einem Schlag viele tausend Tonnen Kreide in die Tiefe stürzen lassen.

Wer mehr über die Entstehungsgeschichte der beeindruckenden Landschaft und ihre Bewohner erfahren will, kann im Møns Klint GeoCenter interaktiv bis zurück in die Kreidezeit reisen. Ein Heidenspaß für Groß und Klein. Lernen kann so schön sein. Gute Bildung gilt in Dänemark als Voraussetzung für eine moderne Gesellschaft, in der sich der Einzelne nach seiner Fasson entwickeln und sein Glück aktiv gestalten kann.

Bereits 1900 stellte man die Wanderdüne Råbjerg Mile unter Naturschutz.

In Aarhus braucht man kein Auto, um glücklich zu sein – ein Lastenrad tut es auch.

*Nordisk mad*, nordisches Essen, gab dem Noma in Kopenhagen nicht nur seinen Namen, es ist auch Programm in dem mehrfach ausgezeichneten Restaurant, denn Gerichte und Zutaten stammen aus der Region.

Wenn man nicht wüsste, mit welchen Tieren sich René Hedegaard am liebsten umgibt, würde man vermutlich nicht so viel Aufmerksamkeit auf das Ei in seiner Hand legen.

René Hedegaard

# Der Reptilien-Mann

Viele Dänen, die in gemütlichen, liebevoll herausgeputzten Landhäusern wohnen, scheinen ein ausgesprochenes Faible für exotische Tiere zu haben. Einer von ihnen ist Reptilien-Freak René Hedegaard. Auf Falster – einer der größten Ostseeinseln Dänemarks – betreibt er seinen privaten Krokodil-Zoo. Und was für einen! Es ist der einzige Ort der Welt, der alle 23 noch lebenden Arten von Krokodilen, Kaimanen, Gavialen und Alligatoren beherbergt. Mehr noch, der Enthusiast züchtet gezielt bedrohte Arten und wildert sie im Rahmen von aufwendigen Naturschutzprojekten in ihren natürlichen Habitaten aus, die er aus dem Ticketverkauf des Zoos und mit Spenden finanziert.

Zum Beispiel das Orinoco-Krokodil in Venezuela. Kein leichtes Unterfangen in einem kollabierenden Staat mit korrupten und oftmals kriminellen Beamten, denen das Wohlergehen von Mensch und Tier nicht zwangsläufig eine Herzensangelegenheit ist. »Leider stoßen wir zudem immer wieder auf den Widerstand der lokalen Bevölkerung, die die potenziell gefährlichen Reptilien und Fressfeinde jagen«, weiß René zu berichten. »Dabei sind wir Menschen es, die immer tiefer in den Lebensraum der Tiere eindringen, natürliche Gleichgewichte zerstören und so die Konflikte erst heraufbeschwören.«

Grade deshalb dürfen in seinem Zoo Kinder Krokodile streicheln. Oder besser gesagt Krokodilbabys, sicher gehalten mit versierter Hand. Fast immer sind die Kids überrascht, wie angenehm sich eine kleine Panzerechse anfühlt. »So sollen sie lernen, dass Reptilien im Speziellen und Beutegreifer im Allgemeinen keine Feinde des Menschen sind und wir ihren bedrohten Lebensraum respektieren und erhalten müssen.«

Am Habitatverlust in Venezuela kann auch der Reptilien-Mann aus Dänemark nichts ändern. Aber von seinen hingebungsvoll gezüchteten Orinoco-Krokodilen werden einige wenige im Delta überleben und so ein kleines Stück dazu beitragen, diese stark vom Aussterben bedrohte Art zu erhalten.

# Berührende dänische Lektüre

An langen Winterabenden legt sich zwar bereits um vier Uhr nachmittags die Dämmerung wie ein schweres Tuch über das Land, nicht aber auf das Gemüt der Dänen. Frei nach Karl Valentin scheinen sie sich auch über Regen zu freuen. Denn wenn sie sich nicht freuen, regnet es schließlich auch.

Spätestens dann wird es Zeit, ein paar Kerzen anzuzünden, es sich richtig kuschelig zu machen und ein gutes Buch zu lesen. Das literarische Erbe des kleinen Landes indes ist beachtlich. Hans-Christian Andersen kennt natürlich jedes Kind. Aber wie wäre es zum Beispiel mit dem Literaturnobelpreisträger Johannes V. Jensen (1873–1950)? So unterschiedlich die Märchen und Erzählungen der beiden großen Literaten auch sein mögen, sie zeichnen ein Bild jenseits des überstrapazierten »Hygge«-Klischees.

Mit berührender Einfühlsamkeit nimmt der im nordjütländischen Farsø geborene Schriftsteller die archaischen Verhältnisse seiner Heimat im 19. Jahrhundert in den Blick. Seine Protagonisten sind oft »großgewachsene, bedächtige Leute«, denen es »meist nicht an äußerer Auffälligkeit mangelt«, »mit einem Unterbiss und aufmerksamen Augen, bei deren Blick es den Menschen fröstelte.« In gradliniger Erzählkunst porträtiert Jensen Hoferben, Mägde, Landsknechte oder Schmiede. Menschen, die mit der »hilfreichen Beschränktheit des Horizonts« ihren Platz in der bäuerlichen Dorfgesellschaft finden. Kinder, in deren Hände »der unfruchtbare Flugsand zu einem wertvollen Schatz aus kleinen, winzig kleinen Juwelen in vielen feinen und gleichsam fernen Farben« wird. Eltern, die »sozusagen doppelten Boden beackern«, da sich ebendieser Sand auf ihre schwarze Ackerkrume gelegt hat, »in dem Bewusstsein, dass die Verhältnisse durchaus besser sein könnten, die Möglichkeiten jedoch unter ihren eigenen Füßen begraben liegen«. Menschen, die ausbrechen oder es zumindest versuchen. Die vom fernen Kopenhagen träumen oder gar vom unendlich weiten Amerika. Nachbarn, die gehen und nie wieder gesehen werden. Denn »der Himmel über diesem Land ist so still, und es klingt so einsam, wenn eine Seeschwalbe ihn durchstreift und hoch oben schreit«.

Dem zweifelsohne berühmtesten Schriftsteller Dänemarks, H. C. Andersen, wurde von Henry Luckow-Nielsen ein Denkmal gesetzt.

Dänemark 37

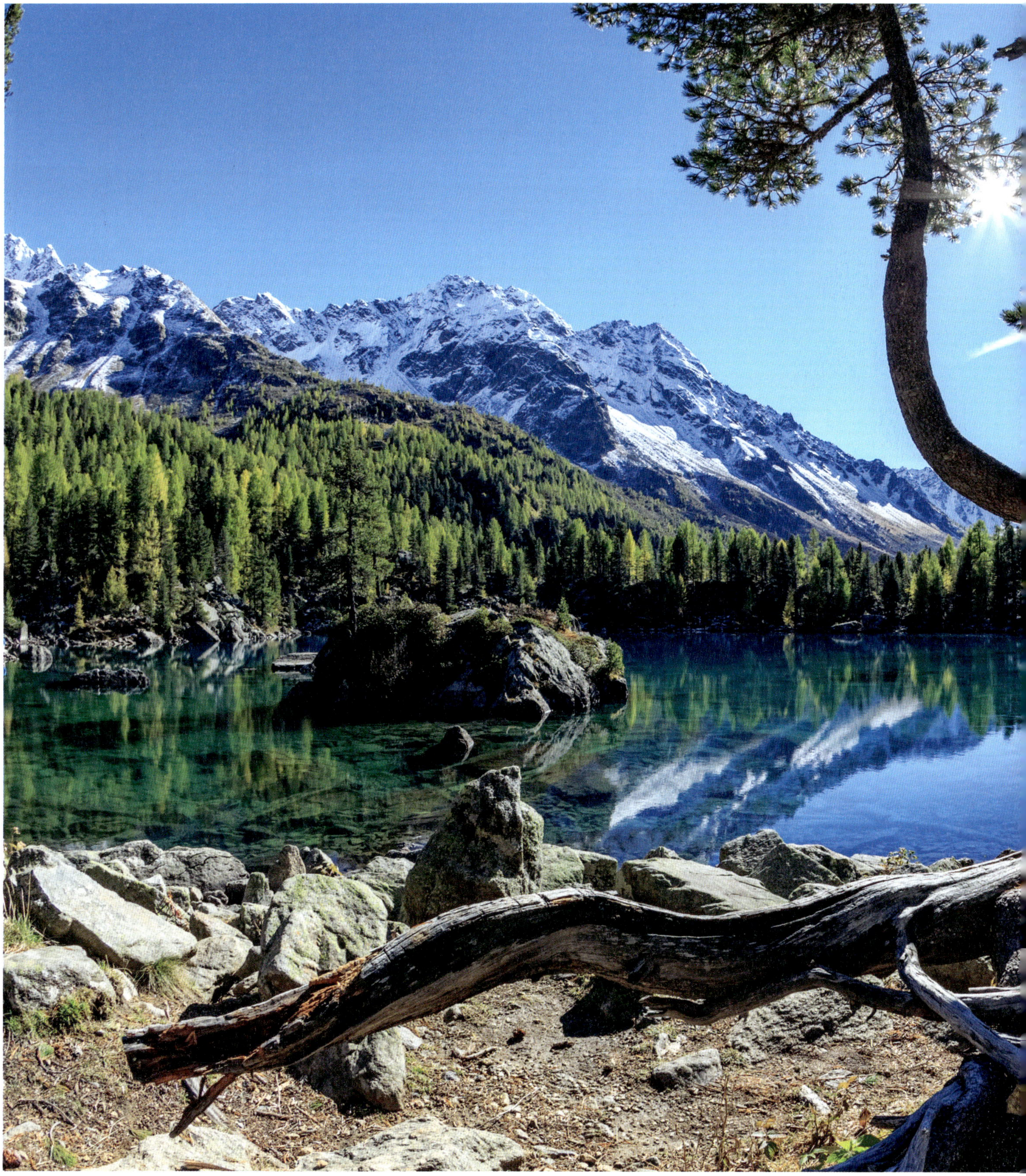

[ 03 ]

# Schweiz

In der Schweiz scheint es so, als würden die Uhren einen Tick langsamer gehen. Die Menschen leben bewusster, entspannter und gehen die Dinge weit weniger hektisch an als ihre Nachbarn im Norden – in der französischen und italienischen Schweiz ebenso wie in der Deutschschweiz.

Schon allein die wunderschöne Natur macht glücklich, wie hier der Lagh da Saoseo.

**Schweiz**

| 94 % | 74 J | 92 % | 11 % | 30 % | 704 Mrd $ |

**Deutschland**

| 90 % | 72 J | 87 % | 8 % | 46 % | 3.861 Mrd $ |

**Welt**

| 81 % | 64 J | 78 % | 0 % | 17 % | 87.552 Mrd $ |

Cornelia Lohs

# Entschleunigung garantiert

Entspannt, entspannter, am entspanntesten – kaum sonst wo auf der Welt lebt es sich stressfreier als in der Schweiz. Es gibt allerdings eine Stadt, die in puncto Entspanntheit nicht nur den Rest des Landes, sondern auch gleich Städte weltweit übertrifft: Bern. Im »Städte-Stress-Index 2021« liegt die Bundesstadt sogar auf Platz 2 – hinter Islands Hauptstadt Reykjavík. Das will was heißen.

Als Autorin eines Bern-Buches kenne ich die Stadt an der Aare in- und auswendig. Gleich bei meinem ersten Besuch merkte ich, dass hier der Charme der Langsamkeit regiert. Die Berner sprechen nicht nur langsamer als die übrigen Landsleute, sie sind in meinen Augen auch viel gelassener. Hast und Hektik begegnen mir in der Bundesstadt nicht. Berner genießen ihr Dasein und nehmen sich mehr Zeit für die wirklich wichtigen Dinge des Lebens. Wo sonst hätte Einstein unsere Vorstellungen von Raum und Zeit im frühen 20. Jahrhundert auf den Kopf stellen sollen, wenn nicht im gemächlichen Bern?

»Berner sind nicht langsam, sondern in Bern wird entschleunigt, das ist ein Unterschied«, sagt der frühere Berner Tourismus-Direktor Markus Lergier und Hugo Staub, ehemaliger Verkehrsplaner der Stadt, bekräftigt: »Wenn man sich die Langsamkeit leisten kann und dennoch rechtzeitig ans Ziel kommt, dann ist das doch Lebensqualität pur!«

Nicht nur Gelassenheit, auch das Glück soll in der Schweiz wohnen: Im *World Happiness Report* der Vereinten Nationen liegt der Alpenstaat immer wieder auf den vorderen Plätzen, rangierte 2015 sogar auf Platz 1 und 2020 auf Platz 3 der weltweit glücklichsten Länder. Für mich ist das kein Wunder: Ein Land mit der besten Schokolade und dem besten Käse der Welt muss ja eines der glücklichsten sein. Ganz zu schweigen von der vielfältigen Natur, den faszinierenden Landschaften, türkis schimmernden Seen und den majestätischen Alpengipfeln mit grandiosen Gletscherwelten und spektakulären Schluchten. Eine Schönheit, wie man sie sonst nur von Postkarten kennt. Das französische Flair im Westen und die italienische Lebensart im südlichsten Kanton des Landes tun ihr Übriges.

»Berner sind nicht langsam, sondern in Bern wird entschleunigt, das ist ein Unterschied.«

Am Gornergrat genießt ein Alpensteinbock die spektakuläre Aussicht. Ob sie wohl auch glücklicher sind als in anderen Ländern?

14 900 Tonnen Greyerzer werden jährlich in der Schweiz verkauft. Im Kanton Freiburg produzieren unter anderem Alexandre und Jacques Murit den ausgezeichneten Käse.

Michel Fornasier

# Bionicman – Superheld mit Handicap

Dass er mal zum Superhelden würde, daran hatte Michel Fornasier in seinen kühnsten Träumen nicht gedacht. Der Westschweizer aus Fribourg wurde ohne rechte Hand geboren. Dafür schämte er sich und versteckte sein Handicap, so gut es ging, die ersten 35 Jahre seines Lebens. Als er 2015 eine bionische Hightech-Prothese bekam, die sich über eine App am Smartphone programmieren lässt, beschloss er, sein neu gewonnenes Selbstbewusstsein anderen Betroffenen zu vermitteln und aus seinem Handicap eine Stärke zu machen. Fornasier ließ sich ein Superhelden-Kostüm ähnlich dem von Superman schneidern und hält seitdem als Superheld in Schulen, Kinderspitälern und Sport-Camps Vorträge, um Kinder zu sensibilisieren, Mobbing zu bekämpfen und Kindern mit fehlender Hand zu vermitteln, dass ein Handicap kein Defizit ist. »Grenzen entstehen oftmals im Kopf. Man muss nur an sich glauben, um diese überwinden zu können«, sagt Michel Fornasier.

Der frühere Finanzfachmann gründete die Stiftung »Give Children a Hand«, durch die er kostenlos Handprothesen, die mittels 3D-Drucker hergestellt werden, an Kinder verteilt. Das Besondere daran ist, dass Kinder in den Herstellungsprozess mit einbezogen werden und ihre Zauberhand selbst mitgestalten dürfen. Ob »Hulk«-grüne Handprothese oder eine, die im Dunkeln leuchtet – kaum ein Kinderwunsch bleibt unerfüllt.

2018 entwickelte Michel Fornasier zusammen mit dem bekannten Comic-Zeichner David Boller die Comic-Serie »Bionicman« und schuf einen Superhelden mit Handicap, einer fehlenden Hand, der diese vermeintliche Schwäche durch seine Superkraft in Stärken verwandelt. »Glaub an dich selbst und werde nie ganz erwachsen« lautet das Motto von Bionicman.

Michel Fornasiers Herzensprojekt und ein wahrer Glücks-Bringer ist die Stiftung »Give Children a Hand«.

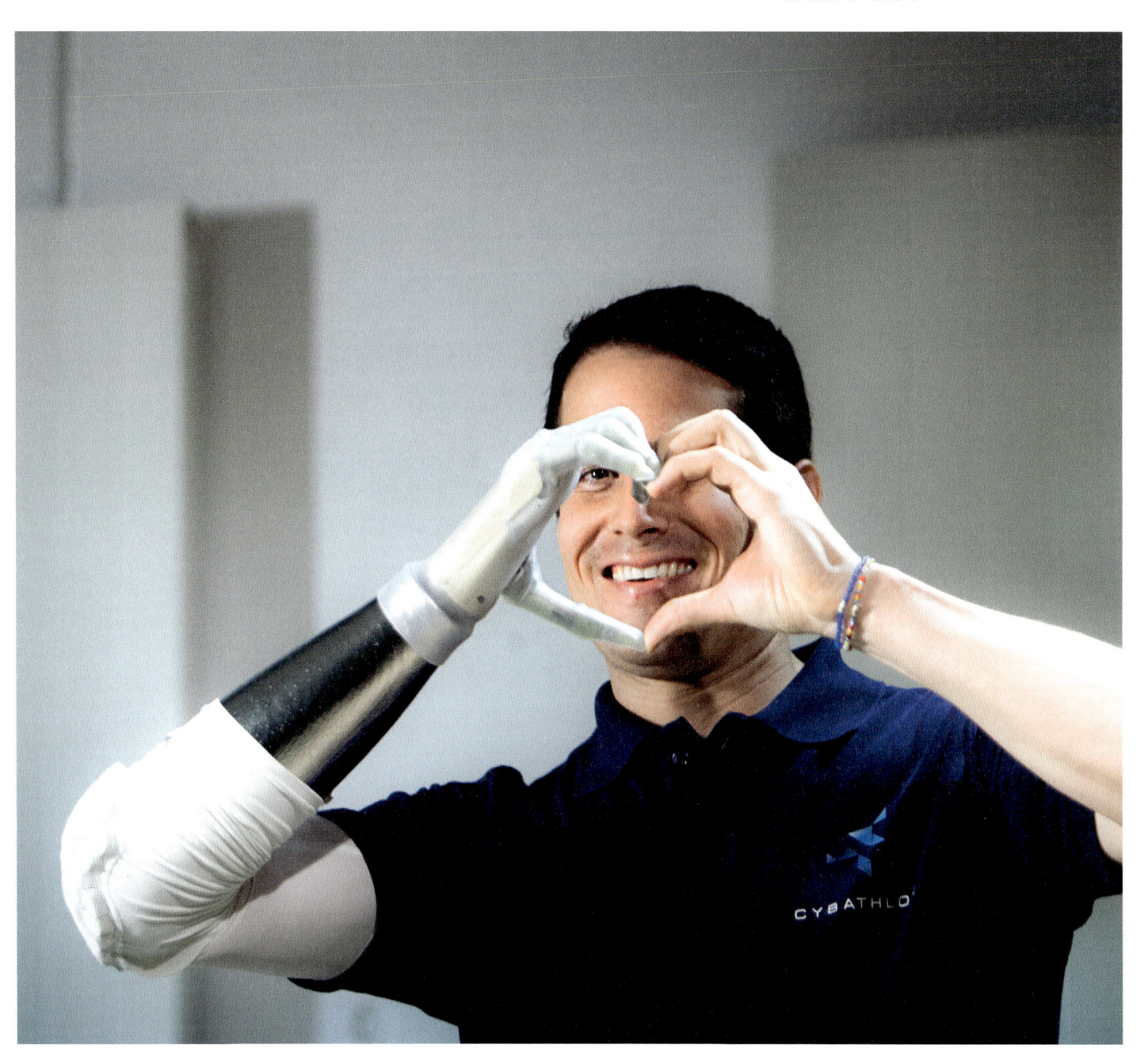

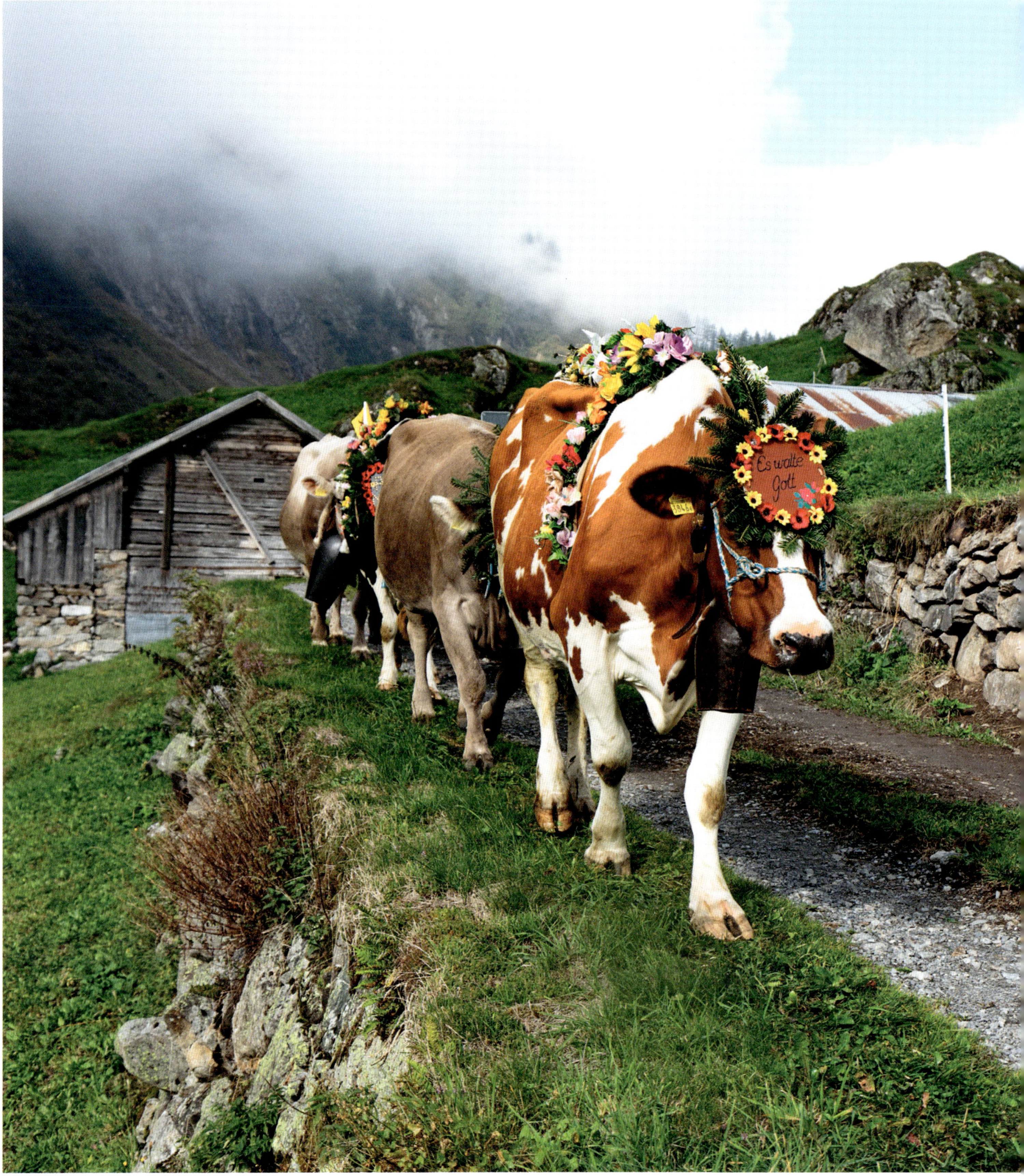
Es walte Gott

# Alpabzug – Spektakel der besonderen Art

Zwischen September und Oktober bringen die Schweizer Alpbauern ihre Viehherden zurück ins Tal. Zum Alpabzug wird das Fell der Kühe auf Hochglanz gebürstet und ihre Köpfe werden mit bunten Blumengebinden geschmückt. Angeführt werden die Tiere von Sennern, Sennerinnen und Kindern in traditionellen Trachten. Diese jahrhundertealte Tradition zieht jährlich zahlreiche Besucher aus der ganzen Welt an. In den Dörfern im Tal wird die Rückkehr der Viehherden mit Festen, Märkten mit regionalen Produkten und viel Musik gefeiert. Einer der größten Publikumsmagnete ist das Prättigauer Alp Spektakel im Kanton Graubünden, wo prächtig geschmückte Kühe, Schafe und Ziegen ins Dorf Seewis getrieben werden. Zum abwechslungsreichem Programm gehören der größte Alpkäsemarkt des Kantons mit Verkostungen, eine Jodlermesse in der Kirche, die Wahl der schönsten Kuh (Alpkönigin), ein Kinderumzug und vieles mehr. Info: www.alpspektakel.ch

Nebel umhüllt die Gipfel, umso farbenfroher wirken da die Blumen, mit denen die Kühe zum Almabtrieb geschmückt sind.

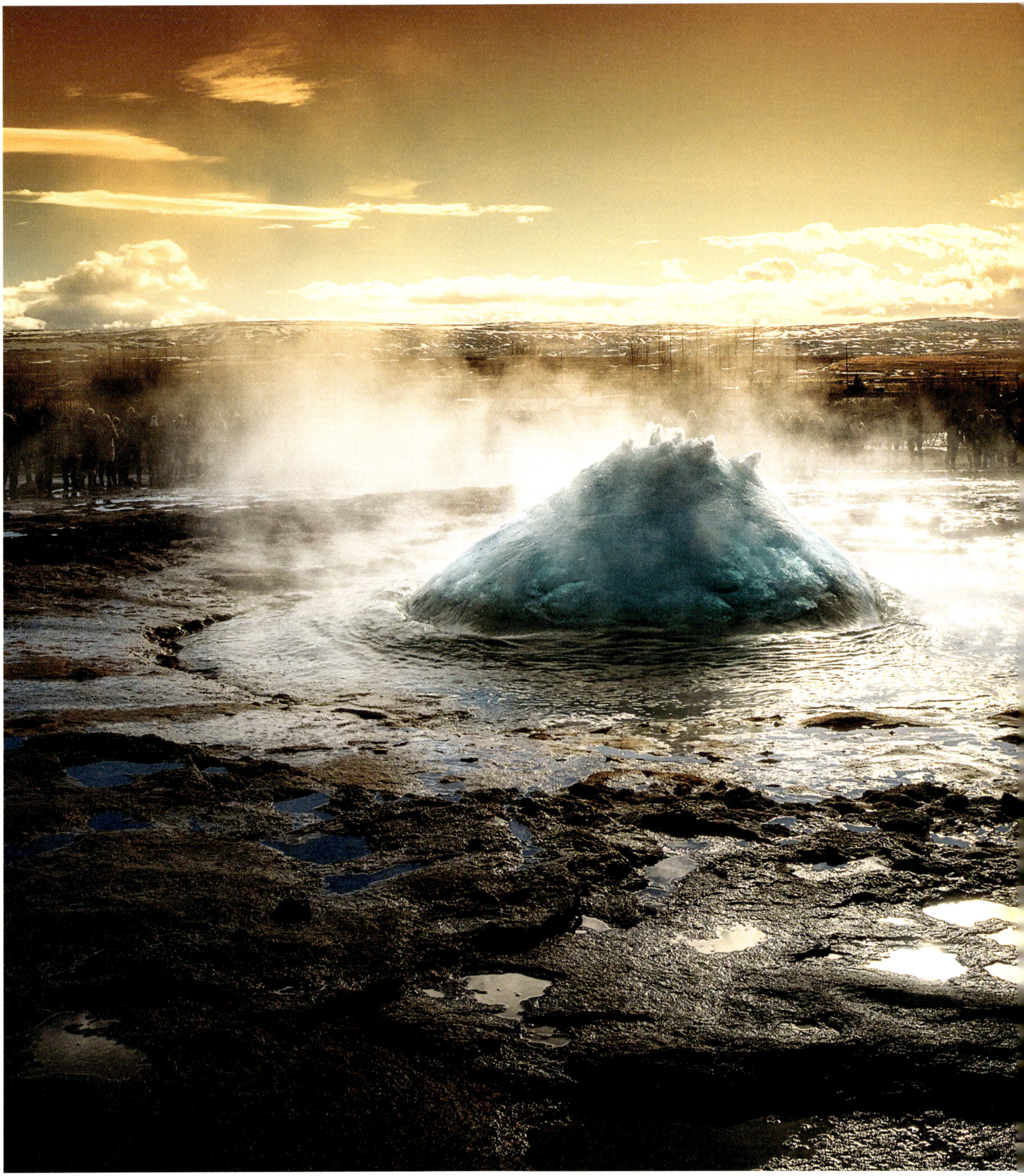

[04]

# Island

Südlich vom Polarkreis, umtost von Atlantik und Nordmeer, liegt die größte Vulkaninsel der Erde. Jährlich driftet das von Lava, Eis, Moos und Lupinen überzogene Land um ein, zwei Zentimeter auseinander. Erdbeben gehören darum ebenso zum Alltag der 350 000 Isländer wie das magische Nordlicht.

Im Haukadalur ziehen besonders die Geysire die Besucher in ihren Bann, darunter der Strokkur.

### Island
| 94 % | 73 J | 95 % | 25 % | 71 % | 24 Mrd $ |

### Deutschland
| 90 % | 72 J | 87 % | 8 % | 46 % | 3.861 Mrd $ |

### Welt
| 81 % | 64 J | 78 % | 0 % | 17 % | 87.552 Mrd $ |

*Island* 47

Baumlos zeigt sich die Region um Flúðir. Den zahlreichen Schafen macht das nichts.

Leuchtend grün tanzen die Polarlichter um den markanten Gipfel des Kirkjufell.

Jutta M. Ingala

# Wo Landschaft, Licht und Farbe zu Legenden verweben

Auf den ersten Blick gibt sich Island spröde. Mit seinem zerfurchten Küstensaum, unwirtlichen Geröllfeldern und einem wüstenähnlichen Hochland. Der Ozean wirft sich ungestüm gegen die Insel. Ein beständiger Wind zerrt an der kargen Vegetation und am Gemüt der Menschen. Das Wetter ist kapriziös. An einem einzigen Tag kann es schon einmal alle vier Jahreszeiten durchspielen. Doch auch wenn sich die Naturgewalten in donnernden Wasserfällen und bebender Erde lautstark Gehör verschaffen, ist Island im Grunde ein Land der leisen Töne.

Wer sich einlässt auf den Takt der Natur, schwingt schon bald selbst in einem Rhythmus, der empfänglich macht für die feinen Nuancen der isländischen Seele. Für die getuschten Farben der Landschaft, die unter einem wolkenschweren Himmel zu leuchten beginnen. Es ist das Licht, das fesselt. Ein Licht, das es anderswo nicht gibt. Plötzlich entfalten sich die weiten Ebenen zu moosgepolsterten Teppichen in feinem Grün. Am bizarr geformten Basalt erkalteter Lava klettern gelbe Flechten empor, auf ihrem Weg zum Ozean graben sich Flüsse beinahe unwirklich grünblau ins Land.

Übrigens ein Land im Schafspelz. Denn auf der Insel leben weit mehr Schafe als Einwohner. Während sich die genügsamen Tiere, die sowohl für ihr Fleisch als auch ihre Wolle geschätzt werden, im Sommer auf den gebirgigen Hochweiden verlieren, spielt sich das Leben der Isländer vor allem im schmalen Küstenstreifen ab. Doch auch die Menschen verlieren sich. Mit Ausnahme der Hauptstadt Reykjavík ist Island dünn besiedelt. An manchen Orten fühlt es sich tatsächlich an, als habe man das Land ganz für sich allein.

Im Sommer, wenn die Tage nie enden wollen und sich weite Flächen in ein violett wogendes Meer aus Lupinen, die keineswegs heimisch, jedoch schön anzusehen sind, verwandeln, legt sich eine eigentümliche Heiterkeit über das Land. Noch magischer aber sind die Winter. Das dann nur wenige Stunden während Tageslicht ist oft bläulich und lässt an die uralten *Sagas* denken, isländische Legenden, die in kostbaren Handschriften nachzulesen sind. In einer Sprache, die auch heute noch von allen Isländern verstanden wird. Nachts tanzen die Nordlichter über den Polarhimmel. Nicht immer kann man sie mit bloßem Auge erkennen. Dem Geduldigen zeigt sich der Lichtersturm grün, manchmal rot und pink. In weich fallenden Kaskaden. Manchmal nur kurz. Oft tanzen die Lichter für Stunden. Und verweben die Magie der Insel zu flüchtigen Schleiern.

# »Petta reddast!«
## Es wird schon werden!

Rund 3 000 Kilometer Luftlinie liegen zwischen Peppes Heimat und Island – trotzdem fand er auf dieser Insel sein eigenes Glück.

Giuseppe Paduano

# Der Magie erlegen

Zurückblickend sagt Peppe, er sei ganz einfach der Magie des Landes erlegen. Am 15. April 1999 kommt er, Giuseppe Paduano, aufgewachsen in einem winzigen Bergdorf im süditalienischen Apennin, als Austauschstudent auf die schroff-schöne Insel. Und bleibt. Er ist fasziniert von den Naturgewalten, von der großartigen Weite und der Stille Islands. Einer Stille, die man hören könne. Wasser direkt aus eiskalten Flüssen trinken, sich mitten in der Natur ausziehen, um nackt in einer der heißen Quellen zu baden, oder unvermittelt auf einen spielenden Polarfuchs treffen, findet er beglückend. Auch die Menschen, die seit Jahrhunderten einen engen Zusammenhalt pflegen, um dem kargen Land ihren Lebensunterhalt abzuringen, die ihre Identität und Sprache vehement vor äußeren Einflüssen bewahren, schätzt er bald sehr. Giuseppe verinnerlicht schnell das isländische Sprichwort *Þetta reddast!* – es wird schon werden –, verdient sein erstes Geld mit dem Knüpfen von Fischernetzen und lernt Isländisch. Eine Herausforderung. Wie beinahe alles in Island. Und wie vieles in Island gelingt es auch. *Áfram með smjörið*, die Dinge vorantreiben. Auch das ist typisch isländisch. Und so ist Peppe heute Inhaber von »Hidden World Travel«. Er lässt Reisende teilhaben an den Schönheiten seiner Wahlheimat, führt Besucher über zerklüftete Gletscher oder einsame Pfade durch die blassbunte Farbwelt des Hochlands, begleitet sie zu den abgelegenen Nistplätzen der geschickten Papageientaucher oder nachts unter den flammenden Nordlichthimmel. Lieblingsorte gibt es für Peppe überall auf der Insel. Vor allem in der Abgeschiedenheit der Westfjorde, wo nichts planbar und doch alles möglich ist, verdichtet sich für ihn die Seele Islands. Auch in seinen *Lopapeysur*, den handgestrickten Pullovern aus wärmender Schafswolle. Seine erste *Lopapeysa* hat Peppe selbst entworfen. Eine isländische Strickerin ließ für ihn die Nadeln fliegen.

# Ein Land im Schafspelz

Sie sind grob und rau, haben grafische Muster, halten warm und trocken, piksen auf nackter Haut. Wer behauptet, dass sie nach Schaf müffeln, hat keine »echte« erwischt. *Lopapeysur* sind der Inbegriff eines Lebensgefühls. Launen und Schönheit der Natur scheinen Faden für Faden verstrickt zur Attitüde einer ganzen Nation. *Lopapeysa* – Plural *Lopapeysur* – heißt ganz einfach Pullover (*peysa*) aus Wolle (*lopi*). Charakteristisch ist eine Schulterpasse mit mindestens dreifarbigem Muster, das sich ursprünglich auch an den Bündchen wiederholte. *Lopapeysur* werden in einem Stück gestrickt, wobei der Rhythmus des Musters eine besondere Herausforderung darstellt. Sie entstehen unter den geschickten Händen von Frauen aller Generationen, mitunter auch denen von Männern. Schließlich mussten einst Seemänner auf langen Reisen ihre Kleidung selbst pflegen und flicken.

Bereits beim Anblick der wolligen Pullover wird es einem warm. Bei einer jährlichen maximalen Durchschnittstemperatur von 7 °C ist es allerdings auch kein Wunder, dass sich die Isländer so gerne in sie kleiden.

Ísland 53

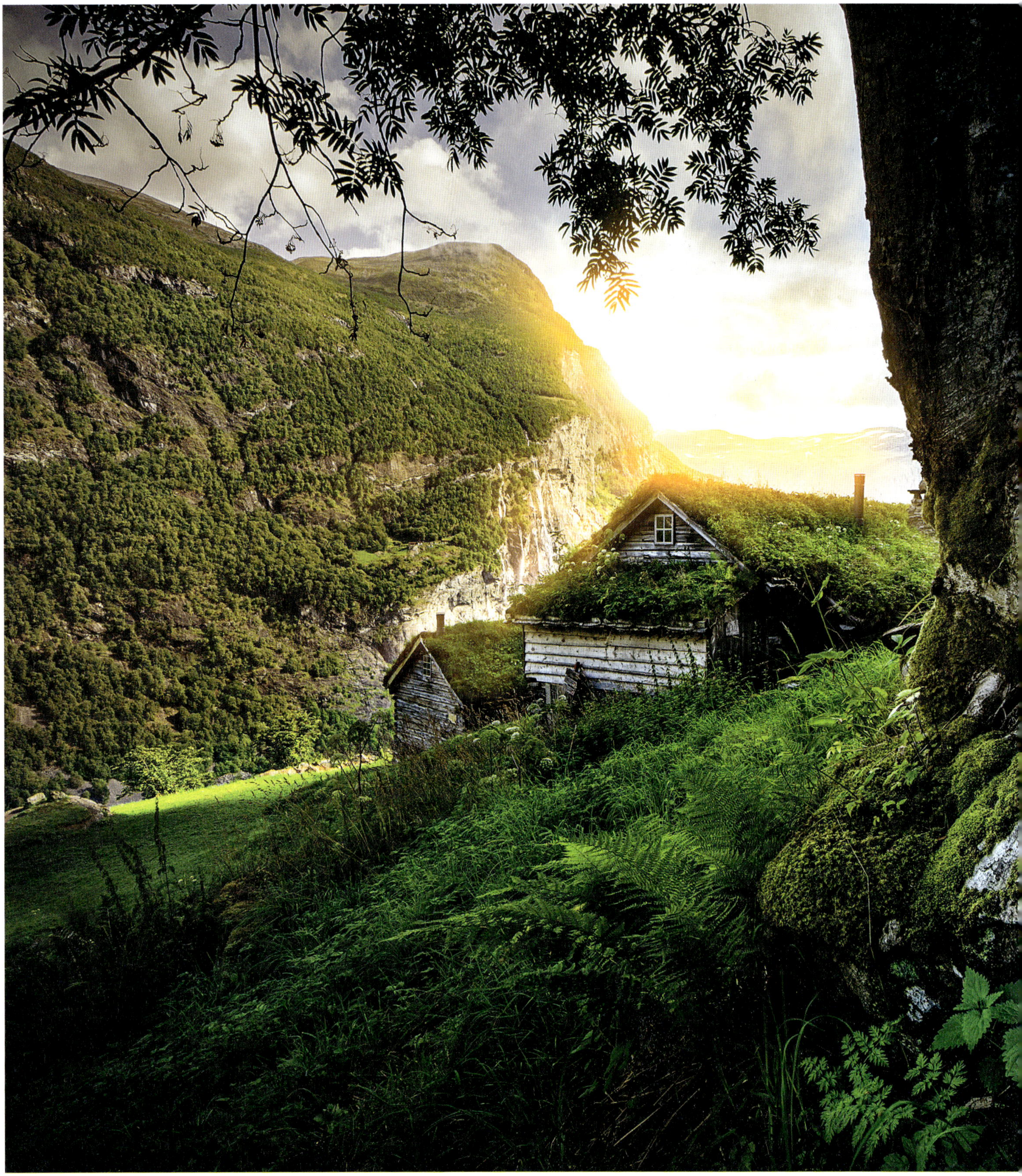

[05]

# Norwegen

Kaum ein Land in Europa bietet solch eine Fülle spektakulärer Naturerlebnisse. Die meisten der gut fünf Millionen Norweger sind sich dieses Schatzes bewusst und verbringen so viel Zeit wie möglich in der Natur – Wandern, Skilaufen und Angeln sind ebenso beliebt wie die Auszeit in der Hütte im Gebirge.

Die teils wie verwunschene Natur macht nicht nur glücklich, sie ist auch Heimat der Trolle.

**Norwegen**

| 95 % | 73 J | 96 % | 13 % | 26 % | 354 Mrd $ |

**Deutschland**

| 90 % | 72 J | 87 % | 8 % | 46 % | 3.861 Mrd $ |

**Welt**

| 81 % | 64 J | 78 % | 0 % | 17 % | 87.552 Mrd $ |

Christian Nowak

# Grenzenlose Weite im hohen Norden

Oslo muss man sich vom Wasser her nähern. In gemächlichem Tempo geht es durch den Oslofjord. Vorbei an blank geschliffenen Felsbuckeln und grünen Inseln muss jedes Schiff durch ein Labyrinth aus Wasser und Land. Schöner kann eine Stadt kaum liegen! Ihr Zentrum schmiegt sich um den hufeisenförmigen Fjord, die Außenbezirke ziehen sich die Berghänge hinauf und verlieren sich schließlich im Grün der Wälder. Wie ein Amphitheater zwischen Meer und Wald wirkt die norwegische Hauptstadt. Hier lässt es sich gut leben. Sommers wie winters zieht es die Hauptstädter in Scharen in ein Naherholungsgebiet der tausend Möglichkeiten, in die ausgedehnten Wälder der Oslomark zum Wandern und Biken oder aufs Wasser, zum Baden auf den Inseln im Fjord.

Unzählige Buchten, Inseln, Schären und Fjorde gliedern die norwegische Küste von der Hauptstadt Oslo im Süden bis hinauf in den hohen Norden. Doch nirgendwo sind die Fjorde beeindruckender als im Fjordland Westnorwegen. Hier haben die Gletscher der letzten Eiszeit eine grandiose Landschaft geschaffen, bis zu 200 Kilometer reichen die Finger des Meeres ins Landesinnere und verästeln sich dabei zu einem imposanten Labyrinth aus Land und Meer mit oft bis zu 1000 Meter hohen, fast senkrechten Felswänden. Kaum hat man die Fjorde hinter sich gelassen, gelangt man zum Jostedalsbre, dem größten Gletscher des Landes mit seinen eisigen Zungen. Wer den weiten Weg in den hohen Norden auf sich nimmt, fährt durch dünn besiedelte, karge, fast arktisch anmutende Landschaften von archaischer Schönheit.

Die meisten Norweger haben die Natur direkt vor der Haustür, das gilt selbst für die Hauptstädter. All das, was man in der Natur machen kann, nennen sie *friluftsliv*. Dies ist mehr ein Lebensgefühl zum Abbau von Stress als Action und Abenteuer. Jeder hat seine eigene Vorstellung von *friluftsliv*, sei es wandern, Ski laufen, Beeren und Pilze sammeln oder angeln. Eine zentrale Rolle spielt dabei die Hütte irgendwo in der Wildnis. Viele Familien haben seit Generationen solch einen Rückzugsort, und wer selbst keinen besitzt, kann den von Freunden oder Verwandten nutzen. Zurück zur Natur ist für viele das Motto bei der Wahl der Hütte. Das Wasser holt man aus dem nahen See und statt Strom tun es auch Kerzen. So hat der Alltagsstress keine Chance und die Natur lässt sich ganz entspannt genießen. Vielleicht hat auch der Nobelpreisträger Bjørnstjerne Bjørnson vor seiner Hütte gesessen, als er den Text der Nationalhymne verfasst hat, deren erste Zeile lautet: »Ja, vi elsker dette landet« – Ja, wir lieben dieses Land!

Vom Reinebringen aus bietet sich ein weiter Blick auf die bergigen Lofoten und das Meer.

» Hier liegt etwas in der Natur, das auch von uns das Außerordentliche fordert. «

Bjørnstjerne Bjørnson über Nordland

Der größte Gletscher Festlandeuropas und ein wahrer Eisgigant ist der Jostedalsbre.

Oles absolute Lieblinge sind zwar die majestätischen Seeadler, doch auch Möwen müssen bei ihm nicht leer ausgehen.

Ole Martin Dahle

# Ole und Miguel – ein eingespieltes Team

Ole Martin Dahle lebt in der Gemeinde Flatanger in Nord-Trøndelag, ungefähr 200 Kilometer nördlich von Trondheim. Früher hat er als Farmer gearbeitet, dann für die Gemeinde, bis er sich, zusammen mit seiner Frau Wenche Anita, in dem kleinen Fischerdorf Lauvnes mit dem Unternehmen »Norway Nature« seinen Lebenstraum erfüllt hat. Schon immer war er von der Natur in Flatanger begeistert, fotografierte viel und nahm auf seinen Streifzügen manchmal Gäste mit. Schnell sprach sich unter Naturfotografen herum, dass Ole die besten Plätze für eindrucksvolle Tieraufnahmen kennt. Je nach Jahreszeit bieten sich gute Möglichkeiten, Elche, Schneehühner, Habichte, Otter, Steinadler, Birkhühner oder Auerhühner zu fotografieren.

Doch seine Lieblinge sind die Seeadler. Sie haben ihn zum »Eagle Man« gemacht und seinen Ruf begründet, die besten Seeadlersafaris der Welt im Programm zu haben. Wenn er von den majestätischen Greifvögeln, die es oft auf mehr als zwei Meter Flügelspannweite bringen, spricht, fängt er an zu schwärmen: »Ich lebe an einem wunderschönen Ort, kann das ganze Jahr über jeden Tag in der Natur verbringen, arbeite mit engagierten Naturfotografen und -filmern zusammen und bin jedes Mal aufs Neue von der Schönheit der Seeadler begeistert.«

Fast jeden Morgen fährt Ole mit seinem Boot mit neugierigen Fotografen hinaus auf den Fjord, seine Markenzeichen sind der rotblonde Wikingerbart und die coole Sonnenbrille. Irgendwo hoch oben in den steilen Wänden des Fjordufers hocken die scheuen Seeadler und haben ihn natürlich schon längst erspäht. Wenn Ole eine Makrele ins Wasser wirft, muss er nicht lange warten, bis ein Seeadler die Beute erspäht. Oft ist es der mittlerweile 32 Jahre alte »Miguel«, einer seiner Lieblinge, auf den er sich immer verlassen kann. Mit ausgebreiteten Flügeln nähert sich der Greifvogel majestätisch der Wasseroberfläche, streckt im letzten Moment die Beine mit den scharfen Krallen vor, greift den Fisch und kehrt zum Horst zurück, in dem die Jungen warten. Alle an Bord sind zufrieden, und auch Ole sagt, dass er sich keinen besseren Job vorstellen kann. Man glaubt es ihm sofort.

# Ab ins winterliche Gebirge

Wenn man Stereotypen Glauben schenken darf, dann sind Finnen glücklich, wenn sie in der Sauna schwitzen dürfen, Schweden, wenn sie an Mittsommer ausgelassen feiern können, und Norweger, wenn sie sich endlich wieder die Skier anschnallen können. Manche behaupten deshalb sogar, dass Norweger schon mit Skiern zur Welt kommen. Zumindest läuft das norwegische Volk schon seit geraumer Zeit Ski, wie eine Felsritzung von einem Skiläufer aus der Bronzezeit zeigt. Außerdem gilt ein gewisser Søndre Norheim aus einem kleinen Ort in der Telemark als der Erfinder des modernen Skilaufs. Mittlerweile wedeln viele zwar auch gerne die Hänge hinunter, aber die meisten zieht es doch mit Langlaufskiern ins Gebirge. Besonders zu Ostern herrscht in der tief verschneiten Bergwelt von Jotunheimen, Rondane oder Dovrefjell Hochbetrieb. Dann sind nämlich die Tage nach dem dunklen Winter schon wieder länger, die Sonne hat Kraft und der Schnee ist immer noch feinkörnig. Dies ist die richtige Zeit, um den Anorak, die Isomatte und natürlich die (Langlauf-)Skier aus dem Schrank zu holen, für einige Tage von Hütte zu Hütte zu wandern und das verschneite Bergpanorama zu genießen.

In anderen Ländern würden sich die Menschen vielleicht lieber unter der Bettdecke verstecken, wenn die Welt vor dem Fenster tief verschneit ist – aber nicht in Norwegen.

*Norwegen*

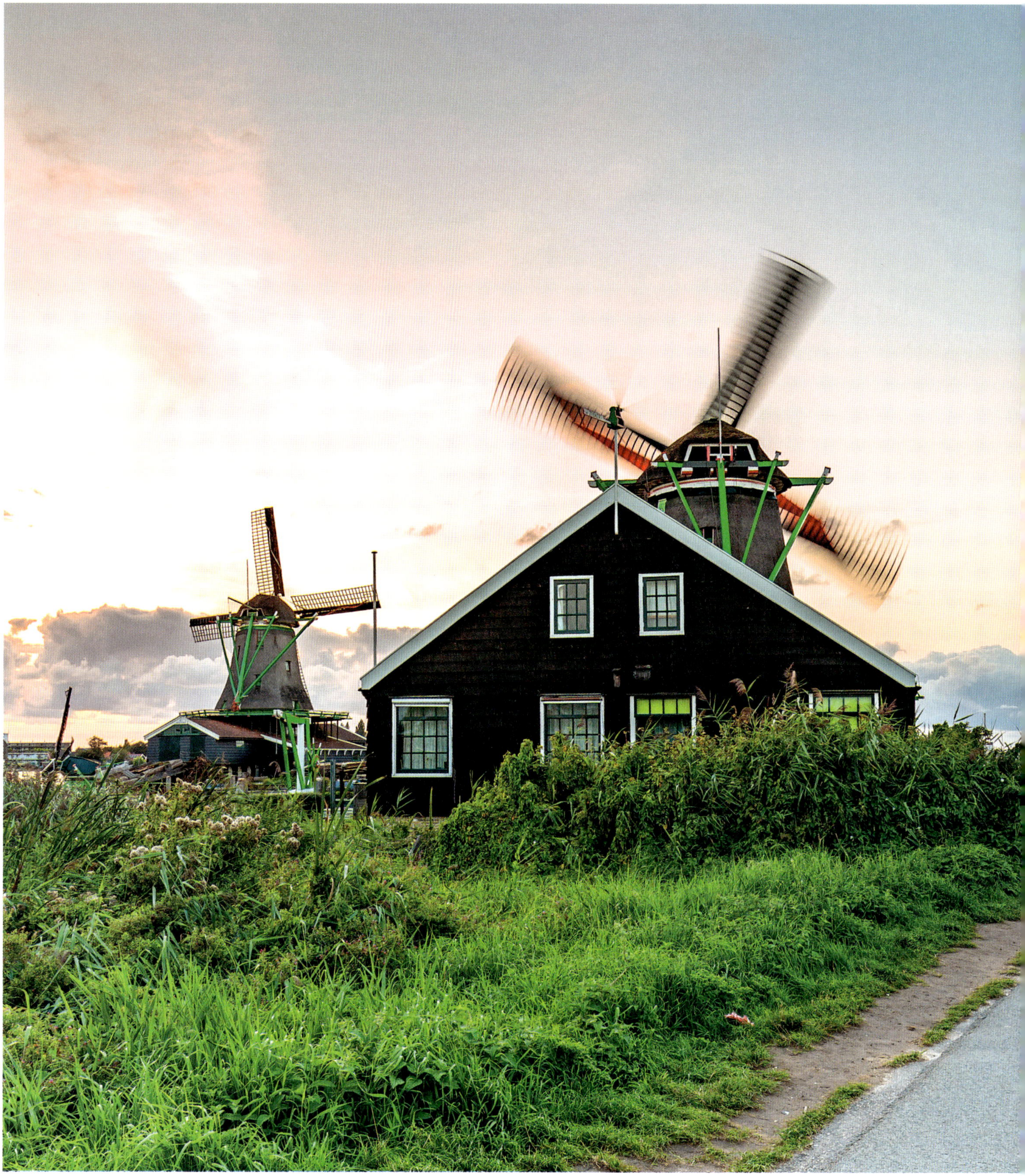

[ 06 ]

# Niederlande

Wo sich die Nordsee ungestüm gegen die Küste wirft, sich das Welterbe Watt im Takt der Gezeiten mit Leben füllt, da liegt ein guter Teil des Landes unterm Meeresspiegel. Flach, weit, mit windgreifenden Mühlen und wogenden Tulpenfeldern. Radfahren gehört hier zum guten Ton.

Mehrere Windmühlen zerpflügen den Himmel über Zaanse Schans, nördlich von Amsterdam.

**Niederlande**

| 94 % | 72 J | 91 % | 21 % | 36 % | 907 Mrd $ |

**Deutschland**

| 90 % | 72 J | 87 % | 8 % | 46 % | 3.861 Mrd $ |

**Welt**

| 81 % | 64 J | 78 % | 0 % | 17 % | 87.552 Mrd $ |

Jutta M. Ingala

# Wo alles so »lekker« ist

Niederländer sind recht pragmatisch. Und darum wohl auch oft so gut gelaunt. Einfach machen, die Dinge nicht zu ernst nehmen. Und wenn sich doch einmal Wolken am kollektiven Gemütshimmel zusammenbrauen, setzt man sich zur Aufmunterung zum *lekker borrelen* zusammen. *Lekker* ist irgendwie alles, was Spaß macht, was schön und gut ist. Beim *lekker borrelen* etwa geht es um geselliges Miteinander bei herzhaften Häppchen, ganz ungezwungen, oft spontan. Um nach der vielleicht doch bierernsten Angelegenheit im Büro die Anspannung des Tages wegzulachen, um Wogen zu glätten, für ein gutes Gefühl. Mit von der Partie sind Käse, Sprotten oder Salami, mariniertes Gemüse, Salzgebäck, Dips. Appetitlich angerichtet auf dem namenstiftenden *borrelplankje*, einem rustikalen Holzbrett. Abgerundet mit deftigem Bier. Davon brauen die Niederländer traditionell viel. Und gut.

Gut sind die Niederländer auch in Sachen Radwegenetz. Das ist hervorragend ausgebaut, ganze 37 000 Kilometer lang. Wie dieses erstaunliche Band mit all seinen Schleifen überhaupt in das kleine, dicht besiedelte Land passt, verblüfft. Geniales Detail: Orte sind über sogenannte *fietsknooppunten* – Radknotenpunkte – miteinander verbunden. Damit fahren nicht nur Naturbegeisterte kreuz und quer durchs Land, ohne die Orientierung zu verlieren, auch innerstädtisch weisen sie den Weg. Für Niederländer, ungeachtet von Alter, Orientierung oder gesellschaftlichem Status, ist das Rad wichtiger Teil ihrer Identität. Als Symbol für Nachhaltigkeit, Mobilität und Entspannung begleitet die *fiets* – das Fahrrad – durch Wind und Wetter und zu jedem Anlass, vor allem auch sicher ans Ziel. Die Niederlande gehören zu den fünf verkehrssichersten Staaten der Welt. *Lekker fietsen* ergibt darum unbedingt Sinn. Und macht auch unbedingt glücklich. Da wundert es wenig, dass es hier so melodische Klingeln und die buntesten Fahrradtaschen gibt. Darin wird vom Laptop über Lebensmittel bis zum Blumentopf wirklich alles transportiert. Bei nur 17 Millionen Niederländern zählt man im Übrigen ganze 25 Millionen Fahrräder!

Die schöne Reihe ließe sich endlos fortführen etwa mit *lekker bijkletsen*, was »nett plaudern« heißt, oder *lekker snuffelen*, dem Herumstöbern auf Flohmärkten. Ein Wort, das sich in allen nur denkbaren Kombinationen durch die niederländische Sprache und den Alltag zieht, das irgendwie vertraut klingt und ganz viel Lebensgefühl transportiert. Überhaupt ist Niederländisch sehr verbindlich und direkt. Etwas rau, ohne Allüren. Wie die Menschen eben. Vielleicht haben die Jahrhunderte, in denen unerschrockene Seefahrer unbekannte Küsten ansteuerten, in denen ebenso unerschrockene Männer dem brausenden Meer Land abtrotzten, die Sprache mitgeprägt. Und vielleicht streuen die Niederländer darum quasi besänftigend so gerne ein *lekker* ein. Dem Besucher gefällt es. Auch, wenn der Uneingeweihte es spontan mit Essen verbindet. Eine gute Idee eigentlich: *Even lekker gaan zitten en van een kopje koffie genieten.* – Sich gemütlich irgendwo hinsetzen, einen Kaffee genießen. Dazu ein Stück Apfelkuchen mit Sahne und das Glück ist perfekt.

Der lange Sandstrand macht Zandvoort zum idealen Badeort. Und wenn das Wetter nicht mitspielt, kann man hervorragend spazieren.

# »De beste stuurlui staan aan wal«

»Die besten Steuerleute stehen immer am Ufer«, spötteln die Niederländer

Der Nationalfeiertag zu Ehren des Königs Willem-Alexander, der *Koningsdag*, wird traditionell frühmorgens mit Flohmärkten und Garagenmärkten begonnen, bei denen man feilscht und anpreist – und natürlich das *lekker snuffelen* nicht zu kurz kommt.

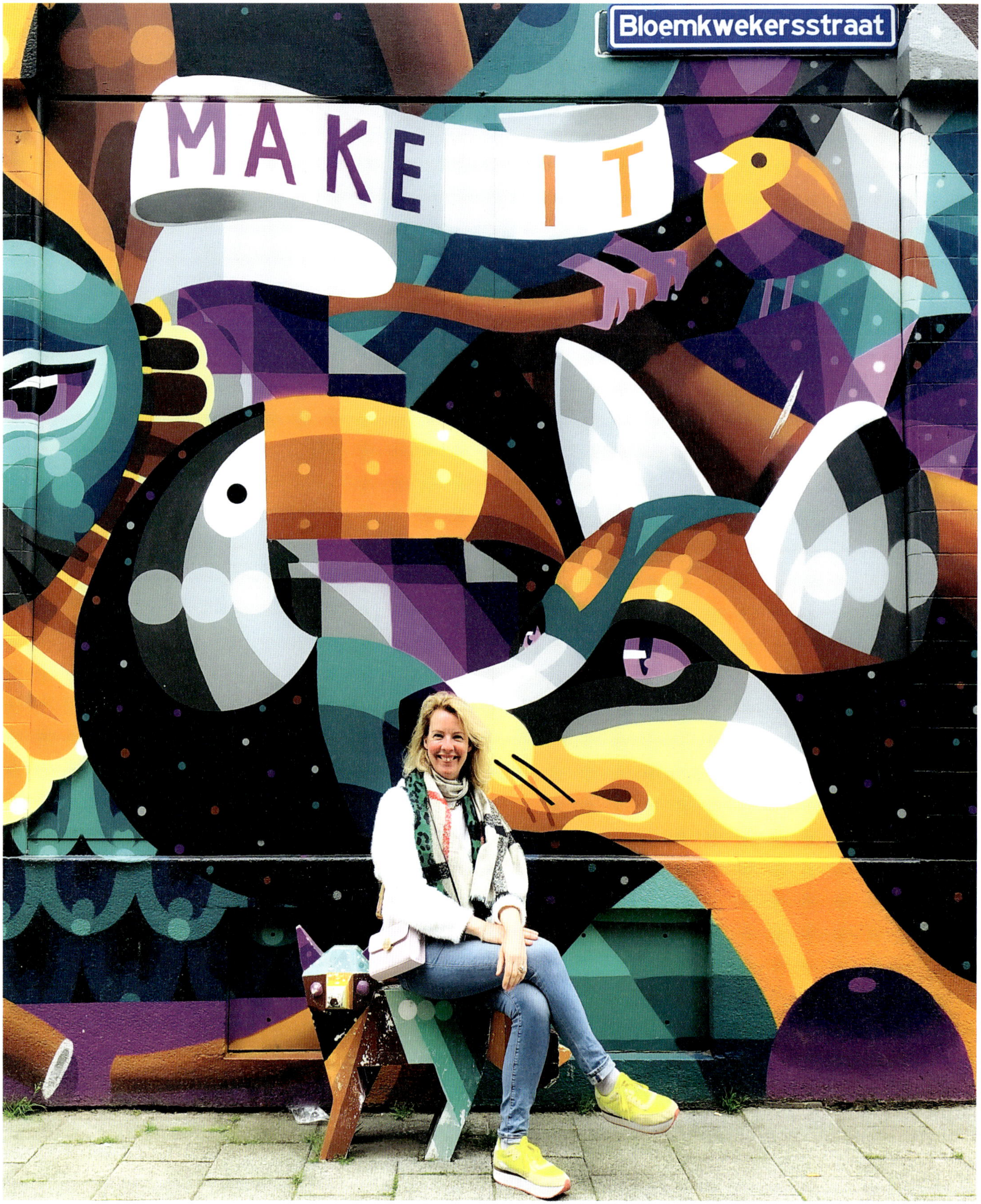
Bloemkwekersstraat
MAKE IT

Minke Maat

# Minke Maat und der Sternenstaub der Poesie

Schon als Kind hatte Minke ihren eigenen Blick auf die Welt. Aufgewachsen auf einem Bauernhof in der Nähe der alten Hansestadt Zutphen, unweit einem der schönsten Flüsse der Niederlande, der IJssel. Wie der Fluss durch die Landschaft mäandert, so streift Minke durch Wiesen und Wälder, erkundet Flussufer und verborgene Winkel, um den kleinen Dingen nachzuspüren. Dem Gewöhnlichen, das doch im Grunde so besonders ist, widmet sie ihre Zeit. Innehalten, beobachten, wie sich Wasserringe auf dem See ausbreiten, das Licht- und Schattenspiel vom Laub oder kahle Äste, die sich wie Spitze gegen den klaren Winterhimmel abzeichnen. Das macht sie glücklich. Auf dem elterlichen Bauernhof lebt außer zwei Hühnern nur ein Kaninchen. Bis heute sind Kaninchen Minkes Lieblingstiere geblieben. Und vielleicht hat das mit der Magie zu tun, die Minke in die Welt streut. Schon immer haben ihr Bücher gefallen, schon früh schreibt sie eigene Gedanken auf. Mit dem guten Montblanc-Füller, den ihr die Eltern zum Schulabschluss schenken, füllt sie noch heute Papier mit Poesie. Für Menschen, zu besonderen Anlässen, in ihren eigenen Gedichtbänden. Nach Maß. Ihr Nachname Maat bedeutet tatsächlich auch »Maß«. Zum Füllfederhalter gesellt sich irgendwann eine Kamera, die ihr hilft, den Blick auf das Unscheinbare weiter zu schärfen. So haucht Minke Glanz aufs Alltägliche. Ihr Sternenstaub ist die Poesie.

Heute wohnt Minke mit ihrem Mann Piet, den Kindern Billy und Donald und ihrem Deutsch Kurzhaar namens Teddy in der Medienstadt Hilversum. Dort ist eine unscheinbare Gasse zu einem beflügelnden Ort geworden: Minkes Gedicht »Ik van jou«, das von »du« und »ich« und »wir« erzählt, lässt vorbeihastende Menschen nun innehalten. Leise Zeilen, die auf die Mauer gepinselt sind, begleitet von einem lauten Flügelpaar in leuchtenden Farben. *Hillywings*. Ein Wortspiel, ein Selfiespot. Und doch so viel mehr. Minkes Magie. Beglückend finden Anwohner und Passanten.

Minke mag es gerne bunt, nicht nur in der Poesie, sondern auch, was Mode betrifft.

# »Uitwaaien« – windige Erholung

Wind ist für die Niederländer kein Problem. Haben sie doch den Stürmen – und nachrauschenden Fluten – seit jeher mit kongenialen Deichen getrotzt. Die Polder- und Kornmühlen lieben den Wind auf ihren Flügeln, Haubargen und andere *Boerderijen* – Bauernhöfe – ducken sich geschickt mit tief gezogenen Dächern in die flache Landschaft, um Mensch und Tier gegen die Elemente zu schützen.

Sogar Radfahrer nehmen es unerschrocken mit starken Böen auf: Man sieht sie über den Lenker gebeugt, mit flatternden Jacken und fliegenden Haaren kräftig in die Pedale treten, die Oberkörper schwankend wie Schiffe auf hoher See. Nicht selten ein Lachen auf dem angestrengten Gesicht. Alltagsvergnügen! Darum wundert es wenig, wenn die windige Angelegenheit auch im Kanon der glücksbringenden Draußenaktivitäten einen festen Platz hat. Und sogar einen Namen: *uitwaaien*. Verheißungsvoll und nur schwer zu übersetzen. Sich ordentlich durchpusten lassen, das trifft es wohl am besten. Vom Wind natürlich. Idealerweise am Meer. Dort liegt Salz in der Luft und erhöht den Erholungsfaktor. Alles ab Beaufort (Windstärke) 5 bringt ganz viel davon!

Wer sich auf den Wind einlässt, wird spüren, wie wohltuend es ist, sich von ihm halten zu lassen, wie hier am Pier von Scheveningen.

*Niederlande*

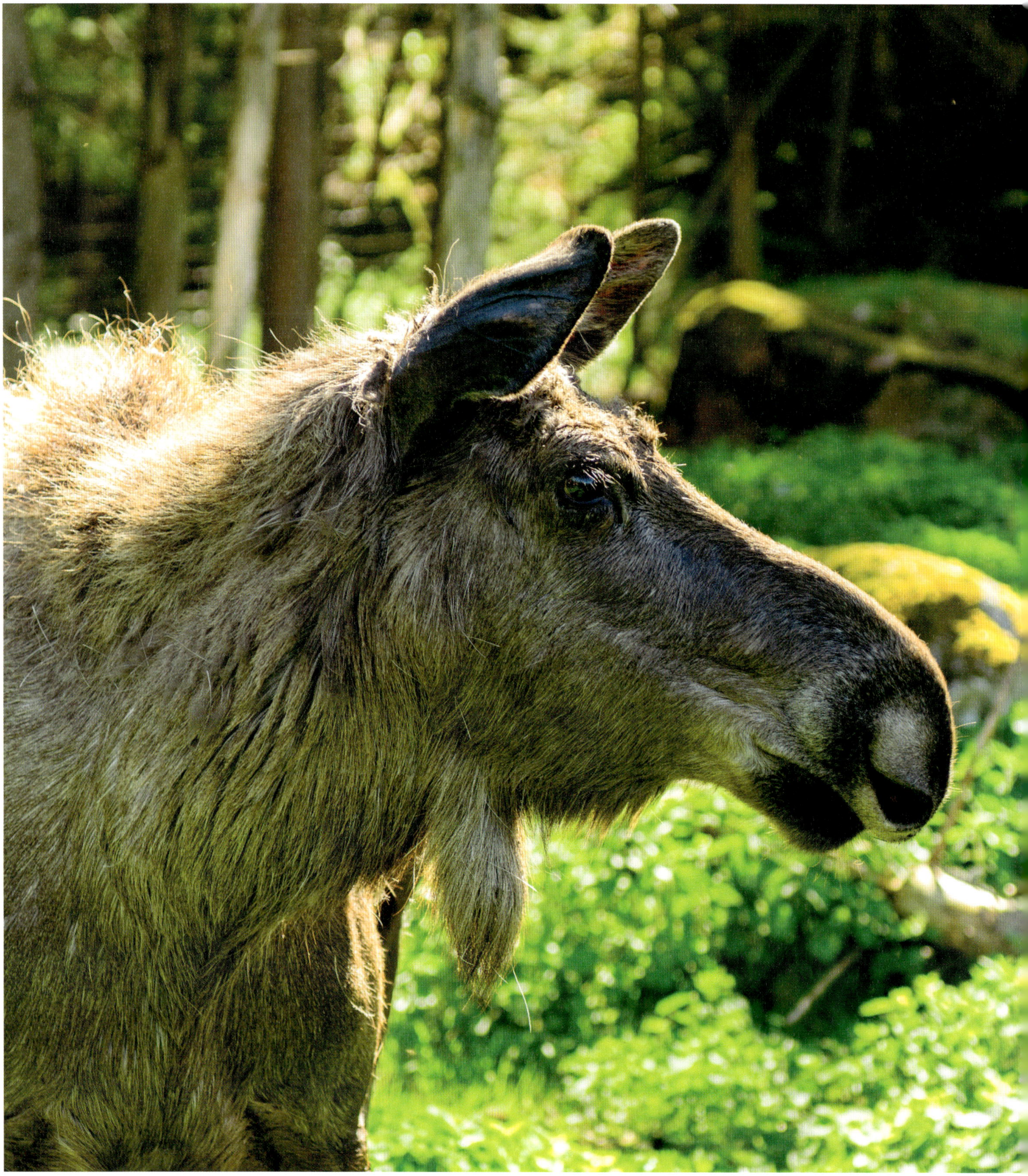

[ 07 ]

# Schweden

Land der dichten Nadelwälder, 100 000 Seen und endlosen Küste, die von Schären mit falunroten Häusern umspielt wird. Wo majestätische Elche die Natur durchstreifen, ist auch gutes Design zu Hause und gehört Beerenpflücken zur Lieblingsbeschäftigung aller.

Leuchtend grün zeigen sich die von Elchen durchstreiften schwedischen Wälder im Mai.

**Schweden**

| 93 % | 73 J | 94 % | 11 % | 25 % | 530 Mrd $ |

**Deutschland**

| 90 % | 72 J | 87 % | 8 % | 46 % | 3.861 Mrd $ |

**Welt**

| 81 % | 64 J | 78 % | 0 % | 17 % | 87.552 Mrd $ |

# » Att vara lugn som en filbunke «

Ruhig wie Dickmilch (bedeutet, dass jemand die Ruhe weg hat)

Zum Midsommar gehört auch das Errichten einer Maistange. Traditionell ist das Männersache und so mühen sie sich hier beispielsweise vor dem Schloss Nääs ab.

Jutta M. Ingala

# Von der Leichtigkeit des Seins

Sie färbt ab: die zurückhaltend unaufgeregte Art der Schweden. Im Alltag schwingt eine heitere Freundlichkeit mit, man duzt sich, und eine offen gelebte Bescheidenheit wirkt unglaublich ausgleichend. Keiner ist mehr, keiner weniger. So zumindest der kollektive Gedanke, der nicht nur in der Mentalität der Schweden, sondern auch in der Kultur der benachbarten Norweger und Dänen verankert ist. Bekannt als *Jantelagen* – Jantes Gesetz. Eine Handvoll Verhaltensregeln, die im Grunde alle dasselbe sagen: »Du sollst nicht glauben, dass du besser bist als wir, dass du mehr weißt, dass du klüger bist …!« Abgeleitet aus einem Roman der 1930er-Jahre, den Autor Aksel Sandemose ins fiktive Dorf Jante verortet hat. Was im Roman als Chiffre für soziale Kontrolle gilt, wird aufs Heute übertragen als Kultur von Konsens und Gleichheit begriffen. Wie wunderbar!

**Falunrot, weiße Fensterrahmen, direkt am Wasser – so sind typische Hütten.**

Vielleicht, vielleicht auch nicht, fußt ja auch das Jedermannsrecht auf diesem Gedanken der Gleichheit. In dem Land, in dem die Natur sich mit den Säumen der Großstädte verwebt, in dem das Meer, mächtige Seen und sprudelnde Flüsse nie weit weg sind und in dem Wälder zu großartigen Wanderungen einladen, darf jeder gehen, wohin er will: zum Zelten unter freiem Himmel, zum Beerenpflücken und zum Pilzesammeln. Ein paar Ausnahmen gibt es schon. Doch sich ungestört bewegen, solange man die Natur so verlässt, wie man sie vorgefunden hat, das verbrieft das *allemannsrät*.

Herrlich, mit dem Rad ins Grüne zu fahren, eine Fika im Korb. Unterwegs Blumen pflücken, um einen Kranz daraus zu flechten. Für Mittsommer-Feste oder ganz einfach, weil Blumen im Haar so glücklich machen. Den Korb ganz nebenbei mit allerlei köstlichen Beeren füllen – Heidelbeeren, Walderdbeeren oder bernsteinfarbene Moltebeeren, alle echtes Superfood aus der Natur – und zur Fika naschen. Wenn man am nächsten Badesteg ins Wasser springt, um anschließend auf warmen, blanken Felsen in der Sonne zu trocknen, drängen sich Gedanken an die wundervollen Erzählungen Astrid Lindgrens auf: So muss es Tjorven in »Ferien auf Saltkrokan« ergangen sein. Ein Gefühl von nicht enden wollendem Sommer. Und Freiheit. Die ist es wohl, die jeder in diesem weiten Land spürt. Eine kleine Hütte am See oder im Wald ist genau der richtige Ort, um sie voll auszukosten. Sich treiben lassen im Idyll der schwedischen Natur ist im Übrigen zu jeder Jahreszeit ein ganz eigenes Vergnügen. Wenn etwa der Herbst mit seinem würziger Luft lockt und die Zeit der Pfifferlinge und Steinpilze gekommen ist, gibt es kaum Schöneres, als die Schätze des Waldes am knisternden Lagerfeuer frisch zuzubereiten. Über der Flamme lässt sich auch gleich ganz schlicht Kaffee in der Kanne kochen. Mehr schwedische Momente sind kaum möglich. Es sei denn, der König des Waldes, der Elch, kreuzte noch den Weg.

Lotta Kristensen

# Lotta Kristensen und das gute Leben auf Tjörn

Am südwestlichen Zipfel der Insel Tjörn, dort wo in der Bucht blank polierte Schären wie Walbuckel aus dem Meer lugen, steht ein kleines Holzhaus am Kieselstrand. Schlicht, mit einer Veranda, die bei Flut gerade übers Wasser ragt. Ein weißes Schild verkündet in großzügig grün gepinselten Lettern: »Lottas Bak & Form. Surdegsbageri«. Es ist die Bäckerei von Lotta Kristensen, die das wohl glücklichste Brot Schwedens bäckt. Aus alten Getreidesorten wie Emmer und Dinkel, angesetzt zu Sauerteig, der ein, zwei Tage ganz gelassen gehen darf. Das ist bekömmlich. Einfache, gute Zutaten und persönliche Leidenschaft gehören zu Lottas Rezepturen. Die gibt sie liebend gern auch an Lernwillige weiter, die neugierig aus aller Welt zu ihr kommen. Dabei geht es nicht nur ums Handwerk, sondern um Austausch und Inspiration, was alle bereichernd finden. Und so ist an der Bucht auf Tjörn ein *smultronställen*, ein Lieblingsplatz entstanden. Für die Menschen aus der Nachbarschaft, für Fremde und Freunde. Lotta, die sich das Backen selbst beigebracht hat, begrüßt Gäste mit Schalk in den blauen Augen und einem melodischen *Hej!*. Ihr Lehrberuf »Grafische Gestaltung« schwingt noch im Bäckereischild mit, in der Papeterie und sogar in der heiteren Wandtapete des lichtdurchfluteten Cafés, das nur durch einen Tresen von der offenen Backstube getrennt ist. Mit geröteten Gesichtern und mehlgepuderten Händen balancieren dort Helfer Brotlaibe mit kräftigen Aromen in die Regale oder direkt auf die Teller beglückter Gäste. Auch Bleche voller hauchdünner Knusperpizza mit Toppings, die es sonst nirgends gibt – alles organisch und lokal –, finden den Weg auf die Tische mit den bunten Häkeldeckchen. Wer am Fenster sitzt, wo sich nostalgische Töpfe mit ebensolchen Pflanzen drängeln, blickt hinaus aufs stille Wasser. Seit mehr als zehn Jahren arbeitet Lotta Kristensen an diesem ruhigen, abgeschiedenen Ort. Beides braucht sie zur Inspiration. Während sie den Dingen gerne Zeit lässt, entwickelt sie ihre Rezepte stetig weiter. Zur Überraschung aller, die häufiger vorbeikommen: wegen des Essens, der guten Atmosphäre und natürlich wegen Lotta. Die Gastgeberin lacht gern und viel. Und ihr Lachen ist unbedingt auch Ausdruck der Freude, die ehrliches, gutes Essen mit sich bringt. Ansteckend!

Es ist schwer zu sagen, was in der *surdegs-bageri* glücklicher macht: der Duft und der Geschmack des frisch gebackenen Brotes oder das herzliche Lachen der Inhaberin Lotta. Vielleicht ist es aber auch gerade die Mischung aus allem.

*Schweden*

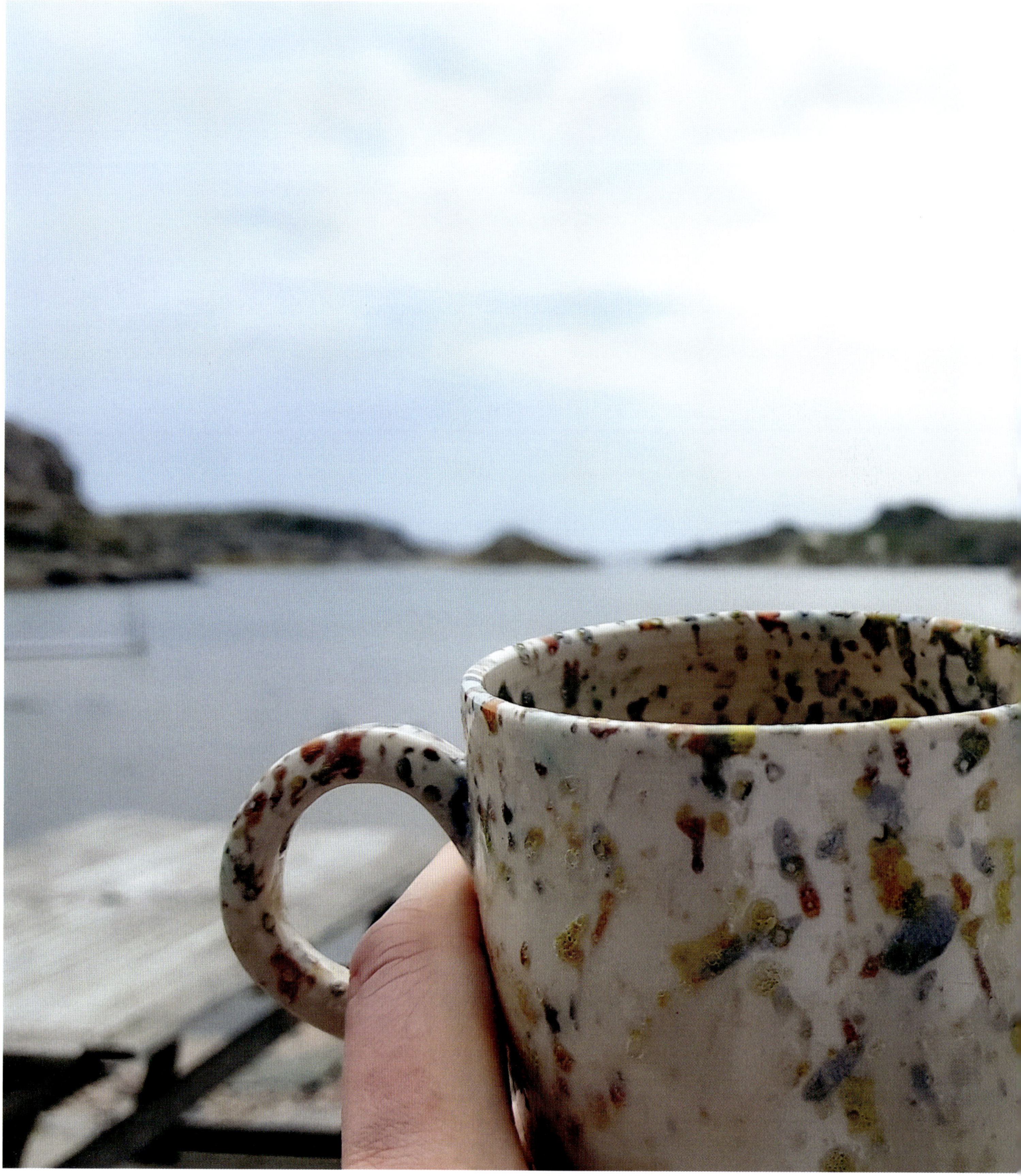

# Fika – mehr als Kanelbullar und Kaffee

Man könnte sie für einen simplen Kaffeeklatsch halten. Doch das wird dem tief in der schwedischen Gefühlswelt verwurzelten Brauch ganz und gar nicht gerecht: Fika, das ist ein soziales Phänomen, Lebensgefühl und Lebenslust. Fika geht nicht allein, nur unter Freunden! Ein echtes Ritual in Schweden, das jedoch weder an eine Uhrzeit, einen Ort noch an eine Form gebunden ist. Es geht um Geselligkeit und guten Kaffee, auch Kuchen darf dabei keinesfalls fehlen. Vor allem die legendären *Kanelbullar*, luftig-leckere Zimtschnecken mit Hagelzucker, die in allen Lebenslagen beglücken. Andere geschätzte Kaffeebegleiter sind je nach Jahreszeit der genüsslich-klebrige *Kladdkaka*, ein Schokokuchen mit flüssigem Kern, und die marzipangrüne *Prinsestårta* mit rosa Rosenkrönchen – die Prinzessinnentorte. Zur Erdbeerzeit im Sommer bekommt das royale Backwerk herrlich fruchtige Konkurrenz: Dann steigt *Jordgubbstårta* auf in den Olymp des *fikabröd*, der passenden Nascherei zum Kaffee. Zur Fika trifft man sich lässig auf der Arbeit, was manche Unternehmen wunderbarerweise sogar in Anstellungsverträgen verbriefen, zu Hause oder im Café. Auch ins Grüne oder auf den nächsten Badesteg lässt sich das gesellige Miteinander spontan verlegen. Der Name leitet sich vermutlich von *kaffi* ab, dem alten Wort für Kaffee, der im 18. Jahrhundert erstmals nach Schweden kam und schnell zum Modegetränk wurde. Die aromatischen Bohnen, die König Gustav III. beargwöhnte, wurden zeitweilig verboten oder hoch besteuert. Spätestens seit der Industrialisierung, als Kaffee wieder ganz legal und erschwinglich war – man hatte auch seine belebende Wirkung erkannt –, machte er Furore. Ein Trend, der im Übrigen bis heute anhält und in einer innovativen Cafészene experimentellen Ausdruck findet. Aus *kaffi* wurde irgendwann *fika* und wer heute »Vill du fika?« – »Lust auf eine Fika?« – gefragt wird, hat echten Grund zur Freude. Denn es ist eine wunderbare Gelegenheit, den Tag für kurze Zeit zu verlangsamen. Bitte mehr davon!

Hoch die Tassen, heißt es zu jeder Tageszeit und an jedem Ort in Schweden, wenn man sich zur gemütlichen Fika trifft.

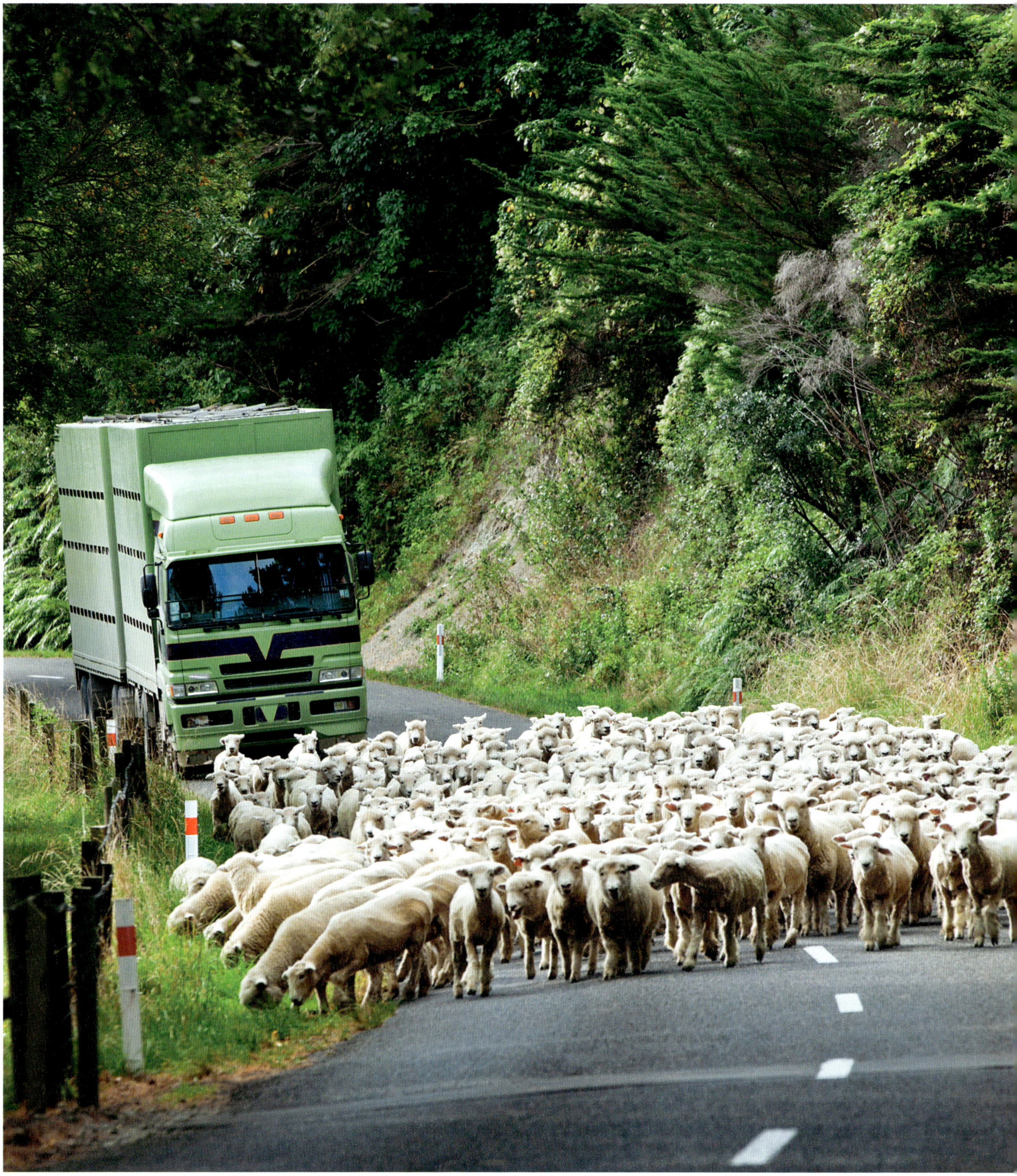

# Neuseeland

*Aotearoa*, das »Land der langen, weißen Wolke« und das schönste Ende der Welt: Neuseeland! Ein faszinierendes Fleckchen Erde, das sich in Nord- und Südinsel und kleine Zusatzarchipele splittet. 4,3 Millionen Einwohner treffen auf rund 40 Millionen Schafe, inmitten filmreifer Landschaften.

Zum Glück gehört dazu, dass man die Zeit hat, eine Schafherde passieren zu lassen.

**Neuseeland**

| 95 % | 73 J | 94 % | 19 % | 22 % | 205 Mrd $ |

**Deutschland**

| 90 % | 72 J | 87 % | 8 % | 46 % | 3.861 Mrd $ |

**Welt**

| 81 % | 64 J | 78 % | 0 % | 17 % | 87.552 Mrd $ |

Tina Engler

# Taumelnd vor Glück – Ankunft in NZ

Erschöpft lande ich nach rund 30 Stunden Anreise in der größten Stadt des Landes, Auckland. Die sanften Strahlen der Morgensonne küssen mich wach. Schon auf dem Weg vom Flughafen werden nonstop Glückshormone freigesetzt. Grüne Hügel und erloschene Vulkankrater schmiegen sich um das Zentrum der quirligen Millionenstadt. Dazu gesellen sich Buchten, lange Sandstrände und vorgelagerte Inselchen. Die Luft riecht nach der Frangipani-Pflanze und Meer. Sie ist so klar und transparent, als wäre sie aus Glas. Strahlendes pazifisches Licht lässt mich die elf Stunden Zeitverschiebung vergessen. Das passiert mir jedes Mal, und dann wundere ich mich plötzlich, dass ich über die Promenade am Hafen taumele, völlig neben mir stehend, trunken vor Glück einen *Flat White* Kaffee in der Hand und Jetlag in den Knochen. Tag ist Nacht und Nacht ist Tag, das Ende der Welt stellt alles auf den Kopf und das ist gut so. Irgendwie scheine ich jegliche Sorgen im unendlichen Blau zwischen den Kontinenten abgeworfen zu haben. Die Gelassenheit der »Kiwis«, der Einwohner des Inselstaates, beseelt, alle sind so entspannt. Kein Wunder, haben sie doch unendlich viel Platz zum Sein und eine überbordende Natur, die berauscht.

Die »Herr der Ringe«-Locations sind nichts gegen die Realität. Ich sehe jetzt davon ab, die vielen Orte auf der Süd- und der Nordinsel aufzuzählen, die von einer solch surrealen Schönheit sind, dass sogar mir die Worte fehlen – und das will etwas heißen. Man muss diese einzigartigen Plätze mit allen Sinnen wahrnehmen: riechen, fühlen, schmecken, ertasten. Atemberaubende Landschaften finden sich hinter jeder Abbiegung. Mein Herz schlägt vor allem für die Südinsel. Am besten, man nimmt ein Auto, um sie zu erobern, denn ein Roadtrip ist eine optimale Möglichkeit, in das hiesige Leben einzutauchen und verschwiegene Plätze am Wegesrand zu erkunden. Einfach treiben lassen. Ruhig mal vom Wege abkommen. Exotisch klingenden Wegweisern ins Nichts folgen. Hier und dort verweilen. Welche Plätze mich glücklich machen? Da wäre Marlborough Country mit dem wohl besten Sauvignon Blanc und dem beruhigenden Rauschen der »Marlborough Sounds«-Wasserfälle oder die Region um Queenstown, welche als Hochburg des Extremsports sogar mich schon einmal verführt hat, mich von einer Brücke zu stürzen, allerdings mit sicherem Seil beim Bungeejump. Die Otago-Halbinsel wiederum in der Nähe der Studentenstadt Dunedin begeistert mit der weltweit einzigen Festlandskolonie von Königsalbatrossen. Wer Ruhe sucht und das Gefühl endloser Weite und Natur ersehnt, ist hier genau richtig. Die kilometerlangen menschenleeren Strände und die windumtosten Klippen in einer wildromantischen Dünenlandschaft machen mich glücklich. Irgendwann bleibe ich einfach da.

Intensives Blau umgibt die Halbinsel Otago, auf der sich auch Pinguine wohlfühlen.

Mit dem Blick auf moderne Architektur lässt es sich in Auckland herrlich entspannen.

Wer auf einer Insel groß geworden ist und in der Welt zu Hause, kann sich keinen besseren Wohnort aussuchen, als ein Segelschiff.

Für die einen sind es nur bunte Karten, doch Gaylyn kann aus ihnen viel mehr lesen.

Gaylyn Morgan

# Reisende mit Glück im Gepäck

Zu Gaylyn Morgan habe ich eine besondere Beziehung: Sie ist nämlich die Ehefrau des Mannes, mit dem ich zwanzig Jahre zusammen war. Durch ihre Adern fließt ein bisschen Maori-Blut, vielleicht ist das der Grund, warum sie ein besonderes altes Wissen in sich trägt. Als gebürtige »Kiwi« lebt sie, in Einklang mit der Natur und den Gezeiten, auf einem Segelboot an der Küste Neuseelands und ist am liebsten unterwegs. Sie versprüht unendlich viel positive Energie und hilft überall dort, wo sie kann, ganz gleich ob in der Südsee oder in der Karibik. Was sie ausmacht, ist ihre unbändigte Freude für alles, was sie anpackt. Eigentlich ist Gaylyn Grundschullehrerin und besucht auf ihren Reisen die entlegensten Dörfer, um Kinder dort kostenlos zu unterrichten. Sie engagiert sich bei sozialen Projekten und volontiert in den Communities. Vor acht Jahren verfasste sie einen Reiseführer für junge Abenteurer: »Backpackers practical and spiritual Guide to the Universe« ist ein spannender Ratgeber für sanftes, umweltbewusstes Reisen, gespickt mit vielen hilfreichen Tipps und jeder Menge Lebensphilosophie. Zusammengetragen hat sie die Kapitel auf ihren eigenen Reisen quer durch die ganze Welt.

Ihre jahrzehntelange Liebe zum Tarot hat Gaylyn inzwischen zum Beruf gemacht und hat Kundinnen und Kunden in der ganzen Welt: Bei ihrer ganzheitlichen Arbeit verbindet sie spirituelles Coaching mit Naturheilkunde und Hypnosetechniken, um Körper, Geist und Seele wieder in Einklang zu bringen und das ureigene Glückspotenzial zu entfalten. Bei mir hat es funktioniert, aber das ist eine ganz andere Geschichte.
www.gaylynmorgan.com

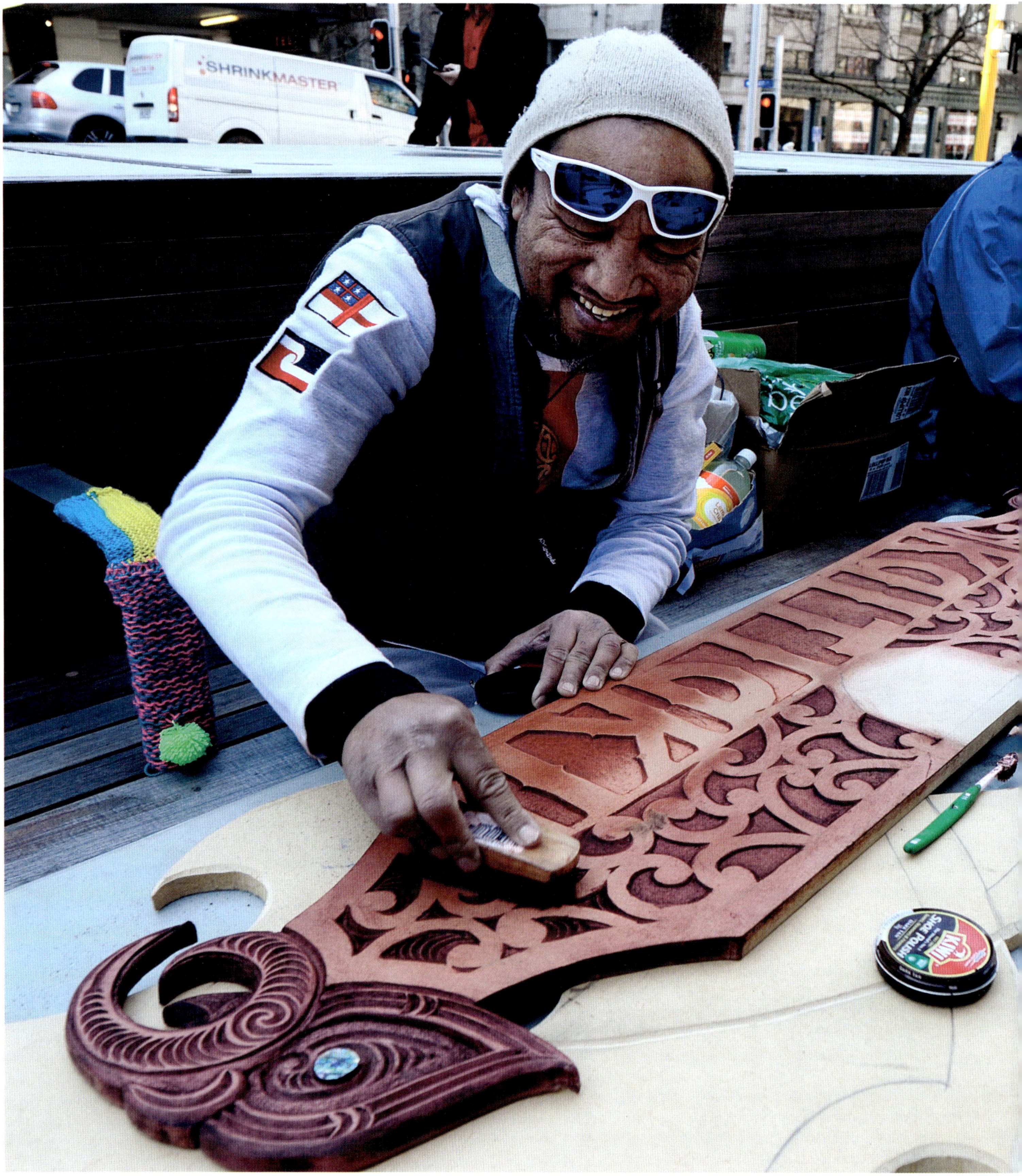
SHRINKMASTER
KIWI
SHOE POLISH

# Im Land der langen weißen Wolke

*Hongi, Haka, Marae, Tapu, Aotearoa ...* Ausdrücke der für lange Zeit fast vergessenen Sprache der Maori. Ihre Kultur erlebt in Neuseeland derzeit eine wahre Renaissance. Einst waren die Sprache und die naturnahe Religion der Ureinwohner Neuseelands verboten. Inzwischen ist Maori, neben Englisch, zur zweiten Amtssprache des Landes avanciert.

Ursprünglich stammen die Maori von den Polynesischen Inseln im Pazifik. Vor über 700 Jahren erreichten ihre Vorfahren in hölzernen Kanus die Küste Neuseelands. Die Maori nannten das neu entdeckte Land fortan *Aotearoa*, das »Land der langen weißen Wolke«. Die meisten von ihnen wurden durch europäische Siedler zum christlichen Glauben missioniert. Viele von ihnen haben den Bezug zu ihrer alten Kultur verloren und fühlen sich heimatlos. Eine starke Bewegung der jungen Maori versucht heute wieder an ihre traditionellen Werte anzuknüpfen.

Viele Maori sind zwar bekennende Christen, leben aber zeitgleich ihre ganz ureigene Spiritualität. Für die Maori steht alles miteinander in Beziehung, sowohl die Verbindung zu Menschen und Tieren als auch zur Umwelt, den Elementen und zur Natur. Damit es der Welt gut geht, müssen alle Beziehungen permanent gepflegt werden.

Während ihrer Zusammenkünfte orientieren sie sich an den alten Traditionen. Die Kinder werden schon früh mit den alten Sitten und Bräuchen vertraut gemacht. So erlernen schon die Kleinsten das Lenken des *Waka*, des Kanus, und den *Haka*, den traditionellen Tanz der Maori. *Mokos*, die Maori-Tätowierungen, werden nicht nur stolz von den Maoris getragen, sondern gelten inzwischen auch bei jungen Städtern als »hip«.

Zu dem Wissen, das die Maori heute sorgsam pflegen und jahrelang tradiert ist, gehören auch handwerkliche Fähigkeiten.

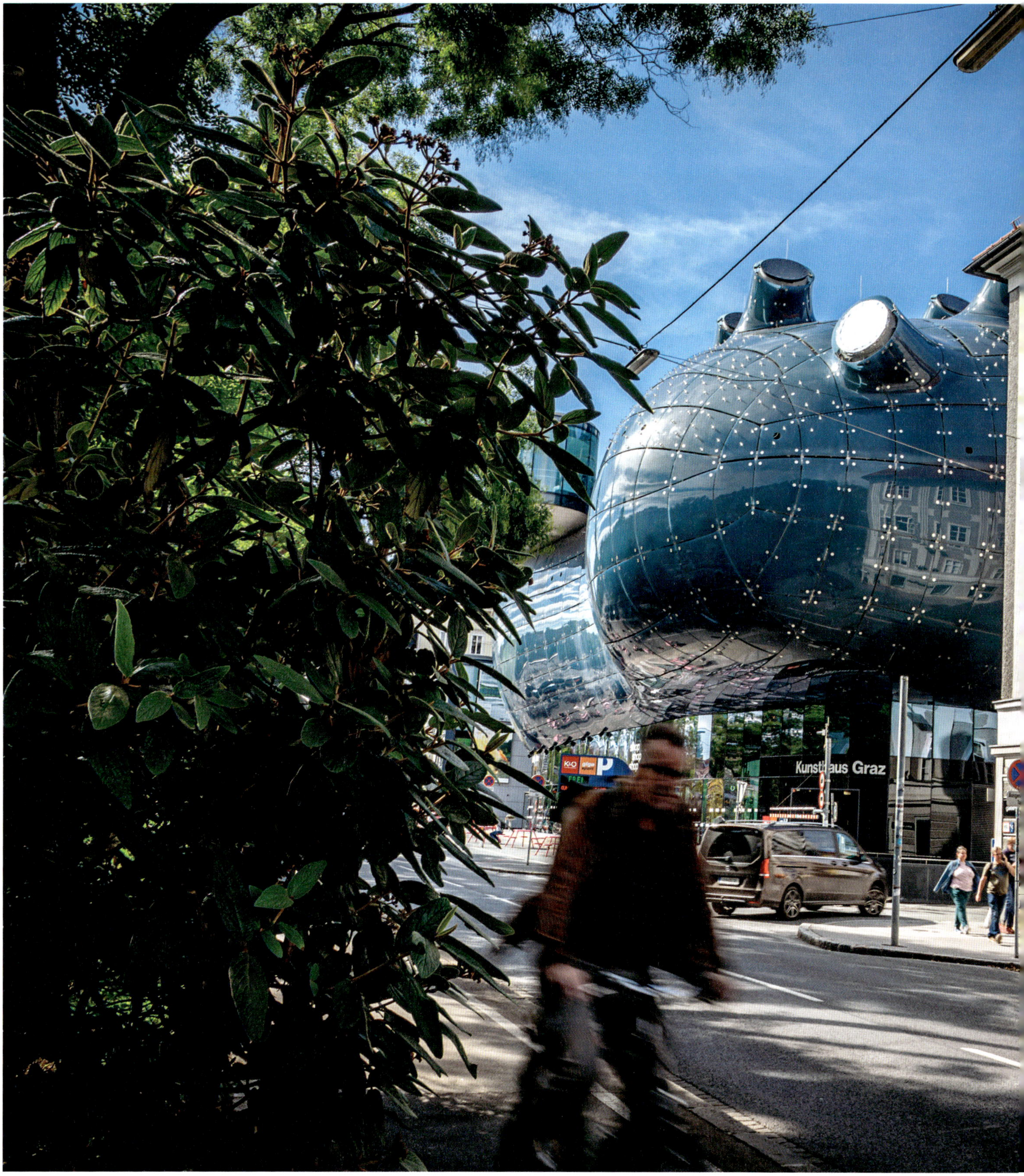
Kunsthaus Graz

[09]

# Österreich

Zwischen Wiener Schmäh, Mozartkugeln und alpinem Hochgenuss mit nahezu 1 000 Dreitausendergipfeln bietet das kleine Land im Herzen von Europa jedes erdenkliche Kultur- und Naturabenteuer. Während die Metropolen mit Kunst und Design glänzen, glüht das Land vor Brauchtum.

Unübersehbar ist das »Friendly Alien«, wie der Bau des Kunsthauses Graz genannt wird.

**Österreich**

| 93 % | 73 J | 90 % | 0,1 % | 50 % | 521 Mrd $ |

**Deutschland**

| 90 % | 72 J | 87 % | 8 % | 46 % | 3.861 Mrd $ |

**Welt**

| 81 % | 64 J | 78 % | 0 % | 17 % | 87.552 Mrd $ |

Marterl und wolkenverhangene Gipfel, grasende Tiere und dunkle Wälder – das alles ist der Inbegriff des Salzburger Lands.

Bereits zur Zeit der K.-u.-k-Monarchie gab es das Kaffeehaus Korb in Wien. Schmecken tut's heute wie damals.

Jutta M. Ingala

# Zwischen Gipfelglück und Gaumenkitzel

Vielleicht liegt es daran, dass Österreich von gleich acht Nachbarstaaten umgeben ist, die ein wenig zur unbeschreiblichen Vielfalt des Landes beitragen. Kulinarisch, kulturell, geschichtlich. Geografisch ohnehin, denn Flüsse, Berge und Täler stören sich bekanntlich nicht an Staatsgrenzen. Da gibt es den kuriosen Fall des Kleinwalsertals, einem Hochtal in den Allgäuer Alpen. Es gehört zum österreichischen Land Vorarlberg, ist aber aufgrund der alpinen Geländestruktur nur von Deutschland aus erreichbar. Man stelle sich vor! Sein Name leitet sich übrigens von den Walsern ab, die im 13. Jahrhundert aus dem Schweizer Wallis hierherzogen. Ja, die Schweiz ist einer der Anrainer im Westen. Gebirge prägen Österreichs Topografie. Ein Land wie gemacht für Wanderer, Kletterer, Skifahrer. Ganze zwei Drittel sind anspruchsvolles Hochgebirge und zählt man übermütig auch die Nebengipfel mit, dann kennt Österreich beinahe 1 000 Dreitausender. In Tirol drängeln sich die höchsten Berge.

Mit 3 798 Metern ist der Großglockner der anerkannte Kaiser unter den Königen. Er weitet seine Territorialansprüche auch ganz ungeniert ins südliche Kärnten aus. Dort teilt er sich die Bewunderung aller mit lagunengrünen Seen, die sofort vergessen lassen, dass Österreich ein Binnenland ist. Ohne Zugang zum Meer. Doch was wiegt das schon, bei all den anderen Schönheiten des Landes? Etwa der grün gewellten Steiermark, die auch Vulkanland genannt wird und in regelmäßigen Intervallen erbebt. Aber nur ganz leise. Meist erinnern nur die trichterförmigen Maare an die explosive Kräfte, die unter der Erde schlummern.

Wiener Schmäh, »Küss die Hand, gnä Frau!« und gediegene Kaffeehauskultur: Österreich klingt nach Charme und Lebensgefühl, nach den guten alten Dingen. Auch nach Eigensinn. Wo sich in Wien Traditionelles in allen Straßen und Gassen findet, großartige Architektur längst vergangener Epochen wie frisch poliert strahlen, gibt es auch eine junge kreative Szene mit Design, Kunst oder veganer Sterneküche. Die muss allerdings noch einen weiteren Olymp erklimmen, wenn sie dem Kaiserschmarrn, Salzburger Nockerln oder Marillenknödeln den Rang ablaufen möchte, denn österreichische Mehlspeisen gehören quasi zum Uradel: Sie zählen zum Weltkulturerbe der UNESCO. Man spricht nur nicht darüber, denn: »Net gschimpft is globt gnua!«

Wolfgang Amadeus Mozart oder Festspiele in Bregenz und Salzburg, rauschende Ballnächte im Dreivierteltakt, farbenfroh-festliche Almabtriebe im Herbst und Trachten als Alltagsgewand, weicher Loden als schützender Begleiter. In Österreich sind Kulturgut und Brauchtum allgegenwärtig, sie werden gelebt und gefeiert, sie verdichten sich zu etwas Wohligem, das die Menschen verbindet. Wer seine Sinne öffnet, findet in diesem vielfältigen Land ganz leicht auch vielfältiges Glück.

»Die Menschen, die herkommen, sind besonders.«

Rupert Rauch

# Das Glück wohnt in Nummer 19

Er sei ein Sandwich-Kind, sagt Rupert Rauch. Als zweites von drei Kindern in Feldbach in der Steiermark geboren, empfand er das als Glück. Auch als kleine Herausforderung, sich immer etwas mehr anstrengen zu müssen. Damit die Dinge gelingen. Gelingen und Glück, die beiden gehören für Rupert zusammen. Was ihm gelingt, macht ihn glücklich. Er geht auf die Baufachschule, leitet fast zehn Jahre die Bauaufsicht für ein Ingenieurbüro. Doch die Fahrzeit zum Arbeitsplatz empfindet er als vergeudete Lebenszeit. In einem alten Hof in Straden, nur wenige Kilometer von seinem Geburtsort entfernt, findet er dann seine neue Bestimmung. Mit einer Hofsanierung wagt er den Schritt in die Selbstständigkeit. Heute gestaltet er Lebensräume. Man kann auch sagen Glücksorte.

Rupert sieht das Wesentliche der Dinge. Blickt durch die äußere Hülle und erkennt ihre Schönheit. Alte Baustoffe finden in neuen Projekten eine neue Bestimmung. Denn wie mit der Lebenszeit ist es auch um viele andere Dinge zu schade. Wo der eine keinen Wert mehr sieht, gibt es ganz sicher einen anderen, der in einer alten Bank, in abgetretenen Natursteinplatten oder dunklen Holzbohlen sein Glück findet. Rupert bringt Mensch und Material zusammen. »Auf a Packl hauen«, sagt er. Wenn es passt, wenn sich die Menschen mit den neuen alten Dingen und in neuen alten Räumen gut fühlen, dann ist ihm etwas gelungen. Das habe auch sehr viel mit Energie zu tun. Die ruhe gleichermaßen in Menschen wie in Dingen, manchmal triggert sie uns auch. Dann darf man aufmerksamer hineinhorchen.

Für sich selbst – und seinen Hund Rudi, der ihn überallhin begleitet – hat Rupert auf dem alten Hof in Schwabau 19 seinen ganz persönlichen Lebensraum geschaffen. Und gleich noch einen zweiten dazu: das »Künstlerzimmer«. Einen Raum für Kreative. Oder Ruhesuchende. Eine etwas andere Ferienwohnung. »Die Menschen, die herkommen, sind besonders.« Das ist Bestimmung. An den Zufall glaubt Rupert nicht. So greift eines ins andere. Glück, das ausstrahlt.

**Rupert ist überzeugt von der Energie im Menschen – aber Pausen machen können gehört für ihn und Rudi zum Glück dazu.**

# Ausg'steckt is!

Man erkennt sie an den Büscheln grüner Zweige, den Buschen, die über dem Eingang der Schänke angebracht sind. Und nach ihnen sind die Etablissements auch benannt: Buschenschank. Saisonbetriebe, einfache Lokale auf einem Weingut oder Obsthof. Hier wird serviert, was aus eigener Herstellung stammt: fruchtige Weine natürlich, auch Most und Obstsäfte. Dazu etwas herzhaft Magenfüllendes. Doch kalt muss es sein. Eine süße Mehlspeise ist auch erlaubt. Die Vorschriften sind streng und gehen zurück auf einen Erlass von Kaiser Joseph II. – Sohn der großen Maria Theresia – vom 17. August 1784: Demnach durfte jedermann zu jeder Zeit selbst hergestellte Lebensmittel, Wein und Obstmoste verkaufen.

Wenn »ausg'steckt is« – wenn der Buschen hängt – ist vergnügliches Schmausen garantiert. Dabei ist die Auswahl meist klein, unterscheidet sich von Schänke zu Schänke. Kein Chichi. Hier wird Opulenz im Simplen gefeiert. Wer eine *Brettljause* bestellt, erweist sich als Kenner. Ein Holzbrett mit Speck und Schinken, Trockenwürstel, Schmalz und Käse, Käferbohnen und Kürbiskernaufstrich, eingelegte Gurken. Knuspriges Brot darf bei all den Herrlichkeiten nicht fehlen. Im Einfachen liegt der Genuss. Und darin, dass die Saison nur einen Sommer währt. Dann wird der Buschen wieder eingezogen. Und die Vorfreude aufs nächste Jahr beginnt!

*483 Meter ist der Eory-Kogel in der Steiermark hoch. Beim Abstieg hat man sich ein Einkehren in der Buschenschänke verdient!*

Österreich

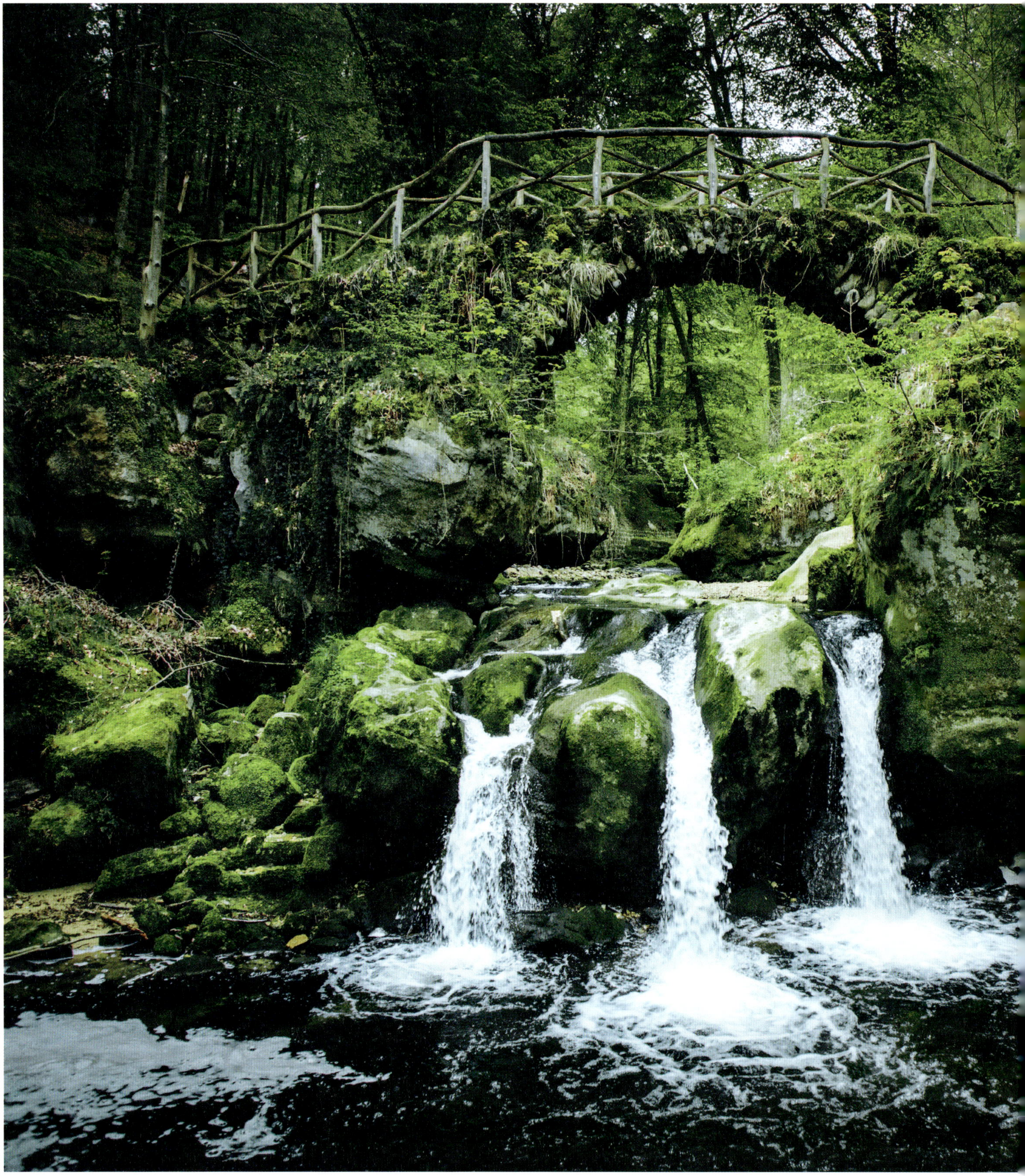

[10]

# Luxemburg

Letztes Großherzogtum, eingebettet zwischen den dichten Wäldern der Ardennen, bizarren Felslandschaften und den bildschönen Weinbergen der Mosel. In Luxemburg sorgen Welterbestätten und mutige Architektur für spannende Kontraste und das Leben spricht drei Sprachen.

Mystisch spannt sich die Brücke im Müllerthal über einen nicht minder magischen Wasserfall.

**Luxemburg**

| 91 % | 73 J | 91 % | 0 % | 37 % | 73 Mrd $ |

**Deutschland**

| 90 % | 72 J | 87 % | 8 % | 46 % | 3.861 Mrd $ |

**Welt**

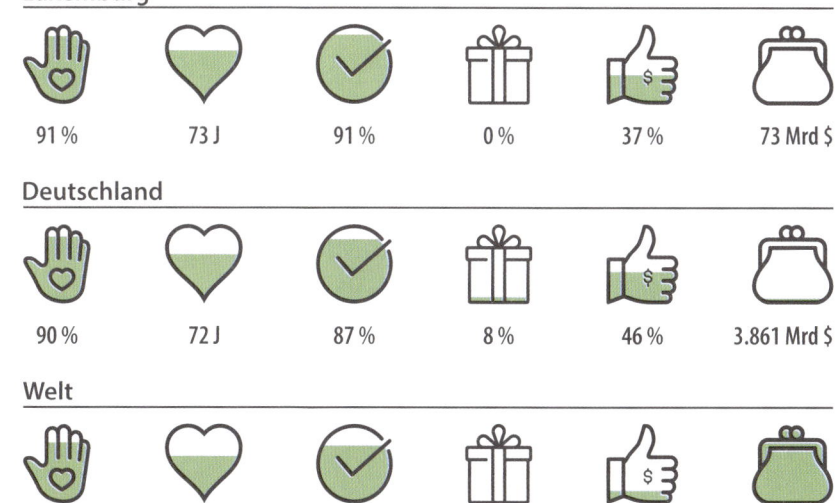

| 81 % | 64 J | 78 % | 0 % | 17 % | 87.552 Mrd $ |

Jutta M. Ingala

# Vun hippches op haapches

Wer von Luxemburgs eleganter Oberstadt, der Ville Haute – oder auf Lëtzebuergesch *Uewerstad* –, in die rustikale Unterstadt spaziert, darf einige Höhe überwinden. Etwa 70 Meter sind es bis zum Grund, wie das malerische, zu den ältesten gehörende Stadtviertel genannt wird. Einst zog der Grund – auch die benachbarten Quartiers Clausen und Pfaffenthal – Textilhandwerker wie Weber, Walker und Färber an. Heute sind es vor allem Kulturinteressierte, die begeistert hierher strömen: zu Theater, Konzerten oder Kunstausstellungen in der eindrucksvoll restaurierten Abtei Neumünster. Neumünster, eine ehemalige Benediktinerabtei mit pastellrosa Fassade, die wohl am schönsten vor einem dramatisch grauen Wolkenhimmel leuchtet, liegt am Ufer der Alzette. Blaugrün zeichnet der Fluss sein Band ins Tal, hat sich über Jahrtausende tief in die Landschaft gegraben und so eine erstaunliche natürliche Grenze geschaffen. Wer zur Oberstadt hinaufblickt, ahnt schon, dass der Rückweg zur kleinen Kraxelei geraten könnte. Tatsächlich ist der Weg wadenmassierend, bietet aber gleichzeitig großartige Aussichten. Kurzweilig und beglückend schön!

Ebenso beglückend und schön und überhaupt der beste Platz für *la vie douce* ist ein Plätzchen vor der Chocolatérie von Nathalie Bonn. Vis-à-vis vom Großherzoglichen Palais, wo Flaneure am Krautmarkt Unterhaltung bieten, während man sich auf die schokoladigen Köstlichkeiten freut, die hinter alten Mauern von junger Meisterhand gefertigt werden. Warten lohnt, denn dass Luxemburgs Chefs und Pâtissiers ganz Außergewöhnliches bieten, war schon vor dem Aufleuchten von Léa Linsters Michelin-Stern bekannt. In den Cafés und Restaurants, auf den Trottoirs und Plätzen der Stadt, die irgendwie immer Synonym für das ganze Land ist – oder umgekehrt – kommt man leicht ins Gespräch. Während die Hälfte der Einwohner keinen luxemburgischen Pass besitzt und in den Gassen ein charmantes, babylonisches Stimmengewirr hallt, unterhalten sich die Luxemburger sehr eloquent in gleich drei Sprachen. Mühelos wechseln sie zwischen Französisch, Deutsch und Lëtzebuergesch, dem heiteren moselfränkischen Idiom, das lange nur als Mundart des Deutschen galt. Seit 1984 ist Lëtzebuergesch National- und Amtssprache. Es ist gespickt mit Lehnwörtern aus dem Französischen. Ungeübte verstehen kaum ein Wort. Doch vielleicht entpuppt sich die Zufallsbekanntschaft im Café als *tutebatti* – als netter Schwätzer –, der großmütig die Geheimnisse seiner Muttersprache teilt. Vielleicht kommt man dabei ganz unterhaltsam *vun hippches op haapches*, vom Hölzchen aufs Stöckchen. Ganz sicher verliebt man sich nun vollends in den Esprit von Stadt und Land und in den Charme seiner Bewohner. Und ganz sicher fällt das *äddi a merci* – das typisch luxemburgische »tschüs und danke« – schließlich schwer!

Schlank ragt der Turm der Johanneskirche in den Himmel. Die Alzette windet sich malerisch in einer weiten Schleife herum.

Nathalie Bonns Name ist zusammen mit dem Titel »Chocolate House« Programm.

Wer sich dieses süße Glück mitnehmen möchte, findet im Inneren eine feine Auswahl an Pralinen und Schokoladen.

*Luxemburg*

Hugo Zeler

# Hugo Zeler und das Glück im Glas

Emsig, pelzig, mit Pollen und Nektar beladen, geradezu taumelnd vor Glück: Honigbienen. Sie, deren schneller Flügelschlag sich zu einem weithin hörbaren melodischen Summen verdichtet, sind die Megastars unter den Nutztieren. Dass landwirtschaftliche Erträge zum Großteil von ihrer Bestäubung abhängig sind, ist vielen nicht bewusst: Durch die Arbeit der Bienen werden Früchte dicker, praller und so viel süßer. Und dann gibt es ja noch den Honig! Von Flachsgelb bis Bernstein variiert die Farbpalette je nach bestäubter Pflanzengattung und Jahreszeit. Überraschenderweise bringen die grünen Oasen der Stadt Luxemburg besonders viel des süßen Goldes hervor.

Hugo Zeler, Imker mit Passion, liebt die Diversität. In Luxemburg betreut er an die 100 Bienenstöcke mit Abermillionen Tieren. Und sie alle sind Kinder der Stadt. Ihre Heimat sind die Parks zwischen Geschäftsvierteln und EU-Institutionen, die Grünanlagen von Kindergärten und Unternehmen. Sogar auf dem Dach eines Hotels schwirren sie herum. »Dort ist es meist windig, der Ertrag darum etwas geringer.« Doch das findet Hugo nicht so schlimm. Die ökologische Vielfalt ist ihm wichtig. Und hochwertige lokale Produkte. So ermuntert der junge Imker die Luxemburger, bienenfreundliche Wildblumen und Kräuter auszusäen. Kleine, duftende Landeplätze für die Insekten. Platz dafür gibt es auf dem schmalsten Balkon und im kleinsten Blumentopf.

Wer Hugos köstliche Honige probieren möchte, findet sie unter dem Namen *Hunnegkëscht* – Honigtruhe. Etwa zwölf bis 20 Kilogramm tragen die Stadtbienen pro Volk und Jahr zusammen. Und bringen so den Geschmack der Viertel auf den Tisch: Aromen von Liguster im kreativen Limpertsberg, Linde im bunten Bonnevoie, Fruchtiges in Ville – der Altstadt. Im modernen Kirchberg gibt es Honigtau von Eichen. Unternehmen oder Privatpersonen, die sich nachhaltig engagieren oder mehr über die faszinierenden Tiere erfahren möchten – etwa, dass eine Biene für ein Kilo Honig gut sechsmal um den Globus fliegen muss –, können Hugo Zellers hübsche, bonbonfarbene Bienenstöcke mieten. Für sie erntet Hugo im Frühjahr und Herbst die Waben, schleudert und füllt die individuellen Sorten ab. So kommen beispielsweise die glücklichen Gäste eines Hotels in den Genuss hauseigenen Honigs vom Dach. Auch die Mitarbeiter eines Supermarktes genießen ihr ganz persönliches, goldgelbes Glück im Glas!

Wer mit Bienen zusammenarbeitet, darf nicht leichtfertig sein: Mit Schutzanzug und Respekt geht Hugo seiner Passion nach.

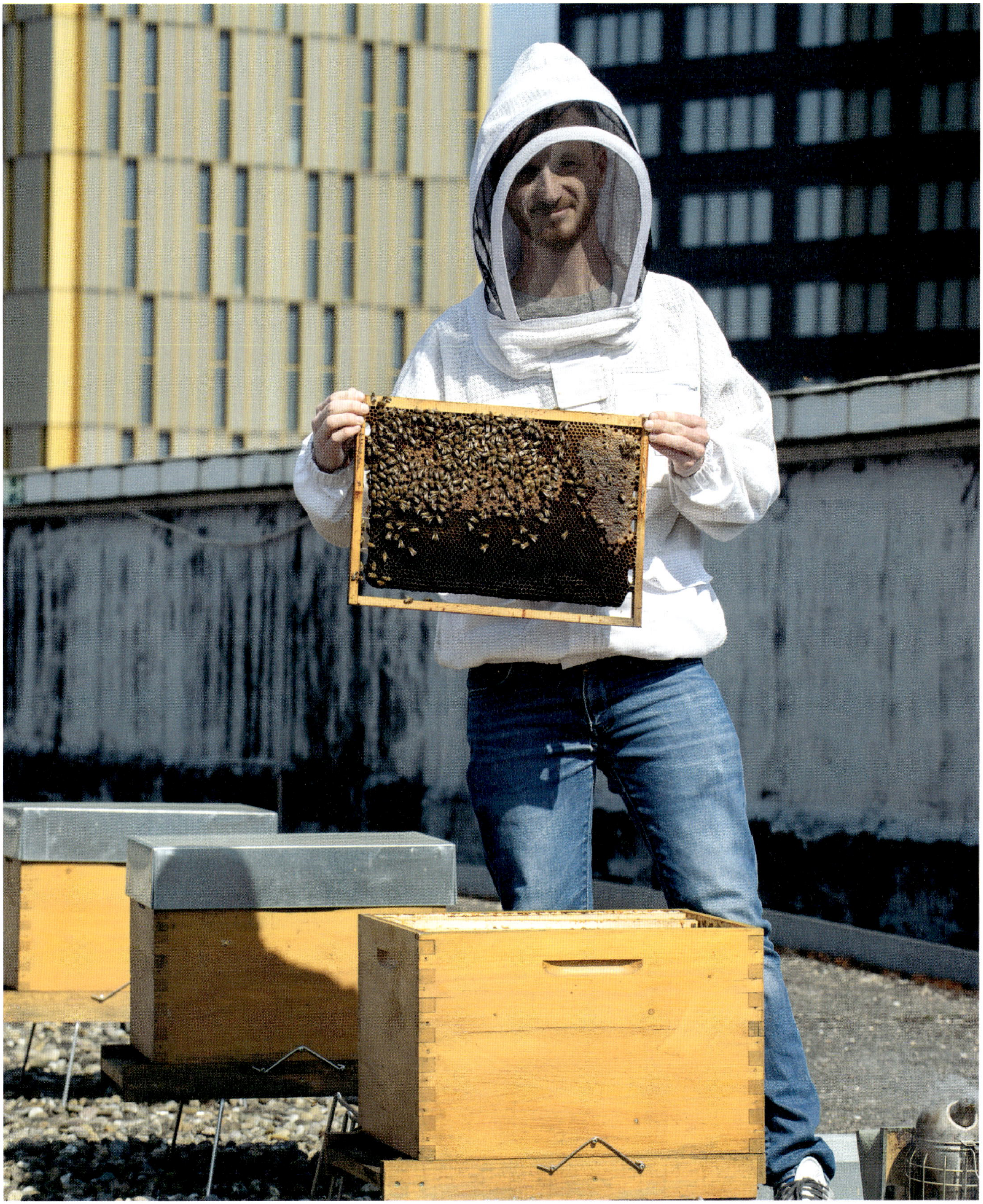

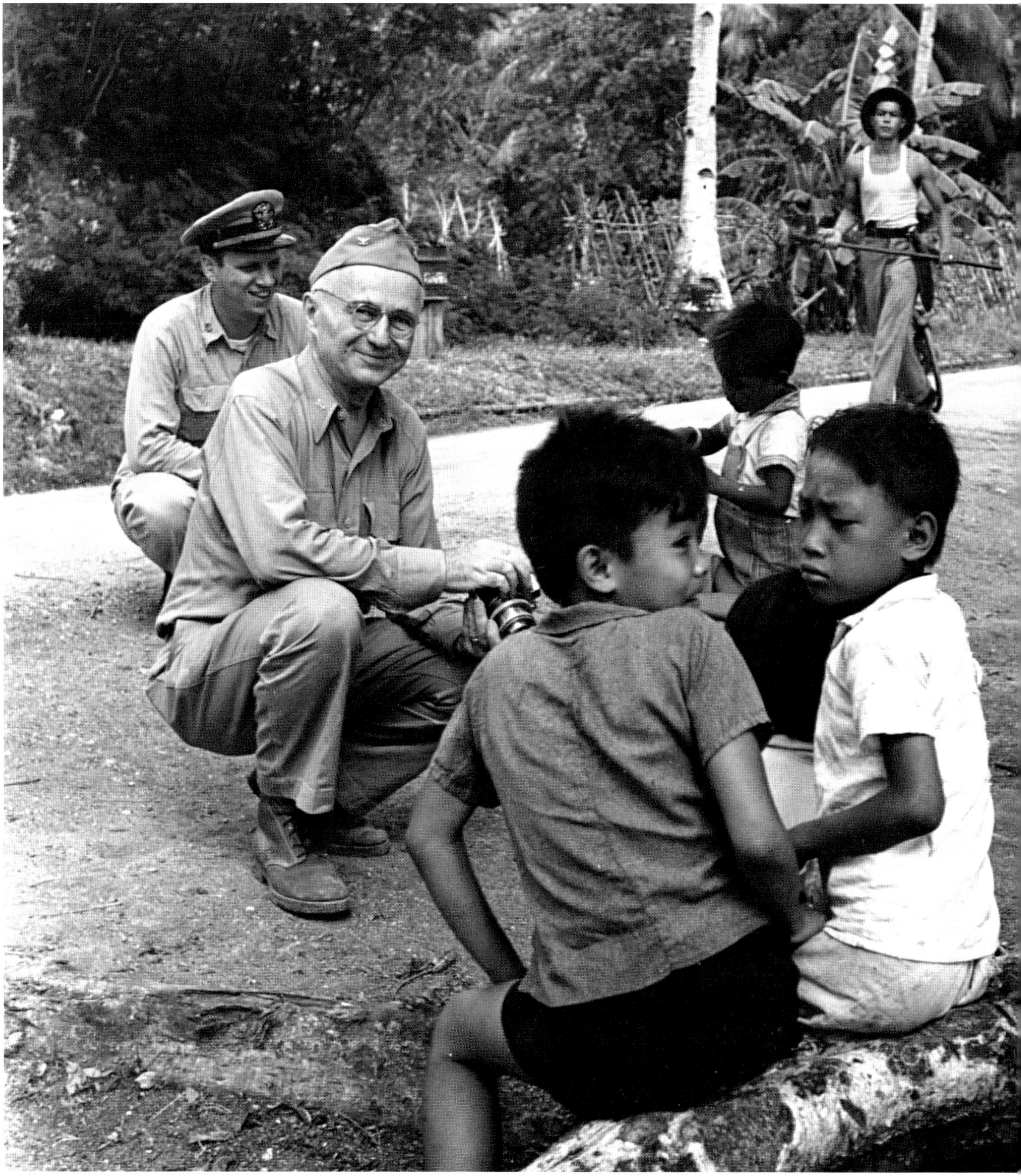

# Das Porträt der Menschheit

Am 27. März 1879 wird Edward Steichen im luxemburgischen Bivingen geboren. Seine Eltern wandern nach Amerika aus. Ab seinem 14. Lebensjahr widmet sich Edward der Fotografie. Er ist Autodidakt. Schon bald wird sein Talent erkannt. Er knüpft Kontakte zu Künstlern und Mäzenen, es folgen Einladungen zurück nach Europa, wo 1901 seine »The Black Vase« der allererste Ankauf einer Fotografie für ein Museum ist. Steichen fotografiert Menschen, Mode und Architektur, später den Zweiten Weltkrieg, er dokumentiert. Und wird schließlich Verfechter von Frieden und Gleichstellung aller Menschen.

Daraus entsteht zu Beginn der 1950er-Jahre das Projekt »The Family of Man«. Ein Porträt der Menschheit aus über 500 Aufnahmen berühmter Fotografen ihrer Zeit. Intime Zeugnisse, die von Liebe und Glaube, Geburt und Arbeit, von Familien und Festen erzählen. Auch von Krieg und von Frieden. Begleitet nur von Textfragmenten der Weltliteratur, sodass die Fotografie als universelle Sprache bleibt. Verstanden und beachtet von Menschen auf der ganzen Welt, begeistert »The Family of Man« die Massen. 1994 wird die Ausstellung dauerhaft in Schloss Clervaux, im Norden des Großherzogtums, installiert. Als dokumentarisches Zeugnis von außergewöhnlichem Wert für die Menschheitsgeschichte, gehört sie seit 2003 zum Weltdokumentenerbe der UNESCO.

Auf der südlichsten Marianeninsel Guam hat Edward Steichen unter anderem die dort lebenden Kinder vor die Linse genommen.

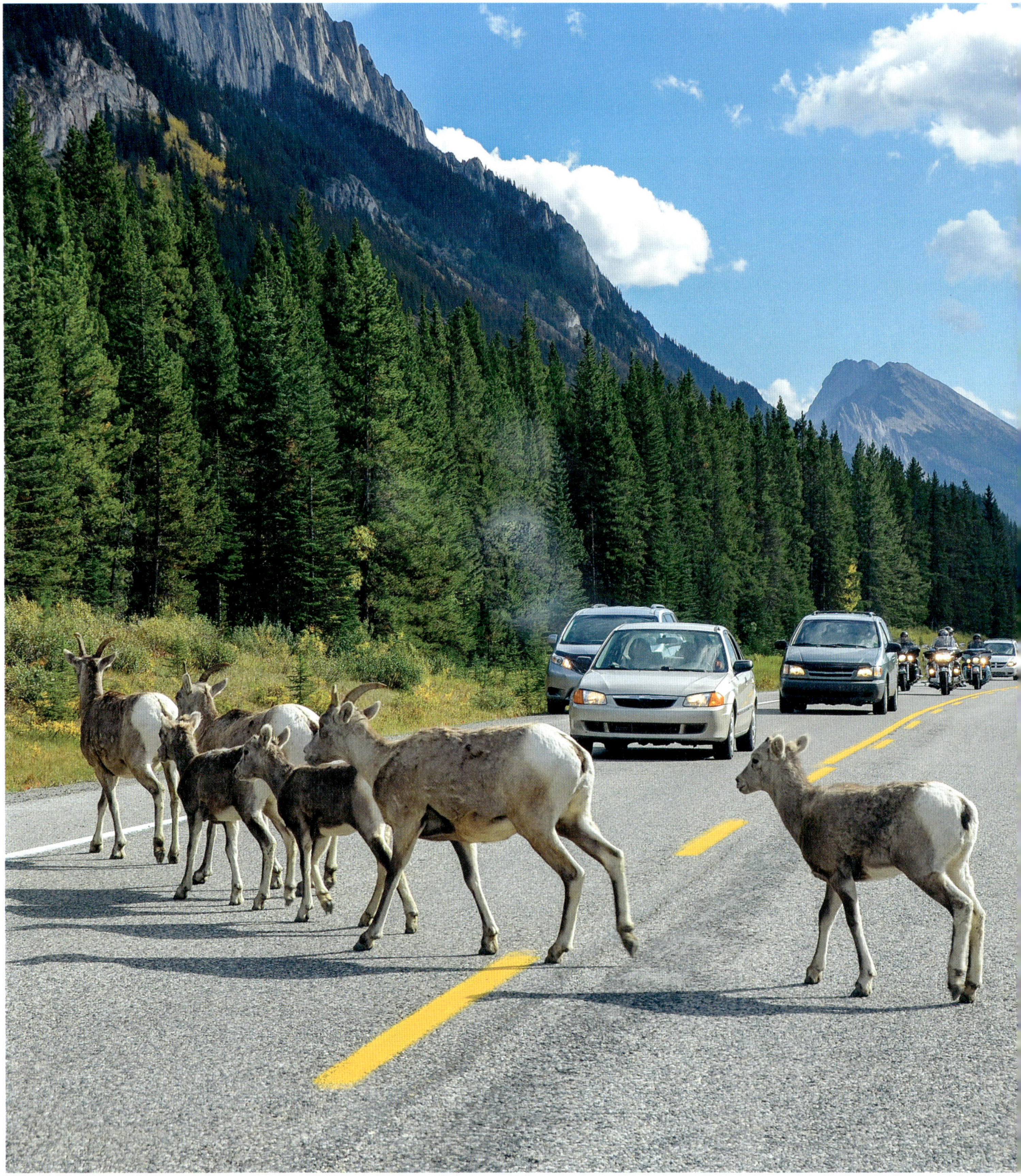

# Kanada

Die Liste der *longest* und *biggest* ist lang. Das zweigrößte Land der Erde nach Russland verfügt über die weltweit längste Küstenlinie, den längsten Highway, drei Millionen Seen, mehr als irgendein anderes Land und rangiert 2021 auf Platz 1 der Länder mit der höchsten Lebensqualität.

Das Dickhornschaf ist Albertas offizielles Repräsentationstier – und lässt es geduldig passieren.

**Kanada**

| 93 % | 74 J | 93 % | 12 % | 39 % | 1.736 Mrd $ |

**Deutschland**

| 90 % | 72 J | 87 % | 8 % | 46 % | 3.861 Mrd $ |

**Welt**

| 81 % | 64 J | 78 % | 0 % | 17 % | 87.552 Mrd $ |

Cornelia Lohs

# Das Land der Superlative

Einer der vielen Superlative ist Toronto. Die Metropole am Lake Ontario im Südosten Kanadas wurde bereits 1988 von den Vereinten Nationen zur multikulturellsten Stadt der Welt gekürt – fast die Hälfte der Einwohner sind keine gebürtigen Kanadier. In den kunterbunten und lebhaften Stadtvierteln wohnen Menschen von allen Kontinenten – Angehörige von über 200 ethnischen Gruppen, die mehr als 140 Sprachen sprechen und der Millionenmetropole eine Vielfalt ohnegleichen verleihen. Kanadas größte Stadt rühmt sich mit dem höchsten Gebäude der westlichen Hemisphäre in Form eines Fernsehturms, dem CN Tower (553,3 Meter), den meisten Graffitis Nordamerikas und dem längsten unterirdischen Wegenetz der Welt. Letzteres, PATH, die »Unterwelt« Torontos, ist während der kalten und langen Winter oder bei Regenwetter überaus praktisch. In dem fast 30 Kilometer langen und knapp 372 000 Quadratmeter großen Tunnelsystem befinden sich rund 1 200 Geschäfte, Cafés und Restaurants; jährlich findet hier der größte unterirdische Straßenbasar der Welt statt. PATH verbindet über 50 Gebäudekomplexe im Zentrum, darunter befindet sich auch der CN Tower und die Hockey Hall of Fame. Sich in diesem Labyrinth nicht zu verlaufen, erfordert allerdings etwas Übung. Das internationale Wochenmagazin »The Economist« nannte Toronto »*the best place to live in the world*«. Ganz meine Meinung.

Als wir noch im US-Bundesstaat Michigan wohnten, sagte Pat, mein amerikanischer Ehemann, oft: »Let's drive to Toronto for the weekend«. Die Fahrt ab der Stadt Grand Rapids dauerte sechseinhalb Stunden – für Amerikaner, die große Distanzen gewöhnt sind, ein Katzensprung. So habe ich Stadt und Leute in zahlreichen längeren und kürzeren Wochenendtrips kennen- und liebengelernt und kann nun bestätigen, was ich bis dahin nur vom Hörensagen kannte: Kanadier übertreffen ihre amerikanischen Nachbarn in puncto Freundlichkeit und Höflichkeit um einiges. Meiner Erfahrung nach sind kanadische Landsleute so höflich, dass sie sich sogar entschuldigen, wenn man ihnen versehentlich auf den Fuß tritt oder sie anrempelt. Nichts scheint sie aus der Ruhe zu bringen. »*The world needs more Canada*«, also »Die Welt benötigt mehr Kanada«, sagte der frühere US-Präsident Barack Obama während eines Staatsbesuchs im Nachbarland und der BBC-Journalist Eric Weiner ist sogar der Meinung, dass Kanada dem Rest der Welt beibringen könnte, nett zu sein. (»*Canada could teach the rest of the world a lesson in being nice.*«)

# »The world needs more Canada.«
### Die Welt benötigt mehr Kanada. (Barack Obama)

Auch architektonisch ist Toronto vielfältig, wie dieser Blick auf die St. Andrew's Church und den CN Tower zeigt.

In viktorianischer Zeit als Industrieviertel angelegt, lockt der Distillery District heute mit Lokalen, Festivals, Galerien und mehr.

»In normaler Kleidung würden wir einfach nur mit dem Hintergrund verschmelzen.«

Matthew Sewell

The Trillium Guards of Ontario

# Verkleidet und inkognito, die Helden von Ontario

Sie nennen sich Urban Knight, Blackhat, Nameless Crusader, T. O. Ronin und Canadian Justice. Ihre Mission: Menschen, die in der Provinz Ontario auf der Straße leben, mit Lebensmitteln, Drogerieartikeln und, wenn nötig, Kleidung zu versorgen. Benannt haben sie sich nach dem offiziellen Symbol Ontarios, der großblütigen Waldlilie (*Trillium*). Die Verkleidung hat ihren Grund. »Jemandem, der wie ein Ritter aus dem Mittelalter aussieht, begegnen die Leute nicht jeden Tag auf der Straße. Das zieht Aufmerksamkeit auf sich, auf unsere Arbeit und die Not der Menschen, denen wir helfen. In normaler Kleidung würden wir einfach nur mit dem Hintergrund verschmelzen«, sagt Urban Knight Matthew Sewell aus Windsor, der südlichsten Stadt Kanadas, die in Sichtweite der US-amerikanischen Autometropole Detroit liegt. Windsor gehört zu den Städten mit der höchsten Armutsrate Kanadas. Die Gruppe hofft, mit ihrem Auffallen mehr Menschen dazu zu bewegen, Gutes zu tun.

Gegründet wurden The Trillium Guards of Ontario 2011 von Ark Guard aus Ottawa, Black Hat und Crimson Canuck aus Windsor. Bis auf den urbanen Ritter Matthew Sewell, der durch seinen Bruder Mark a.k.a. Canadian Justice zur Gruppe stieß, zeigt auf Fotos keiner der »Real Life Superheroes« sein Gesicht. Ihre Identität möchten sie geheim halten. Die Superhelden, die im wahren Leben normalen Berufen nachgehen oder studieren, agieren in ihrer Freizeit in Windsor und Toronto und berichten über ihre Aktivitäten auf ihrer Facebook-Seite.

Tarnkleidung zum Auffallen: Die Trillium Guards verfolgen eine edle Mission.

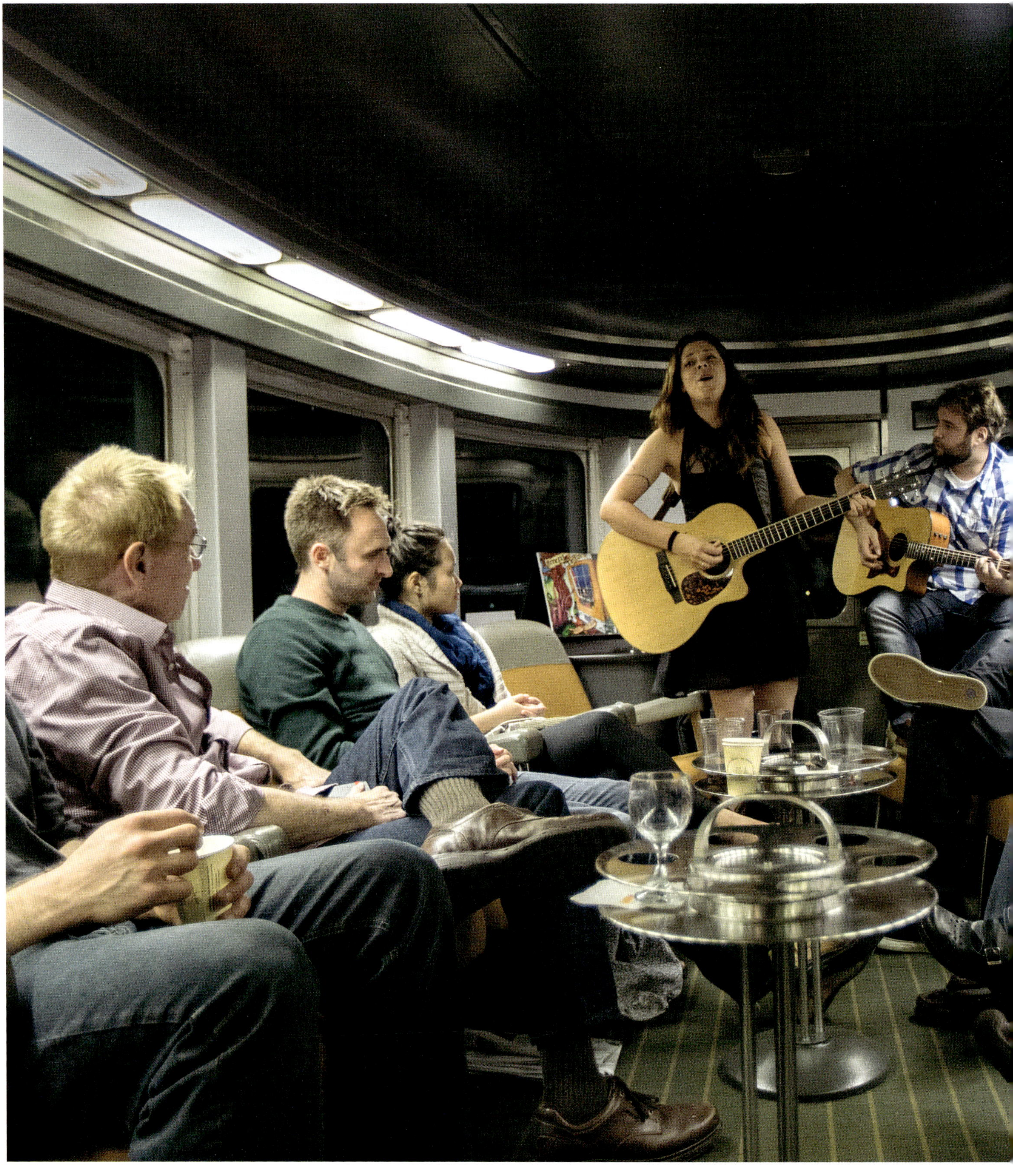

# VIA Rail's Musikkonzept

Zugfahren in Kanada macht glücklich. Dafür sorgt VIA, die staatliche Eisenbahngesellschaft des Landes, mit ihrem »Artists on Board Program«: Musiker dürfen kostenfrei mitfahren, wenn sie im Gegenzug an Bord der Züge zwischen Montréal-Halifax und/oder Toronto-Vancouver für musikalische Unterhaltung sorgen. Auf der viertägigen Reise von der Ost- and die Westküste verpflichten sich die Musiker vertraglich, dreimal täglich 45 Minuten im Speisewagen, der Lounge oder bei längeren Stopps auf Bahnhöfen aufzutreten. Die Passagiere freut's, denn mit der Musik vergeht die lange Reise durch Kanada doch etwas schneller. Der Sänger und Songwriter John Muirhead aus Toronto nannte seine Auftritte im rollenden Zug »*the coolest experiences of my entire life*«. Für das »Artists on Board Program« dürfen sich ausschließlich kanadische Musiker bewerben.

An diesem Apriltag dürfen sich die Passagiere von Toronto nach Vancouver über Musik von Melanie Brulée und Dylan Groulx freuen.

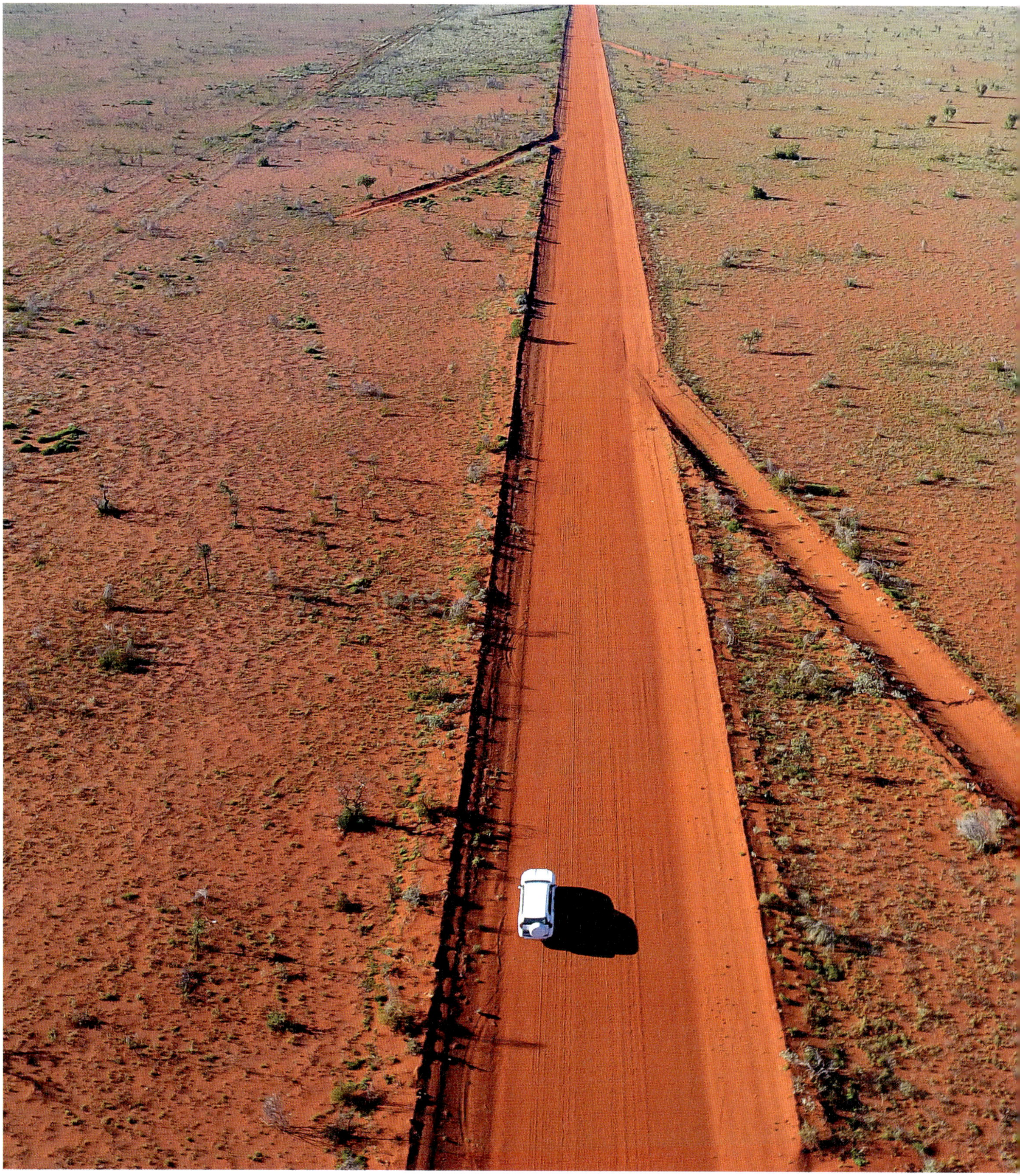

# Australien

Der kleinste der Kontinente, und gleichzeitig das sechstgrößte Land »versteckt« sich auf der Südhalbkugel der Erde in *splendid isolation*, also in wunderbarer Isolation. Umgeben von Meer, ist der Inselkontinent ein Land der Superlative: das flachste, das waldärmste, das trockenste, das am meisten verstädterte.

Zwischen Exmouth und Geraldton verläuft die historische Route des Wool Wagon Pathways.

**Australien**

| 94 % | 74 J | 92 % | 19 % | 42 % | 1.387 Mrd $ |

**Deutschland**

| 90 % | 72 J | 87 % | 8 % | 46 % | 3.861 Mrd $ |

**Welt**

| 81 % | 64 J | 78 % | 0 % | 17 % | 87.552 Mrd $ |

# »The land owns us.«

Das Land besitzt uns. (Sprichwort der australischen Ureinwohner, das die Einheit allen Seins ausdrückt.)

Rot staubt der Sand unter den Füßen beim *footy*, wie die im ganzen Land beliebte Sportart auch genannt wird.

Schnurgerade erstreckt sich der Horizont, ebenso die Straße, die durch die Weite führt.

Don Fuchs

# Isoliert ja, wild niemals

Ich liege in meinem *swag*, ein kuscheliges Daunenbett in einer schweren Zelttuchhülle, am Rande einer von stachligem Spinifex-Gras umgebenen Lehmpfanne und kann nicht schlafen. Über mir glitzert die Milchstraße in einer Intensität, wie ich es noch nie erlebt habe. Wie eine gigantische, mit unzähligen Diamanten besetzte Kuchenglocke spannt sich das Firmament um mich herum. Selbst am Horizont, knapp über dem Boden funkeln die Sterne.

Die einsame Lehmpfanne befindet sich in Westaustralien, irgendwo an der Peripherie der Great Sandy Desert zwischen Lake MacKay, einem gewaltigen Salzsee, und der abgelegenen Aboriginal-Siedlung Balgo. Während ich das atemberaubende Naturschauspiel eines Sternenhimmels ohne jegliche Lichtverschmutzung bewundere, wird mir klar, wie isoliert und ausgesetzt wir hier sind. Sollte etwas passieren, würde es mindestens vier Tage dauern, bis Hilfe per Allrad kommen würde. Für Hubschrauber sind wir zu weit draußen, ein Flugzeug könnte hier nirgendwo landen.

Das aber ist es, was mich an Australien so fasziniert: Die Möglichkeit, die Zivilisation weit hinter sich zu lassen, sich auf große Abenteuer einlassen zu können, Erlebnisse zu haben, die im engen Europa unmöglich wären. In der riesigen Weite des Kontinents wird man auf ein erträgliches Maß zusammengestutzt. Hier, unter dem gewaltigen Sternenhimmel, wird mir die eigene Bedeutungslosigkeit so richtig vor Augen geführt. Es ist ein Ort, an dem man Demut lernen kann.

Während Europa von Kulturlandschaften geprägt ist, sind große Teile Australiens immer noch in einem relativ ursprünglichen Zustand. Das Wort Wildnis allerdings nehme ich ungern in den Mund. Denn in Australien, selbst in den abgelegendsten Regionen wie hier am Rande der Great Sandy Desert, ist das Land von Menschen verändert oder beeinflusst worden.

Seit Jahrtausenden »kultivieren« die Ureinwohner Australiens das Land durch gezieltes Abbrennen und verändern so die Ökologie. Auch heute trifft man immer wieder auf Spuren der ältesten noch lebenden Kultur der Erde – selbst in dieser harschen Wüstenlandschaft. Gerade gestern bin ich auf eine steinzeitliche »Fabrik« für Steinwerkzeuge gestoßen. Entlang eines Gesteinsausbisses lagen über eine große Fläche verstreut sogenannte *flakes*, Steinsplitter, die bei der Bearbeitung von Steinwerkzeugen anfallen, herum. So wie hier in der Great Sandy Desert habe ich Spuren der indigenen Einwohner im ganzen Land gefunden: Felsmalereien unter Sandsteinüberhängen; markierte Bäume, bei denen Teile der Rinde zum Bau von Kanus oder Behältern geschnitten wurden; Steinarrangements für wichtige Zeremonien; Fischfallen; Fundamente von Steinhäusern; Ockersteinbrüche.

Ein paar Tage nach der bemerkenswerten Nacht in der Lehmpfanne bin ich in Balgo. Ein Australian-Rules-Football-Tournament zwischen drei Aboriginal-Siedlungen ist angesagt. In diesem für Australien typischen Sport wird mit einem eiförmigen Ball auf einem elliptischen Spielfeld gespielt. Jedes Team hat 18 Spieler und jedes Spielfeld hat Tore mit vier Pfosten. Gepunktet wird durch Schüsse zwischen diese Pfosten. In den Städten wird auf Rasen gespielt, hier in Balgo bekämpfen sich die Männer zum Teil barfuß auf einer rauen Kiesfläche. Junge indigene Männer zeigen ein besonderes Talent für diesen schnellen, manchmal recht harten Sport. Es überrascht deshalb nicht, das sich unter den Zuschauern an diesem Tag auch Talentscouts der großen australischen Footballclubs befinden. Es ist hier, dass die beiden Kulturen sich auf eine positiven Weise treffen – Sport verbindet.

Jenny Dobson

# Die Tierfreundin und ihr Waisenhaus

In einem bescheidenen Häuschen am Ufer des Bradys Lake auf dem Central Plateau im Herzen Tasmaniens lebt Jenny Dobson. Trotz der Isolation dieser ursprünglichen und stellenweise noch recht wilden Gegend ist sie nicht alleine. Momentan teilt sie ihr Leben, ihr Haus und ihren Garten mit sechs frechen Wombatkindern, jeweils zwei winzigen Bennettwallabies und zwei Rotbauchfilandern. Überall findet man selbstgebaute Gehege. In ihrem überheizten und überfüllten Häuschen logieren derzeit zwei überaktive Miniwombats in großzügigen Käfigen. Wie Kleinkinder wollen sie ständig Aufmerksamkeit und Stimulation.

All diese Tiere sind Waisenkinder. Ihre Mütter sind auf den Straßen der Umgebung ums Leben gekommen. Die Kleinen aber haben in den Beuteln ihrer Mütter mehr oder weniger unversehrt überlebt. Kleinere Verletzungen behandelt Jenny selbst. Bei schwer verletzten Tierbabies greift sie auf die Hilfe eines befreundeten Tierarztes zurück.

Zum Glück sind die Waisen nun in der Obhut dieser hingebungsvollen Betreuerin. Denn ohne sie hätten die Tierbabys keine Überlebenschance gehabt. »Ich mag es, einfach alle Tier-Waisenkinder aufzupäppeln und wieder in die Wildnis eingliedern«, sagt sie. Ihre Liebe zu Tieren geht zurück auf ihre Kindheit, die die nun 74-Jährige auf einer Farm verbrachte. »Ich besaß nie ein gutes Paar Socken, denn wir hatten immer Tierbabys, die diese als Ersatzbeutel benutzten«, erinnert sie sich lachend. Finanziert durch Spenden und einem guten Teil ihrer bescheidenen Pension, ist es ihr egal, was für ein Tier in ihre Pflege kommt. »Ich hatte Wombats, kleine Tasmanische Teufel, Fuchskusus, Wallabies, alles Mögliche. Mir ist es egal, was reinkommt.« Einmal wurde ihr von einem Nationalpark-Ranger sogar ein Jungadler geliefert.

Nachdem sie die Jungtiere hochgepäppelt hat, bringt Jenny sie in den Busch zurück. »Das ist das Schwierigste, das Loslassen«, klagt die aufopfernde Tierfreundin, die von anderen Ortsansässigen wegen ihrer Tierliebe und Hingabe als Engel bezeichnet wird. Besonders das Wiedereingliedern der territorialen Wombats ist schwierig. Erst muss sie ein Stück Land fernab von Straßen finden, auf dem sich noch kein Wombat niedergelassen hat. Dann erst darf der nun nicht mehr so kleine, wohl gefütterte Wombat in die Freiheit. Oft aber wollen die Beutler nicht mehr von ihr weg. »Manchmal weichen sie nicht von meiner Seite, und mir bleibt nichts anderes übrig, als schnell zu verschwinden.« Um sicher zu gehen, kehrt sie für ein paar Tage zurück und beobachtet aus der Distanz mit dem Fernglas, ob und wie sich ihr Zögling in das neue Leben einfügt.

Wenn man die kuscheligen Beutler ansieht, versteht man sofort, dass Jenny gar nicht anders kann, als sich um sie zu kümmern.

# Das Wunder nach der Katastrophe

Am 26. Oktober 2019 schlug während eines schweren Gewitters ein Blitz in einen Eukalyptusbaum im Wollemi Nationalpark ein und startete damit das verheerende Gospers-Mountain-Buschfeuer im Nordwesten Sydneys, welches 79 Tage wütete, dabei 10 000 Quadratkilometer von Buschland und Wäldern zerstörte und Milliarden von Tieren tötete. Im Januar 2020 gelang es schließlich, den Superbrand einzudämmen, die Flammen erloschen endlich.

Wer die ausgebrannten Wälder kurz nach dem Feuer gesehen hat, hat im Anblick der schier unbegreiflichen Zerstörung womöglich an einer Wiederbelebung der Vegetation gezweifelt. Doch die australische Flora ist extrem widerstandsfähig und wurde über Millionen von Jahren dazu konditioniert, Buschfeuer zu überleben. Viele Pflanzenarten, sogenannte Pyrophyten, brauchen sogar Feuer, um sich zu regenerieren.

Bereits wenige Wochen nach der Katastrophe beginnt das Wunder der Regeneration. Die Landschaft ist nach wie vor schwarz und verkohlt, als die ersten Knospen, die feuergeschützt unter der Rinde von Eukalyptusbäumen liegen, zu sprießen beginnen. Zarte, anfangs intensiv rot gefärbte Triebe brechen durch die geschwärzten Borken. Strauchartige Eukalyptusarten wiederum prägen nach dem Feuer Schösslinge aus, die aus unterirdischen Wurzelknollen sprießen. Andere Arten überleben zwar das Feuer nicht, werfen aber flammenresistente Samen ab, die ihr Fortbestehen sichern.

Auch die verkohlten Stümpfe der Baumfarne, die auf den ersten Blick verloren schienen, beginnen schnell, frische Farnwedel auszurollen. Es folgen Büsche wie die Banksias, Grevilleas und andere kleine Baum- und Straucharten.

Blütenarten, die stellenweise seit Jahrzehnten nicht mehr gesehen wurden, wachsen nun wieder, denn das Feuer unterbricht die Dominanz einiger Pflanzen und schafft Raum und Licht für andere. So zeigen sich ein paar Monate nach dem Inferno sogar die ersten Orchideen. Die nächsten zwei bis fünf Jahre nach dem Feuer werden interessante Änderungen in der Pflanzenwelt aufzeigen und die Frühlingsblüte im Busch wird in diesen Jahren besonders farbenfroh und reichhaltig sein.

*Farblich erinnern die neuen Triebe noch an die verheerenden Flammen, die den Wald veränderten, aber nicht ganz zerstörten.*

Australien 117

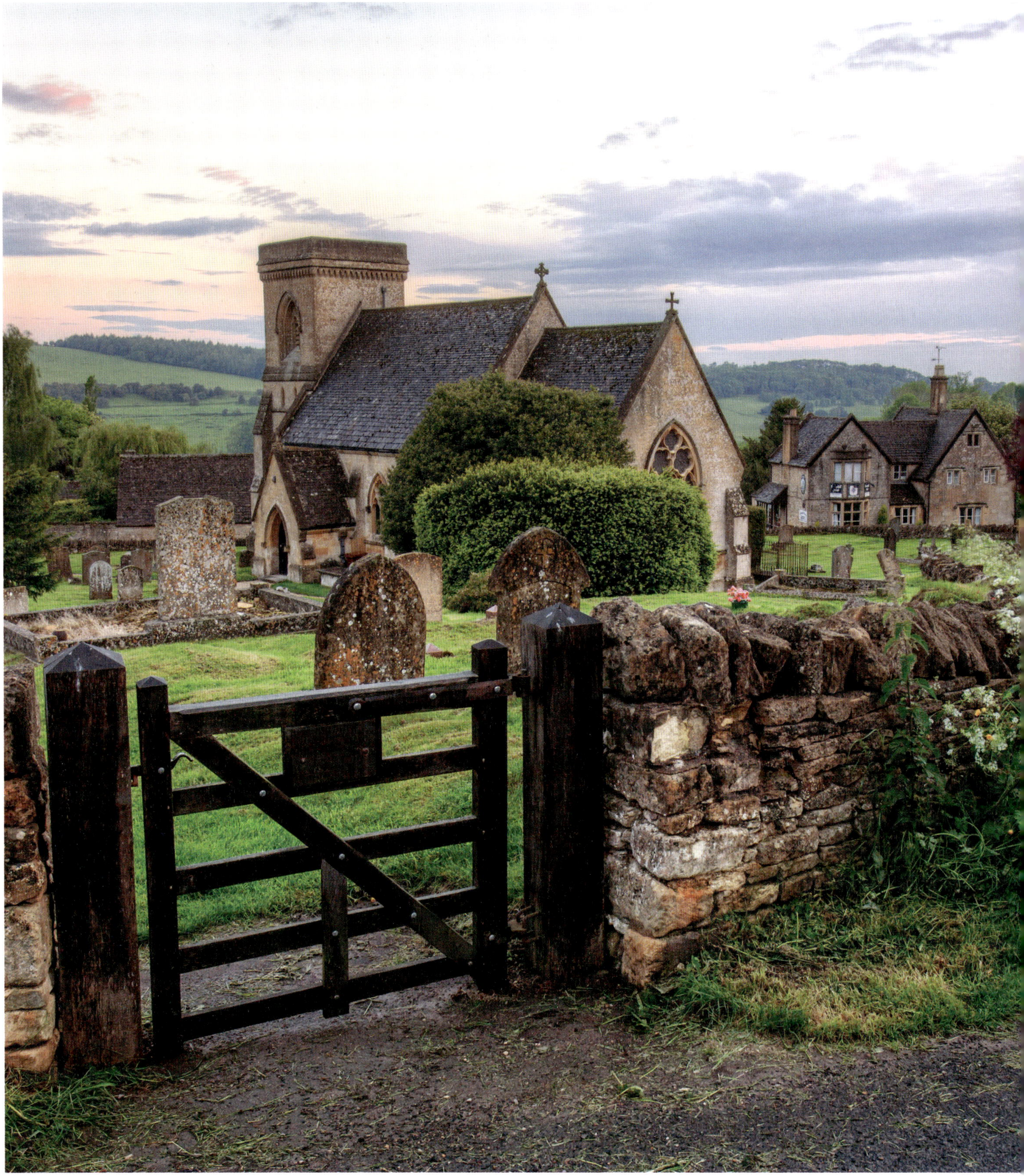

# Großbritannien

»Großbritannien ... das am wenigsten magische Königreich der Erde«, meinte verschmitzt der Satiriker John Oliver. Doch da muss man widersprechen. Das Vereinigte Königreich hält magische Momente und Momente des Glücks bereit. Und sei es nur ein Schlückchen Whisky mit Meerblick.

Auch die malerischen Orte der Region Cotswolds tragen eine große Portion Magie in sich.

**Großbritannien**

| 94 % | 72 J | 83 % | 26 % | 44 % | 2.830 Mrd $ |

**Deutschland**

| 90 % | 72 J | 87 % | 8 % | 46 % | 3.861 Mrd $ |

**Welt**

| 81 % | 64 J | 78 % | 0 % | 17 % | 87.552 Mrd $ |

Dirk Thomsen

# Faszinosum Geschichte

Manch einem mag zuerst der Big Ben in London einfallen, wenn er an Großbritannien denkt, einem anderen stehen all die Geschichten um die königliche Familie vor Augen und dem Nächsten rumort der Magen, weil ihm das reichhaltige Frühstück der Insel mit Wurst, Spiegelei und *Black Pudding*, der schottischen Fleischspeise aus gebackenem Schweineblut, in den Sinn kommt. Ich denke zuerst an Salisbury.

Es war der Beginn eines langen Urlaubs im Vereinigten Königreich, die Wolken hatten sich verdunkelt und die ersten Regentropfen fielen auf die Scheibe meines Mietwagens. Gerade als dann die kleine südenglische Stadt Salisbury hinter einer Kurve auftauchte, riss die Wolkendecke auf und die Sonne ließ die aus weißem Kalkstein errichtete Kathedrale mit ihrem 123 Meter hohen Turm in überirdischem Licht erstrahlen. Und wie vom örtlichen Tourismusservice herbeigebetet, gesellte sich ein prächtiger Regenbogen dazu. Ein magischer Moment.

Überhaupt erkannte ich in diesem Urlaub die Schönheiten der britischen Landschaft. In Südengland begeisterten mich die weich sich hinziehenden Hügel mit ihren akkurat durch Hecken abgegrenzten Feldern – ich wähnte mich fast in Tolkiens Auenland. Und immer wieder stieß ich dabei auf kleine oder größere Landsitze mit grandiosen Gärten oder gar Parks. Später entdeckte ich dann auch die karge Gebirgslandschaft der schottischen Highlands für mich, die einen ganz anderen Reiz – einen wunderschön kargen – ausüben.

Neben der Landschaft und selbstverständlich all den Sehenswürdigkeiten, die die Insel zu bieten hat, ist es jedoch die Verbindung mit der Geschichte, die mich am meisten fasziniert. Kleine blaue Schilder weisen an Gebäuden daraufhin, welcher begnadete Dichter in diesem Haus jenes Meisterwerk verfasste, welche bedeutende Sozialreformerin hier einst wohnte oder welcher berühmte Staatsmann in jenem alten Herrenhaus verstarb. Gebauter Höhepunkt der englischen Geschichte ist mit Sicherheit die Westminster Abbey. Geradezu vollgestopft wirkt die im 13. Jahrhundert erbaute Kirche im Herzen von London. Gräber von Königen und Königinnen reihen sich hier aneinander, in den Ecken erheben sich Denkmäler für Generäle, und berühmte Dichter haben hier ihre letzte Ruhestätte gefunden. Und während man noch nach dem Grab von Charles Dickens späht, stellt man fest, dass man schon längst auf der Grabplatte des »David Copperfield«-Autors steht.

Wenn man die Kirche wieder verlässt, beginnt schon das nächste Faszinosum: Man befindet sich mitten in einer der aufregendsten, quirligsten Metropolen Europas. Hier gleicht eine U-Bahnfahrt einer Reise durch die verschiedensten Kulturen. Sikhs mit prächtigen Bärten und Kopfbedeckungen, Westafrikanerinnen in bunten Kleidern, ein, zwei letzte Punker oder gut frisierte Banker in scharf geschnittenen Maßanzügen klammern sich an die Haltegriffe der *Tube*, wie die Londoner U-Bahn bezeichnet wird, machen einander höflich Platz und beachten beim Aussteigen die berühmte Ansage: »*Mind the gap*«. Ein weiterer Ort, der mich in Großbritannien glücklich macht: London.

Tieforange klettert die Morgensonne über Salisbury, aus dem die Kathedrale aufragt.

Selbst wer noch nie in London war, weiß, was die rot-weiß-blauen Zeichen bedeuten.

*Großbritannien*

Christopher Skaife

# Der Rabenvater im Tower

Der im 11. Jahrhundert erbaute Tower of London ist das Symbol für die königliche Macht im Vereinigten Königreich – nicht zufällig werden hier die Kronjuwelen aufbewahrt. Bewacht wird die Festung von den *Yeoman Warders*, im Volksmund etwas abwertend auch *Beefeaters* genannt. Sie leben mit ihren Familien in der Burganlage. Jeden Abend werden sie mit einem Zeremoniell offiziell im Tower eingeschlossen. Doch nicht nur sie. Mit ihnen leben auch neun Raben. Die schwarzen Vögel sind – glaubt man der Legende – weit wichtiger als die Kronjuwelen. Denn sollte kein Rabe mehr im Tower weilen, so würde die Festung in sich zusammenfallen und ein großes Unglück über das Königreich hereinbrechen. Doch keine Angst, die Raben des Towers sind in guten Händen. Die *Yeoman Warders* haben ein eigenes Amt für die Vögel geschaffen, den *Ravenmaster*. Er sorgt sich neben seinen anderen Pflichten mit sechs Assistenten um das Wohl der Tiere.

Christopher Skaife diente 20 Jahre in den Streitkräften Ihrer Majestät, bevor er ein *Yeoman Warder* wurde. Eine der glücklichsten Entscheidungen seines Lebens, meint er, denn er wurde zum *Ravenmaster* ernannt und geht seitdem mit Haut und Haaren – oder besser Federn – in seinem Job auf. Jeden Tag lässt er die neun Raben aus ihren Gehegen und muss dann ein scharfes Auge auf sie haben. Die Vögel sind nicht domestiziert, daher sehen sie die Scharen von Touristen vor allen Dingen als Diebstahlopfer an und werfen immer ein hungriges Auge auf die Snacks der Besucher. Man sollte nicht versuchen, den Vögeln zu nahe zu kommen, denn ein Rabenschnabel kann schmerzhaft eingesetzt werden. In Unkenntnis der Legende fühlen sich die Tiere auch nicht unbedingt an den Tower gebunden, oft unternehmen sie Ausflüge außerhalb der Mauern und Christopher Skaife und seine Mitarbeiter müssen dann mit großen Käschern ausrücken. Doch der *Ravenmaster* liebt seine Raben, jeder von ihnen hat seiner Meinung nach einen ganz eigenen Charakter, sei es nun der schüchterne Rocky oder die lautstarke Erin. Und wenn Christopher Skaife auch manchmal nachts durch die Kasematten des Tower of London kriechen muss, um einen Raben zu suchen, der sich hier – wahrscheinlich aus Spaß – versteckt hat, dann darf man sich ihn als glücklichen Menschen vorstellen.

Wenn Christopher Skaife auf der Suche nach seinen Raben ist, erscheint es ihm manchmal so, als hätten die Vögel eine gehörige Portion Spaß daran, sich vor ihm zu verstecken. Einen Dialog zwischen ihm und dem Raben kann man sich beim Anblick der Bilder wahrhaftig vorstellen.

*Großbritannien*

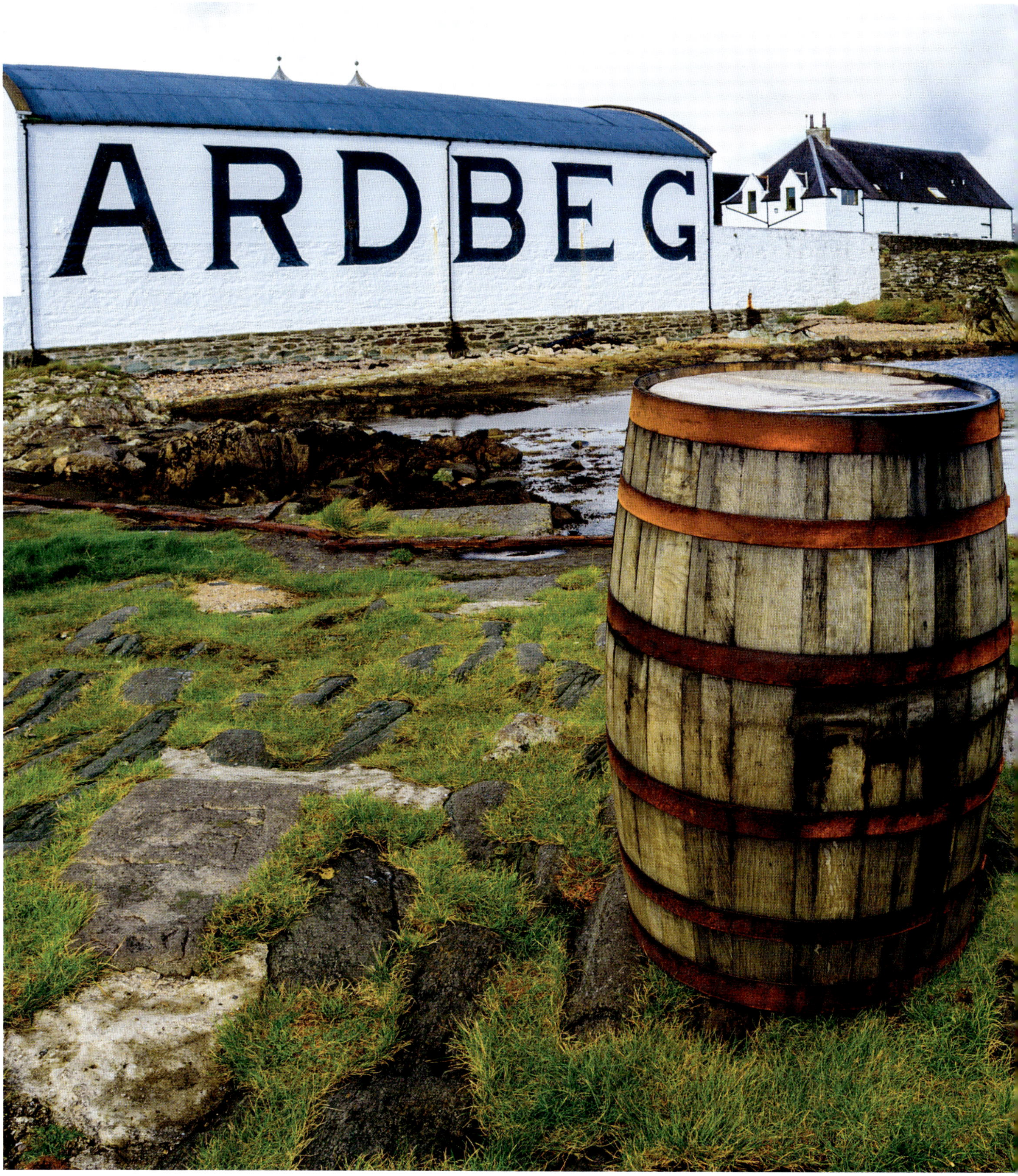
ARDBEG

# Islay – Glück ist Geschmackssache

Beschaulich geht es auf der kleinen schottischen Insel Islay zu. Gerade einmal 3 000 Einwohner finden sich hier, dazu gesellen sich ein paar Schafherden. Vorsorglich grüßt man jeden entgegenkommenden Autofahrer, die Chance ist hoch, dass man sich kennt. Nur im Frühjahr und im Sommer schwillt die Anzahl der Menschen auf Islay erheblich an, zum *Fèis Ìle* – also zum jährlichen Whisky-Fest – ist die Insel dann proppenvoll. Dann strömen nämlich Menschen aus aller Herren Länder mit gut ausgebildeten Nasen und Gaumen auf die Insel, um sich Islays wichtigstem Rohstoff hinzugeben: dem Whisky. Neun Destillen mit Namen wie Ardbeg, Kilchoman oder Bunnahabhain finden sich hier. Die Islay-Whiskys haben einen einzigartigen, für viele bestimmt gewöhnungsbedürftigen Geschmack: Sie schmecken nach Torf. Die Gerste, aus der der Whisky gewonnen wird, wird nämlich über Torffeuern getrocknet. Am besten genießt man die Whiskys bei einem *tasting*, einer Verkostung, sei es nun mit Meerblick wie in der Destille von Bowmore oder in einem gemütlichen Kaminzimmer wie bei Lagavulin. Und wenn der Whiskykenner dem Geschmack des bernsteinfarbenen Getränks hinterhersinnt, ob nun die Vanille oder der Zimt im Abgang herausschmeckt, dann kann man das getrost als Glücksmoment bezeichnen.

**1815 wurde die Whiskybrennerei Ardbeg offiziell gegründet, doch ihr Ursprung reicht in die 1790er-Jahre zurück und erzählt von Schmugglern und Schwarzbrennern.**

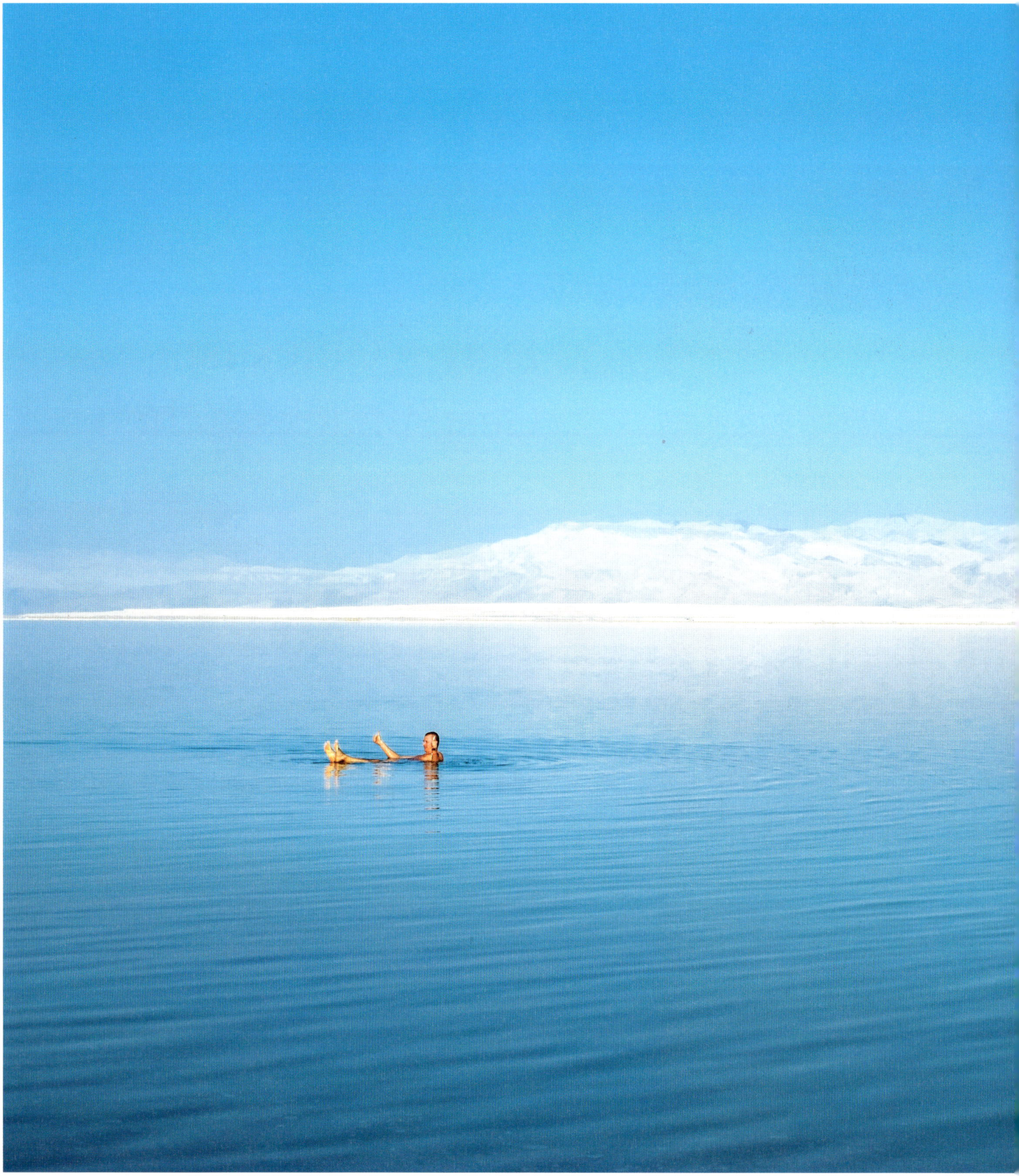

# Israel

Israel, Land der Begegnungen, Land der Gegensätze, »Gelobtes Land«, »Heiliges Land«: Dichte 22 400 Quadratkilometer Fläche machen Platz für ein buntes Mosaik verschiedenster Kulturen und Nationen, für den Zankapfel dreier Weltreligionen und Menschen mit großen Hightech-Visionen.

Früh am Morgen kann man noch das Glück erleben, das Tote Meer ganz für sich zu haben.

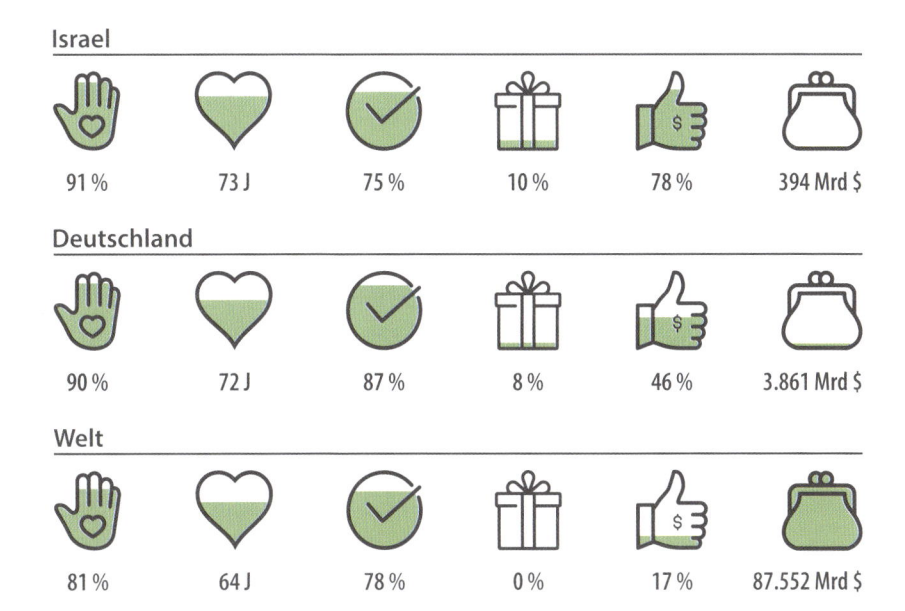

**Israel**

| 91 % | 73 J | 75 % | 10 % | 78 % | 394 Mrd $ |

**Deutschland**

| 90 % | 72 J | 87 % | 8 % | 46 % | 3.861 Mrd $ |

**Welt**

| 81 % | 64 J | 78 % | 0 % | 17 % | 87.552 Mrd $ |

Katharina Erschov

# Tel Aviv und die Lust am Reden

Bei meiner Ankunft in Tel Aviv, kurz vor dem Versöhnungstag Jom Kippur, lag die Stadt noch unter dem Schleier des Schlafes. Die Sonne ging gerade erst auf und der Duft frisch gebackener Challahbrote strömte aus den Fensterfugen, um sich mit der feuchten Luft zu verbinden. Ich überschaute den noch leeren Marktplatz Shuk ha'Carmel, der so aussah, als hätte man ihn nach einer wilden Nacht des Feierns und Lachens halb ermattet, halb trunken zurückgelassen.

Der Sonnenaufgang lockte mich schließlich weg von den dunklen und nassen Gassen des Shuks zum Strand, wo ich Bekanntschaft mit einer russischen Jüdin machte, die unter den milden Strahlen der Morgensonne an ihrem Teint arbeiten wollte. Sie erzählte mir unverblümt von ihrem Besuch bei einem Rabbiner, der anlässlich des bevorstehenden Feiertags ein Huhn über ihrem Kopf geschwungen hatte, damit ihre Sünden auf das Tier übergingen. Die Dame hatte mir nach nur wenigen Minuten unserer Bekanntschaft Einblicke in ihre Kultur und vielmehr noch in ihr Seelenleben gegeben, weil diskrete Unterhaltungen wohl nicht ihr Ding waren. Und obwohl, oder wahrscheinlich gerade weil das Gespräch so unkonventionell verlaufen war, fühlte ich mich dieser eigentlich fremden Frau ganz nah.

Ich streunte wie die Abertausend einsamen Katzen Tel Avivs durch die Gegend, immer der Nase nach, den vielen neuen Gerüchen folgend, und landete prompt bei Julie Egyptian in ihrem angesagten Restaurant für Heimatküche. Es war gerade einmal zehn Uhr früh, doch mein Appetit fragte nach Hackfleischbällchen in einer herzhaften Soße. Julie, die für gewöhnlich immer einen frechen Spruch auf den Lippen hat, musterte mich von Kopf bis Fuß und rief dann – wohl aufgrund meiner für sie ungewöhnlichen Bestellung – scherzhaft: »Sie ist die Hälfte eines Hühnchens und kann essen wie ein Wolf!«

Als ich an einem Tisch Platz genommen hatte, hörte die Zeit auf zu sein. Ich lachte über Julies amüsantes Kupplungsbedürfnis und die Tatsache, dass urplötzlich ihr Sohn Moshe vor mir stand, um mir beim Essen Gesellschaft zu leisten, weil Glück entgegen mathematischer Gesetze größer wird, wenn man es teilt. Sein Blick fiel auf meinen Anhänger des gekreuzigten Jesus, der an meiner Brust hing, und fragte, wie es um meinen Glauben stünde, ob Jesus Dekoartikel oder Bekenntnis zu Gott sei. Ich überlegte. Der Anhänger war mir einfach so mitgegeben worden. Christin zu sein, nicht wirklich reflektiert. Doch hatte die kurze Café-Unterhaltung Gedanken freigesetzt, die vorher nicht da waren.

Es wurde immer lauter im Restaurant, als eine Künstlertruppe dort zum Musizieren aufschlug. Wir stellten die Tische um und meine Abendpläne standen fest, noch ehe ich die Gelegenheit hatte, meine Taschen auszupacken. »Für die kommenden zwei Tage musst du dir unbedingt etwas zu essen kaufen. Alles macht hier dicht über Jom Kippur. Keine Autos, keine Flüge, keine Supermärkte. Tel Aviv im Ausnahmezustand«, sagte Julie bei meinem Aufbruch am späten Abend.

Ich war noch keine 24 Stunden im Land gewesen und hatte bereits eine Fülle an Glück und Begeisterung empfunden: Über die Unbefangenheit der Israelis im Miteinander. Über ihre unerschrockene Art, Unterhaltungen zu führen. Über den Mut, schwierige Fragen zu stellen und flüchtigen Begegnungen dadurch Tiefe zu verleihen. Über die Freiheit, Witze zu machen, auch wenn man sich gefühlt erst zwei Sekunden kennt. Mein Glück war unermesslich, hatte ich einen Ort gefunden, an dem mein bloßes Dasein schon so viel wert war.

Rund 450 000 Menschen leben in Tel Aviv und machen die Stadt zu einem Ort, an dem es nie komplett still ist und an dem man viel entdecken kann.

Geduldig wartet der Verkäufer auf einem Flohmarkt in Jaffa auf Kundschaft.

Uri Buri

# In Israel leben, heißt balancieren – zwischen Anpassung und Wagnis

Uri Jeremiah, bekannt als Uri Buri, betreibt unter diesem Künstlernamen sein Restaurant in Akko und gilt als bester Fischkoch Israels. Seinen Gästen serviert er nur, was ihm auch selber schmeckt. Er bedient sich dabei aus lediglich acht Zutaten, weil Üppigkeit seines Erachtens nicht immer gut ist und manchmal sogar den Geschmack verdirbt. »Die Zutaten müssen für sich sprechen, und du musst verstehen, was du isst«, sagt er. Kochen, um »Esser und Fresser« zu bedienen, gehört nicht zu seinem Lebenssinn. Zumindest heute nicht mehr, nach 20 Jahren Erfolg in der Gastronomie.

Angefangen hat alles mit einer Harpune, dem Meer und viel Fisch und selbstverständlich guten Freunden, die – seine feine Küche kostend – darauf pochten, er möge ein eigenes Restaurant aufmachen. In den 1990er-Jahren, zur Zeit der Eröffnung seines ersten Restaurants, bestand die Küche Israels noch aus viel Frittiertem und Gebratenem. »Hätte ich den Leuten damals serviert, was ich heute koche, und heute das, was die Leute früher essen wollten, wäre ich nicht da, wo ich jetzt bin.«

Das Leben, ein Balanceakt also – zwischen Anpassung und Wagnis, den Uri meisterhaft beherrscht. Als während der Maiausschreitungen sein Restaurant und das Hotel Efendi von Radikalen angezündet wurden, dauerte es keine drei Monate, bis er ein Pop-up-Restaurant eröffnete und die Macht des Kochens wieder für sich sprechen ließ. Mit seiner Mannschaft ging er zur Traumabewältigung: »Ich wusste, wenn ich sie jetzt nach Hause schickte, habe ich nach ein paar Monaten keine Leute mehr.« Keine Leute, weil das Team, bestehend aus Juden, Moslems und Christen, die jeden Tag Seite an Seite in seinem Restaurant arbeiten, besonderer Intensität und – in Zeiten wie diesen – besonderer Fragilität ausgesetzt ist.

Während die friedliche Koexistenz von Juden und Moslems im Land für viele immer noch ein Wunschgebilde ist, wird sie in Uris Restaurant zur gelebten Realität. Es zeigt sich, dass der Mann ohne Prinzipien – wie er sich selbst gern nennt – dann doch nach einigen Prinzipien lebt: dass alle Menschen gleich sind zum Beispiel und dass jeder eine zweite Chance verdient. Deshalb werden bei Uri Buri auch keine ausgebildeten Köche eingestellt. Stattdessen holt er die Jugend lieber von der Straße: »Aber nur solche, die auch wirklich etwas lernen wollen.« Einmal rettete er in Südindien einem kleinen Affen das Leben, als er ihn bei einer Versuchsstation freikaufte und ihn dann bei sich aufnahm. Aber das, das ist eine andere Geschichte.

Uris Team kommt nicht von der noblen Kochschule – umso lernwilliger und engagierter sind die jungen Köche.

Dass Uri trotz weißem Bart noch voller frischer Ideen steckt, steht außer Frage.

# Das Leben, ein einziger Wimpernschlag

In einer Geschichte aus dem *Ecclesiastes*, einer der Schriften (*Ketuvim*) der hebräischen Bibel, erscheint ein Mann namens Kohelet. Er besitzt alles, aber findet darin nichts. »Alles – ein *hevel*«, ruft er immer wieder »alles – ein Nichts«. Übersetzt bedeutet *hevel* so viel wie ein Hauch. Im Hebräischen wird das menschliche Leben mit allen Formen der Atmung umschrieben: *Nefesh* (Leben) bedeutet »ein tiefer Atemzug«. *Neshamah* (Seele) beschreibt das Einatmen. *Ruach* (Geist) ist das Wort für Wind. *Hevel* aber ist ein ganz seichter, dünner Atem. Kohelet will damit zum Ausdruck bringen, dass alle irdischen Dinge vergänglich sind und das Leben fragil. Wir leben und sterben, so als hätte es uns nie gegeben. Wir erschaffen und andere zerstören es. Wir häufen Reichtum an, den andere genießen. Die guten Taten sind bald vergessen. Glück im Irdischen – eine Täuschung, da wir das, was bleiben soll, nicht überleben.

Wie treffend diese Erzählung doch ist für ein Land, in dem erst am 11. Mai 2021 die Bomben vom Himmel hagelten, weil die eine alte Wunde des Mittleren Ostens aufgeplatzt war. Die eine pulsierende Wunde, die nicht heilen will und daran erinnert, dass alles Nichts und das Nichts alles ist. Das Leben ein flüchtiger Augenblick.

Am Rande der Negev-Wüste befindet sich der Nationalpark Timna, der mit seiner kargen Weite zum Philosophieren einlädt.

Israel 133

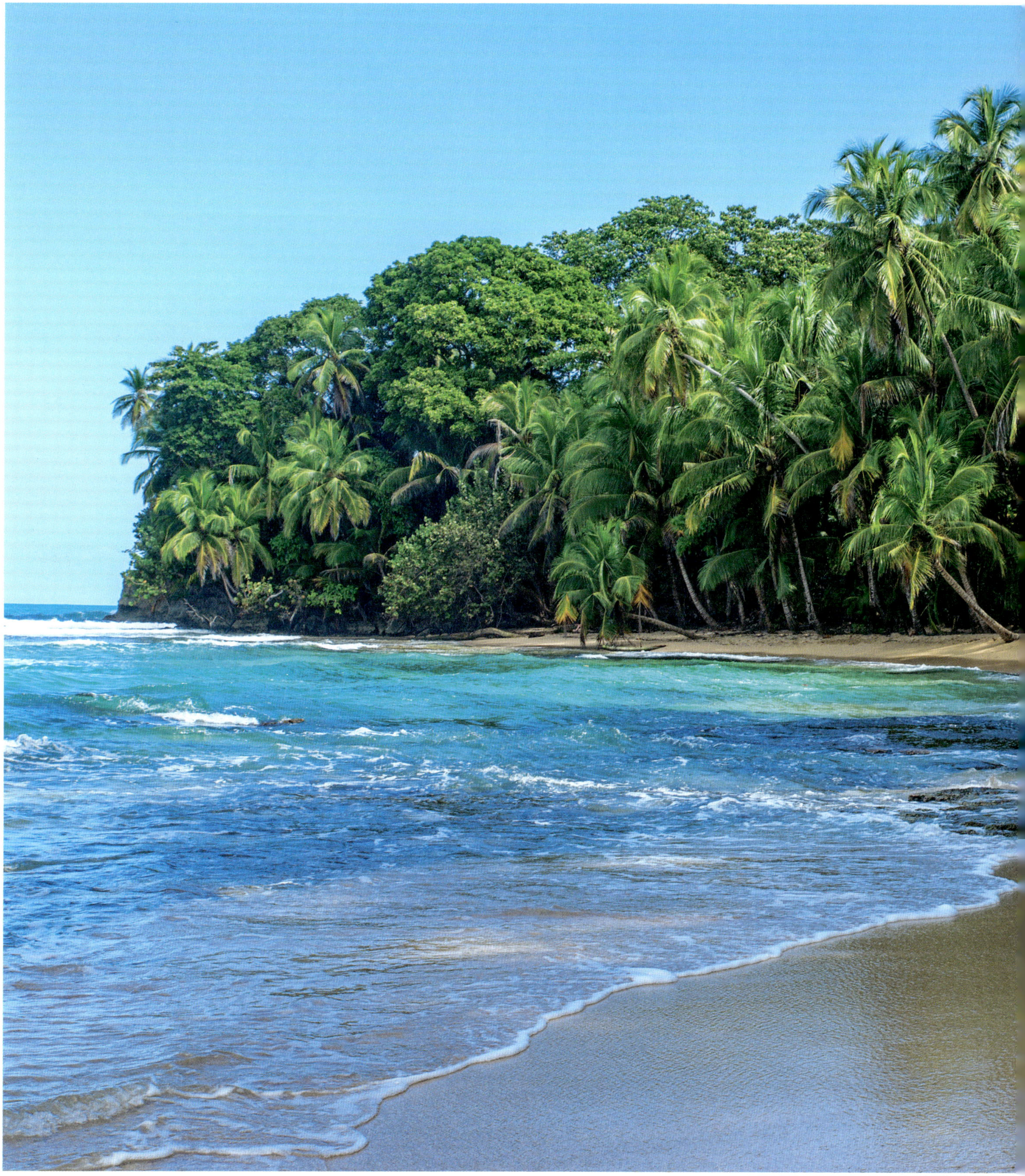

[15]

# Costa Rica

Das immergrüne Miniland in Zentralamerika ist ein unvergleichliches Naturparadies: von der Pazifikküste bis zur Karibik, mit Nebelwald, Dschungel, Vulkanen, Wasserfällen, Nationalparks und einer reichen Flora und Fauna ... Und im Hinblick auf Umweltschutz liegt Costa Rica weltweit ganz vorne

Das Refugio Nacional Gandoca-Manzanillo schützt etwa hälftig Meeres- und Landflächen.

**Costa Rica**

| 90 % | 71 J | 93 % | 0 % | 79 % | 62 Mrd $ |

**Deutschland**

| 90 % | 72 J | 87 % | 8 % | 46 % | 3.861 Mrd $ |

**Welt**

| 81 % | 64 J | 78 % | 0 % | 17 % | 87.552 Mrd $ |

Costa Rica 135

In Costa Rica kann man sich von den Braunkehl-Faultieren die Gelassenheit abschauen.

In der nordwestlichen Provinz Guanacaste finden sich einige traditionelle Holzhäuschen, die auf Pfählen errichtet sind.

Tina Engler

# Too close to Nature? Never, ever …

Ich sehe grün, überall grün, sozusagen »*50 shades of green*«. Ich gebe zu, ich habe sie nicht gezählt, es müssen weit mehr sein, in all ihren Schattierungen.

Die »Reiche Küste«, wie Costa Rica übersetzt heißt, ist das Land, in dem ich meine schönsten Reisegeschichten erlebt habe, die jedoch für die *Ticos* (so nennen sich die Einheimischen selbst), ganz normaler Alltag sind. Ich besuche das Land, das im Norden an Nicaragua und im Süden an Panama angrenzt, seit vielen Jahren immer wieder. Jedes Mal trage ich neue Anekdoten mit nach Hause: Einmal wurde ich von einem Faultier gebissen, das bei Bekannten auf dem Sofa chillte, ein Freigänger, der jedoch lieber der Lounge-Musik aus der Bluetooth-Box lauschte, als sich durch die Natur zu hangeln. Schließlich trägt es seinen Namen zu Recht. Ein anderes Mal habe mich mit einem Waschbären angelegt, der verzweifelt versuchte, einigermaßen dezent den Kühlschrank zu öffnen, um sich die seines Erachtens für ihn bereit gelegte Avocado zu stibitzen. Ach ja – und bei jedem meiner Besuche liegt beim Frühstück eine Wasserpistole auf dem Tisch, damit Affen, Tukane oder Gürteltiere nicht spontan mit meinem Müsli durchbrennen. Von waghalsigen Flussüberquerungen zu Pferd und im Jeep an meinem Lieblingsort, dem Corcovado Nationalpark, übrigens ganz zu schweigen. Bei einem Ausritt bäumte sich »mein« Pferd auf, wollte nicht weiter. Zurück am Ufer wurde mir der Grund für die Unruhe des Pferdes bewusst: Zwei unheimliche Augen funkelten mir bedrohlich aus dem Wasser entgegen – vor mir war ein Alligator! Das Pferd hatte mich vor einer brenzligen Situation gerettet. Danke, Pferd. Wie sagte meine Freundin Lio bei einer gemeinsamen Reise noch so treffend? »*Too close to nature!*« (»Zu nah an der Natur!«). Es war der Moment, als ihr von der Decke ein Gecko auf den Laptop plumpste. Doch genau das sind – neben den ausgesprochen freundlichen Menschen und dem *Pura Vida* genannten entspannten Lebensgefühl der Einheimischen – die Gründe, warum ich hier ganz besonders glücklich bin. Ich liebe die Natur und nirgendwo komme ich ihr so nah wie hier. Mittendrin, statt nur außen vor. »Too close« gibt es für mich nicht.

Damit wäre ich zurück beim Thema Grün: Regenwald, Trockenwald und der mystisch anmutende Nebelwald, in dem die Wolken tief hängen und der mit riesigen Farnen, Lianen, Würgefeigen und mit Moos bewachsenen Bäumen einem gigantischen Urwald gleicht, lassen mich in eine andere Welt eintauchen. Natürlich säumen, um die Schönheit dieser jungfräulich anmutenden Natur noch zu unterstreichen, an beiden Küsten insgesamt 300 Sandstrände das Meer. Einsame Buchten mit tief hängenden Palmen vervollkommnen für mich den Eindruck, mitten im Paradies gelandet zu sein. Es ist wie eine gigantische Filmkulisse, aber eben live.

German Quiros

# Der Baumflüsterer

Auf der naturschönen Halbinsel Osa, im Westen Costa Ricas, liegt eines der artenreichsten und fruchtbarsten Ökosysteme der Welt. Mitte der 1970er-Jahre wurde zum Schutz der tropischen Biodiversität der Nationalpark Corcovado ausgewiesen. Familien, die schon seit Generationen auf dem Gebiet gelebt hatten, mussten umsiedeln. Als sich die Menschen zu einer mühsamen Reise ins entfernte Puntarenas aufmachten, um dort Zertifikate für die neue Landzuweisung entgegenzunehmen, horchte der achtjährige German Quiros auf sein Bauchgefühl: Konnte man den Versprechungen der Regierungen trauen? Was, wenn seine Familie nach wochenlanger Reise ohne Urkunden zurückkäme? German blieb, um – notfalls – ein Stückchen Land zu verteidigen. Letzten Endes fügte sich alles glücklicherweise zum Guten: Die Regierung hielt ihr Versprechen und die Quiros konnten bald auf dem noch kargen, auch viel weniger fruchtbaren Land, ihr neues Leben gestalten.

Heute ist aus dem, was einst Felder und Pferdeweiden mit wenigen schattenspendenden Bäumen waren, ein Garten Eden geworden. German, inzwischen selbst Vater von vier Kindern, hat schon vor langer Zeit einen Teil des neuen Landes als Erbe übernommen. Und artenreich aufgeforstet. Wieder hat ihn sein Bauchgefühl geleitet. Entstanden ist eine Finca mit Permakultur, einem umwelt-schonenden, nachhaltig-natürlichen Kreislauf in der Landwirtschaft. Angebaut werden Süßkartoffeln und Guanabana, Zuckerrohr, Ananas und viele weitere Gemüse- und Früchtearten. German hält Hühner und Schweine, die auch für organischen Dünger sorgen. Bäume liefern Bauholz. Ein besonderer Schatz sind die Kakaobäume der Finca. Sie bilden die »erste Etage« im himmelgreifenden Regenwald und ihre Früchte bergen die leckeren Samen, aus denen etwa Kakaopulver oder Kakaobutter zur Herstellung von Schokolade gewonnen werden. Bei diesem spannenden Prozess können Besucher German begleiten. Auf einem etwa dreistündigen Spaziergang erfährt man nicht nur alles über die Pflanze und ihre Nutzung, über den ökologischen Kreislauf und das Land Costa Rica im Allgemeinen, man bereitet auch seine eigene Schokolade zu: exotisch, bittersüß, beglückend.

German Quiros hat ein besonderes Gespür für die Natur, ist achtsam und ja, manchmal spricht er mit den Bäumen. Wie mit dem gewaltigen Kapokbaum, der auf der Finca wächst. Um die 300 Jahre alt, 75 Meter hoch. Vor rund zwanzig Jahren waren alle Kapoks der Region von einem Pilz befallen. Die Regierung riet, die kranken Bäume zu roden, bot sogar eine hohe Geldsumme dafür an. German hingegen suchte und fand Heilung: Mit einer selbstgemischten Paste bestrich er den Baumstamm, pflegte den Kapok gesund. Daraus zieht er eine tiefe Befriedigung. Für die Familie symbolisiert der Kapokbaum Erbe und Zukunft.

German in seinem Element: Er zeigt Gästen während einer Führung auf seiner Farm seine geliebten Kakaobohnen.

# Klein, aber oho – Öko-Vorreiter Costa Rica

Costa Rica hat circa fünf Millionen Einwohner und etwa eine halbe Million Tierarten. Der kleine Staat in Mittelamerika, mit rund 51 000 Quadratkilometern gerade mal so groß wie die Schweiz, ist weltberühmt für seine üppige Pflanzen- und Tierwelt. Die *Ticos* – die Einheimischen Costa Ricas – haben den Schatz ihrer reichen Küste früh erkannt und sind schon seit über fünf Jahrzehnten aktiv, um diesen, ihr »grünes Gold«, zu schützen. Weltweit gelten sie als Vorbild für den Umweltschutz. Fast 100 Prozent des Stroms werden aus regenerativen Quellen gewonnen, schon im nächsten Jahr soll die Bilanz $CO_2$-neutral sein. Die Regierung Costa Ricas hat die Erhaltung des natürlichen Lebensraumes für die reiche Flora und Fauna zur obersten Priorität gemacht. Schon seit mehreren Jahren kompensiert Costa Rica den zunehmenden $CO_2$-Ausstoß mit massiver Wiederaufforstung.

Die »Schweiz Mittelamerikas«, wirkt auf Besucher wie eine Art Schaukasten für die schönsten Naturphänomene unserer Welt. In den vergangenen 20 Jahren entstanden 28 Nationalparks. Das grüne Denken und die Eigenverantwortung wird den Kindern schon mit in die Wiege gelegt und ist Teil des Lehrplans an den Schulen. So viel Bewusstsein und Eigenverantwortung scheint glücklich zu machen.

Ein friedvolles Bild gibt der Ara-Papagei im Regenwald ab. Er gehört zu den vielen Tierarten, die sich über die vorbildliche Rolle Costa Ricas im Klimaschutz freuen.

Costa Rica 141

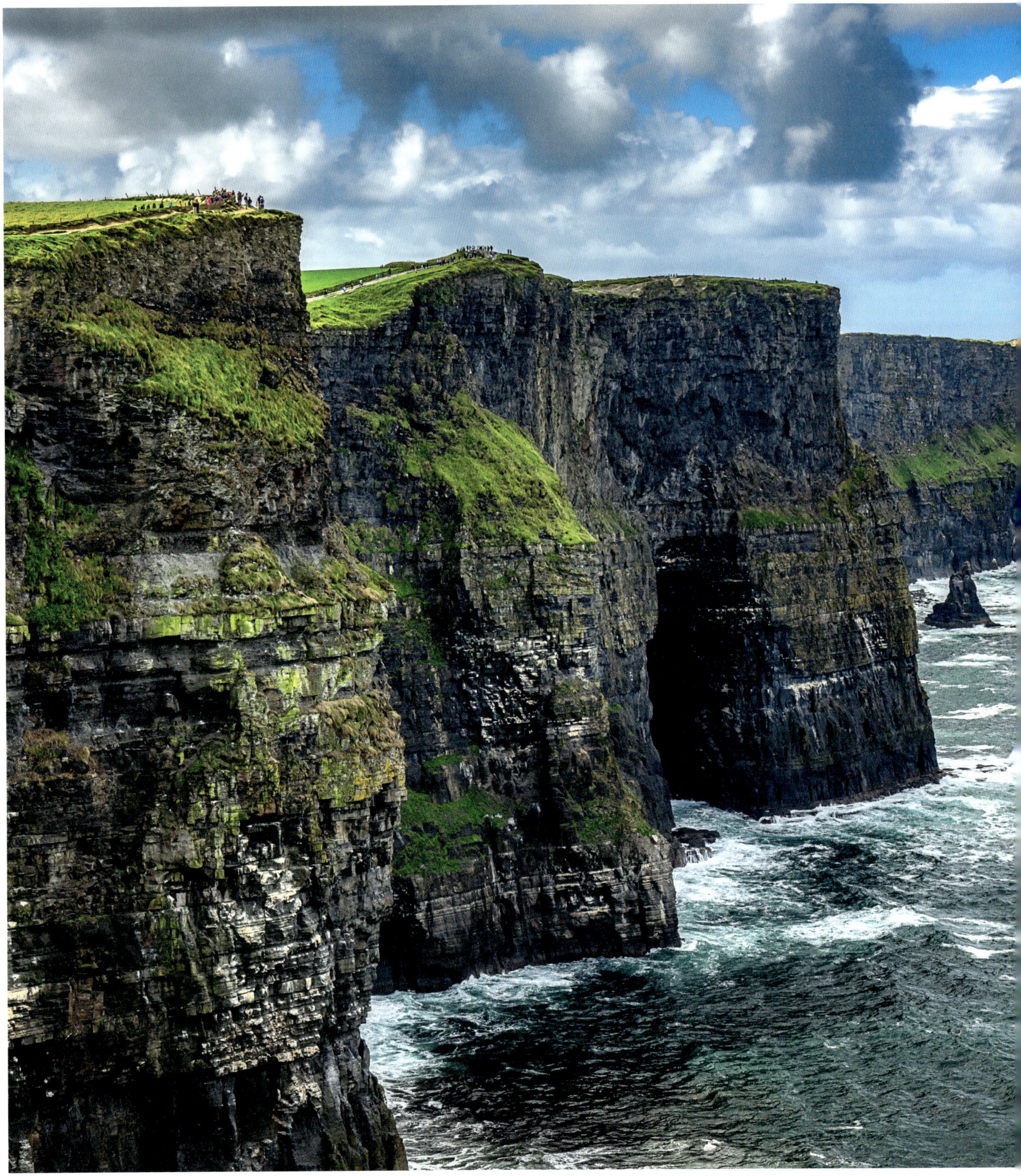

[ 16 ]

# Irland

*» There's nothing so bad that it couldn't be worse «* – was auch immer geschieht oder schiefgeht, es könnte schlimmer sein, so lautet die Lebenseinstellung der Iren. In Verbindung mit den landschaftlichen Schönheiten und den an Kultur und Geschichten reichen Orten Irlands klingt das doch Glück versprechend.

Zu den berühmtesten Natursehenswürdigkeiten der Grünen Insel zählen die Cliffs of Moher.

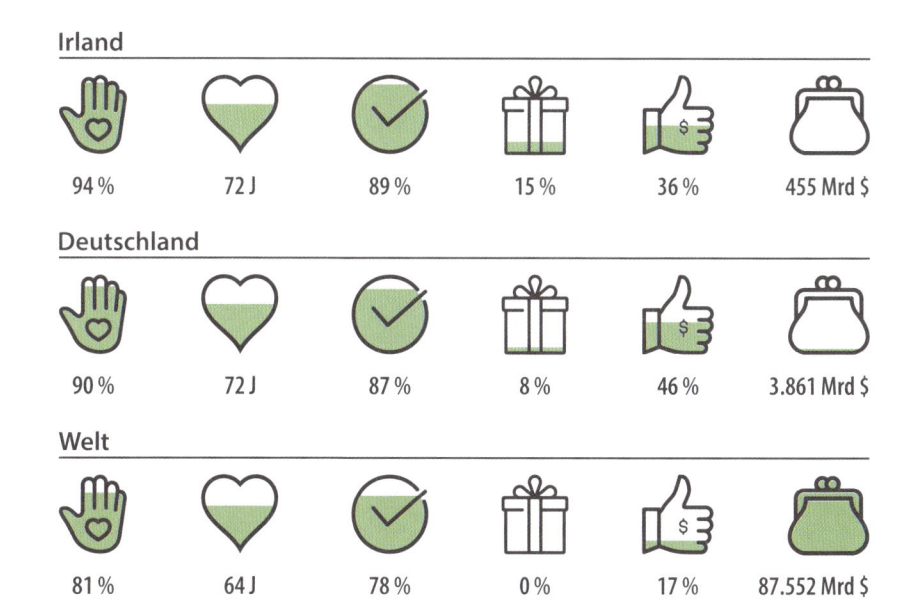

**Irland**

| 94 % | 72 J | 89 % | 15 % | 36 % | 455 Mrd $ |

**Deutschland**

| 90 % | 72 J | 87 % | 8 % | 46 % | 3.861 Mrd $ |

**Welt**

| 81 % | 64 J | 78 % | 0 % | 17 % | 87.552 Mrd $ |

*Irland* 143

Cornelia Lohs

# Ah, it could be worse

Wenn es regnet, ist ein Ire glücklich, dass es nicht stürmt, und statt des Beines hätte er oder sie sich ja auch das Genick brechen können. Wozu sich über Dinge aufregen, die man sowieso nicht ändern kann? Iren bleiben gelassen, trinken Tee und schätzen sich glücklich, dass sie bei knapp 2 800 Kilometern Küstenstreifen nie weiter als eine Autostunde vom Meer entfernt sind und in einem Land leben, das für sie das schönste der Welt ist.

Während die Südwestküste der kleinen Atlantikinsel dank subtropischer Vegetation mediterranes Flair versprüht, suchen die einsame West- und noch einsamere Nordwestküste mit ihrer rauen Schönheit und Wildnis ihresgleichen. Hier ist die Heimat der mit Felsen, Mooren und Seen übersäten Region Connemara und der windumtosten Aran Islands, die vor keltischen und frühchristlichen Relikten strotzen und eine Hochburg der irischen Sprache sind. Mit Bergen, die bis fast an den Atlantik reichen, spektakulär steilen Klippen, fjordähnlichen Buchten und langen Sandstränden lässt die atemberaubende Aussicht entlang des Wild Atlantic Way Herzen höherschlagen und Glücksgefühle aufkommen. Die längste Küstenstraße Europas schlängelt sich im Zickzack-Kurs von der Halbinsel Inishowen im Norden bis nach Kinsale im Süden. Und hinter jeder Kurve toppt das Landschaftsbild das vorherige.

»Zum Glück schützt uns das Wetter vor dem Massentourismus. Man weiß nie, wann es regnet, und dort, wo sich unsere schönsten Strände befinden, steigen die Temperaturen im Sommer selten einmal über 20 Grad«, sagt eine Freundin aus Donegal. Ja, solch ein Wetter ist gar nicht so schlecht. »*It could be worse*« – es könnte schlimmer sein und mit viel Sonne Touristenmassen bringen.

Nicht, dass die Iren etwas gegen Fremde hätten, im Gegenteil. »Ein Fremder ist ein Freund, den man noch nicht kennt«, lautet ein altes irisches Sprichwort. Und das nehmen Iren wörtlich. Ob in Dublin, der Kulturmetropole Cork, an der Küste oder in den Midlands, die Bevölkerung ist überaus gastfreundlich und zeigt sich offen gegenüber Fremden. Man fühlt sich unter Freunden, auch wenn man niemanden kennt. Das erfahre ich auf meinen Reisen quer durch Irland immer wieder. Bei *Irish music sessions* im Pub, an der Bushaltestelle, in Taxis oder auf Märkten – bevor ich mich versehe, bin ich mit *locals* im Gespräch und sitze am nächsten Tag mit den Mädels aus dem Pub beim Lunch. Ähnliches erfuhr der Rolling Stone Ron Wood, der sagte: »Ich komme nach Dublin, und zwei Tage später sieht man mich mit einem Haufen neuer Freunde an der Liffey sitzen«. So sind sie, die Iren.

# »There's nothing so bad that it couldn't be worse.«

Was auch immer geschieht oder schiefgeht, es könnte schlimmer sein.

Zu einem authentischen Irish Pub gehört auch Livemusik, zu der man schnell ins Gespräch kommen kann.

Connemaras langgezogenem See Lough Inagh wird ein Glücksmoment beschert, wenn die dichte Wolkendecke für einen kurzen Augenblick aufreißt und sich die Sonne zeigt.

*Irand* 145

Gerald Peregrine

# The older the fiddle, the sweeter the tune

Live-Musik gehört in Irland ganz einfach zum täglichen Leben. Dass die Insel über eine reiche Musikkultur verfügt, zeigt sich schon im Nationalwappen, der Harfe. Irish Trad, Rock, Jazz und Klassik, täglich spielt die Musik – ob im Pub, auf der Straße, im Konzertsaal oder auf einem der unzähligen Festivals. Als die Live-Musikszene mit Beginn der Corona-Pandemie zum Stillstand kam, war das nicht nur für die Künstler ein Fiasko.

Der Dubliner Cellist Gerald Peregrine überlegte nicht lange, trommelte Kollegen zusammen und rief die »Mobile Music Machine's Covid Care Concerts« ins Leben. Seit Mai 2020 zieht er mit Streichquartett und Opernsängern quer durch die Republik, um Musik in Pflegeheime zu bringen. Das Ensemble spielt querbeet, von Oper bis ABBA und trifft dabei auf dankbare Zuhörer, die in gebührender Distanz lauschen und mitunter mitsingen.

Über 350 kleine Konzerte hat die »Mobile Music Machine« innerhalb eines Jahres gegeben. »Wir möchten den Konzertsaal zu denen bringen, die am wenigsten Zugang dazu haben, die derzeit besonders stark gefährdet und von der Außenwelt abgeschirmt sind und Freude am dringendsten brauchen«, sagt Gerald Peregrine, der mit seinem Ensemble Licht in dunkle Tage bringt, beziehungsweise »einen riesigen Sonnenstrahl«, so die Irish Times.

Zu den Klängen von Cello, Violine und Co. trägt die klare Stimme der Sängerin hoffnungsvoll Lieder in die Welt.

Mit Liebe zur Musik schuf Peregrine nicht nur in schweren Zeiten Glücksmomente.

# Storytelling – die Macht der Geschichten

Mit wortgewaltig ausgeschmückten Legenden von geschichtlichen Ereignissen, Fabelwesen, Feen und anderen Wesen aus der Anderswelt ziehen die traditionellen irischen Geschichtenerzähler und -erzählerinnen, die *shanachies* (sprich shan-a-kis), Zuhörer in den Bann.

Die Tradition des *storytellings*, des Geschichtenerzählens, ist fast so alt wie das Land selbst. Geschichten und Legenden der Kelten wurden von Generation zu Generation weitergegeben. Die mündliche Überlieferung war so sehr Teil ihrer Kultur, dass sie für ihre gesamte Lebensweise repräsentativ wurde. Barden, die in der alten keltischen Gesellschaft eine angesehene Stellung hatten, lernten Unmengen an Gedichten auswendig, die sie live vor Publikum aufführten. Ihre Gedichte und Lieder waren oft die einzigen verfügbaren historischen Aufzeichnungen. Die Barden entwickelten sich zu *shanachies*, welche die Tradition der mündlichen Überlieferung bis heute fortsetzen. Die gut besuchten Storytelling-Events finden in Irland das ganze Jahr über statt. Infos unter: www.storytellersofireland.org

Wenn das Feuer knistert und sich die Dämmerung lila übers Land legt, fehlt nur eine gute Story, um das Glück perfekt zu machen.

*Írand* 149

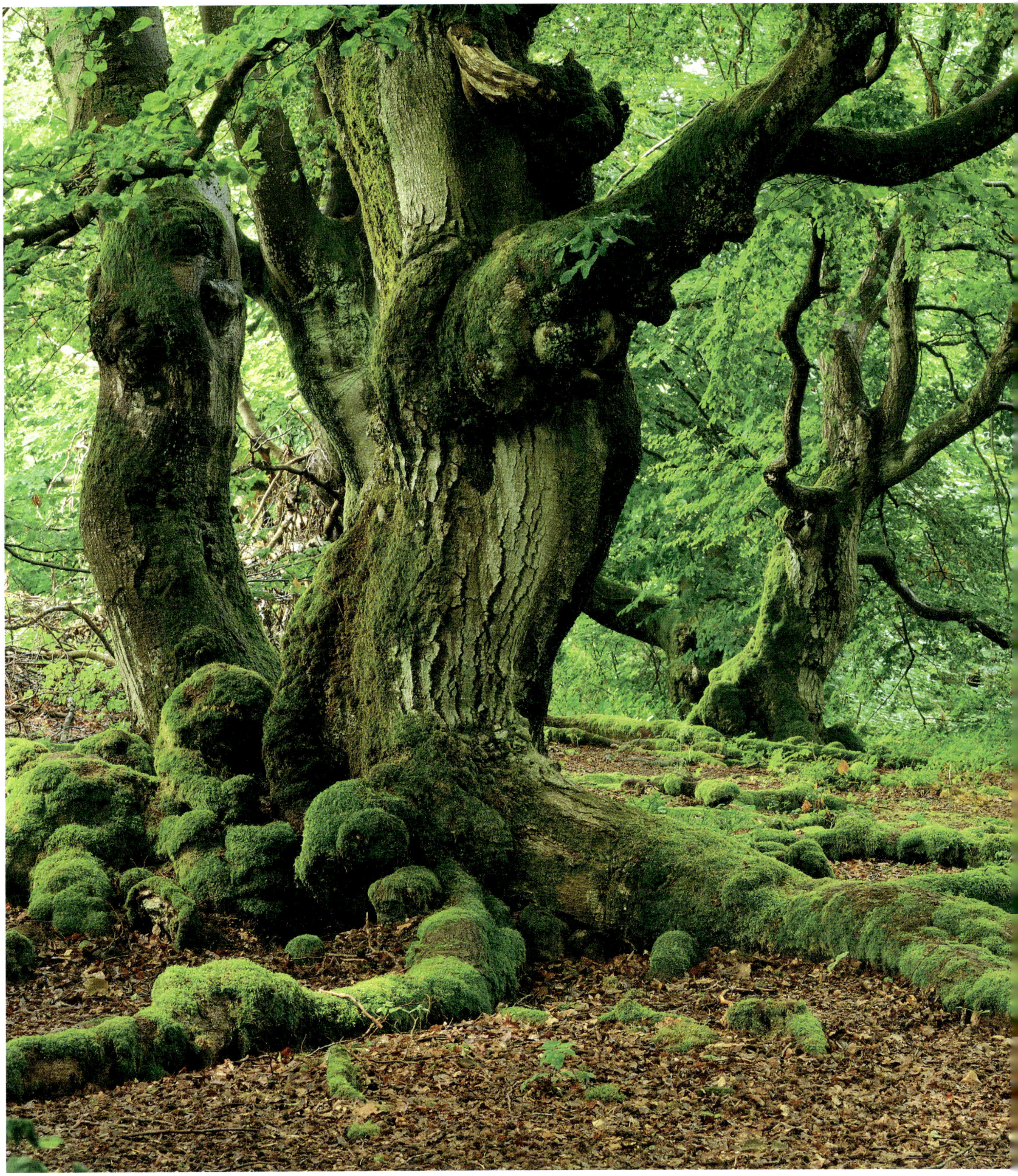

[ 17 ]

# Deutschland

Fast 360 000 Quadratkilometer beträgt die Fläche Deutschlands. Und was lässt sich darauf nicht alles finden: Schneebedeckte Alpengipfel und endloses Wattenmeer, pulsierende Großstädte und verträumte Dorfstraßen, barocke Prachtschlösser und sechzehn Nationalparks – Deutschlands Vielfalt ist beglückend.

Im Kellerwald lädt das leuchtende Grün zum glückseligen Durchatmen ein.

**Deutschland**

| 90 % | 72 J | 87 % | 8 % | 46 % | 3.861 Mrd $ |

**Finnland**

| 95 % | 72 J | 95 % | 0 % | 20 % | 269 Mrd $ |

**Welt**

| 81 % | 64 J | 78 % | 0 % | 17 % | 87.552 Mrd $ |

Miltenberg – ein weiteres malerisches Örtchen am Fuße des Odenwalds – zeigt sich farbenfroh und meisterlich im Fachwerkbau.

Cornelia Lohs

# Wiederentdeckte Vielfalt

Wälder so weit das Auge reicht, wildromantische Schluchten, geheimnisvolle Burgen, idyllische Dörfer mit viel Fachwerk und kurvenreiche Landstraßen, die sich durch die traumhaft schöne Landschaft schlängeln. Ein Besuch im Odenwald macht mich einfach glücklich!

Um es gleich vorwegzunehmen, ich bin vor den Toren des Odenwalds zu Hause. Meine wunderschöne Heimatstadt Heidelberg liegt eingebettet zwischen den beiden reich bewaldeten Odenwaldbergen Königstuhl und Heiligenberg. Gleich über drei Bundesländer erstreckt sich das Mittelgebirge: Bayern, Baden-Württemberg und Hessen. Wie schön der Odenwald ist, kam mir während des Pandemiejahres 2020 wieder in den Sinn, als Auslandsreisen tabu waren und ich bei Buchrecherchen die Ausflugsziele meiner Kindheit neu entdeckte.

Der kleinste Zipfel des Mittelgebirges liegt im bayerischen Unterfranken und glänzt mit dem Fachwerkstädtchen Amorbach. Ich wähle es als meine Basis für Ausflüge in den Odenwald. Schon die kurvenreiche Fahrt dorthin entlang üppiger Wälder, Sonnenblumenfelder und Streuobstwiesen, durch idyllische Straßendörfer und der Blick auf sanfte Hügel am schier endlosen Horizont sorgen für viele Ahs und Ohs.

In Amorbach erküre ich den Seegarten zu meinem Lieblingsort, denn in dem weitläufigen Park mit grün schimmerndem See, alten Bäumen, Wiesen und Wäldchen scheint mir der Rest der Welt weit weg und es fällt mir leicht, die Seele einfach mal baumeln zu lassen.

Auch wenn ein Odenwälder Fachwerkstädtchen das andere übertrumpft, so steht für den Inbegriff deutscher Fachwerkkunst Michelstadt im südhessischen Odenwaldkreis, wo mittelalterliches Wohlfühl-Ambiente und schmucke kleine Cafés für jede Menge Glücksgefühle sorgen. Als Kind nervten mich die Sonntagsausflüge nach Michelstadt, jetzt kann ich mich kaum sattsehen. Ein Bummel durch die historische Altstadt kommt mir vor wie ein Spaziergang durch ein reich gestaltetes Bilderbuch. Aber erst die Natur ringsum! Kaum schlüpfe ich in meine Wanderschuhe, stellt sich die gute Laune automatisch ein. Einen geeigneten Wanderweg zu finden ist relativ einfach, denn im Odenwald gibt es ein Wanderwegenetz von über 6 000 Kilometern. Da hat man die Qual der Wahl. Ich entscheide mich für die magische Margarethenschlucht im 30 Autominuten entfernten Neckargerach. Die Wanderung auf dem steilen serpentinenartigen Margarethenschlucht-Pfad gestaltet sich zwar als recht mühsam, aber als ich dann vor dem höchsten Wasserfall des Odenwalds stehe, regen sich in meinem Inneren die Glückshormone.

Im Winter verwandelt sich der Odenwald in ein puderzuckerartiges Winterwunderland. Schnee liegt fast immer. In meiner Kindheit fuhr ich mit meinen Cousinen oft zum Rodeln auf den Katzenbuckel. Der mit 627 Metern höchste Berg des Mittelgebirges, spaßeshalber »Mount Everest des Odenwaldes« genannt, ist im Sommer Wanderparadies und im Winter Langlauf- und Rodelgebiet. Ich verabrede mich mit meinen Cousinen zu einer nostalgischen Schneewanderung auf dem Katzenbuckel und wir schwelgen in Erinnerungen. Es ist Jahre her, dass wir zum letzten Mal hier war, aber kaum stapfe ich durch das gefrorene Weiß, fühle ich mich glücklich wie in der Kindheit, als es nichts Schöneres gab als das Herumtollen im Schnee.

Ein bisschen ist der Odenwald wie ganz Deutschland: voller verschiedener Ecken, die nur darauf warten, (wieder)entdeckt zu werden.

Stefanie Hutschig und Johannes Jakob

# Gesprächsstoff für eine stiller gewordene Stadt

Stefanie Hutschig und Johannes Jakob leben in Dessau. Das ist wichtig zu erwähnen, denn Dessau zählt einerseits zu den schönst gelegenen Orten Deutschlands: am Rande des UNESCO-Biosphärenreservats Mittelelbe und inmitten des Dessau-Wörlitzer Gartenreichs, ebenfalls von der UNESCO als Weltkulturerbe geadelt. Andererseits musste die Stadt in den vergangenen 80 Jahren schwere Schicksalsschläge ertragen: die fast komplette Zerstörung im Zweiten Weltkrieg, der unsensible Wiederaufbau zu DDR-Zeiten sowie eine enorme Abwanderung im Zuge der Deindustrialisierung Ostdeutschlands nach der deutschen Wiedervereinigung.

Stefanie und Johannes kamen für ihr Design-Studium nach Dessau, denn die Stadt ist auch Heimstätte für das Bauhaus gewesen, dessen Tradition und dessen Bauwerke – übrigens ein weiteres UNESCO-Weltkulturerbe – sich wie die Muskeln durch den Stadtkörper ziehen. Die beiden nahmen an einem studentischen Großprojekt teil, welches neben anderen unter dem Schlagwort »Zukunftsreise Dessau« firmierte. Klar stand die Idee, mit Mitteln des Designs die Stadt attraktiver zu gestalten, immer im Vordergrund. Doch Stefanie und Johannes wollten mehr: einen Ort schaffen, der nicht nur das Äußere der Stadtkultur optimiert, sondern der in die Stadtgesellschaft hinein wirken kann. Eine Art Treffpunkt, einen Austausch-Platz, der nicht nur von Studierenden für die Bewohner gestaltet wird; eher eine Einrichtung, die entsprechend den Wünschen der Bevölkerung funktioniert.

Ein traditionsreiches, aber seit Kurzem leer stehendes Café konnte Stefanie schnell auftun und die Hausbesitzer, die städtische Wirtschaftsförderung und die betreuende Professorin von der Idee begeistern. Johannes erstellte eine Website, über die herausgefunden werden soll, was sich an diesem »Café Schillig« – es liegt an der Ferdinand von Schill-Straße – ereignen soll, wer es nutzen möchte, sogar welche Speisen angeboten werden sollen. Für die beiden Studierenden ist das kein Projekt zur Selbstverwirklichung, sondern ein kleines Instrument, welches die Dessauer Bewohnerschaft ermuntern soll, neue Saiten in ihrer eigenen Stadt anzuspielen und damit erlebnisreicher und lebenswerter zu machen. Möglicherweise geht Stefanies und Johannes' Idee nicht auf; dann haben beide zumindest für Gesprächsstoff gesorgt, nämlich darüber, welches Potential in der Stadt Dessau steckt.

In die Zukunft können auch Stefanie und Johannes nicht blicken. Aber deshalb die Stadt Dessau dem Stillerwerden überlassen, kommt für sie nicht in Frage.

WHISKY
ROOM
St.Kilian
DISTILLERS
St.Kilian
DISTILLERS
St.Kilian
DISTILLERS
2041

# Whisky Made in Germany

Wer vermutet in einem winzigen Dörfchen im bayerischen Odenwald schon eine der größten Whisky-Destillerien Europas? Angefangen hat alles damit, dass der leidenschaftliche Whisky-Sammler Andreas Thümmler vor ein paar Jahren in seinem Heimatort Rüdenau eine leerstehende Kleiderfabrik erwarb, um zu vermeiden, dass daraus ein Wertstoffhof wurde. Dadurch konnte er nicht nur das alte Gebäude erhalten, sondern zugleich sein Hobby zum Beruf machen: Ein irischer Freund schlug nämlich vor, die Fabrik doch zu einer Whisky-Destillerie umzufunktionieren. Gesagt, getan. Thümmler gründete 2012 die Brennerei St. Kilian, die im Mai 2019 mit 760 Flaschen Whisky (damals die Einwohnerzahl Rüdenaus) an den Start ging und räumt seitdem einen internationalen Preis nach dem anderen ab. Einzigartig ist, dass Whisky-Fans ihr persönliches 30-Liter-Fass Single Malt Whisky nach eigenen Vorlieben selbst zusammenstellen können. Wenn das keine Glücksgefühle hervorruft!

Rund 2000 Flaschen umfasst die Whisky-Sammlung von Thümmler heute. Kein Wunder, dass man da früher oder später von einer eigenen Destillerie träumt.

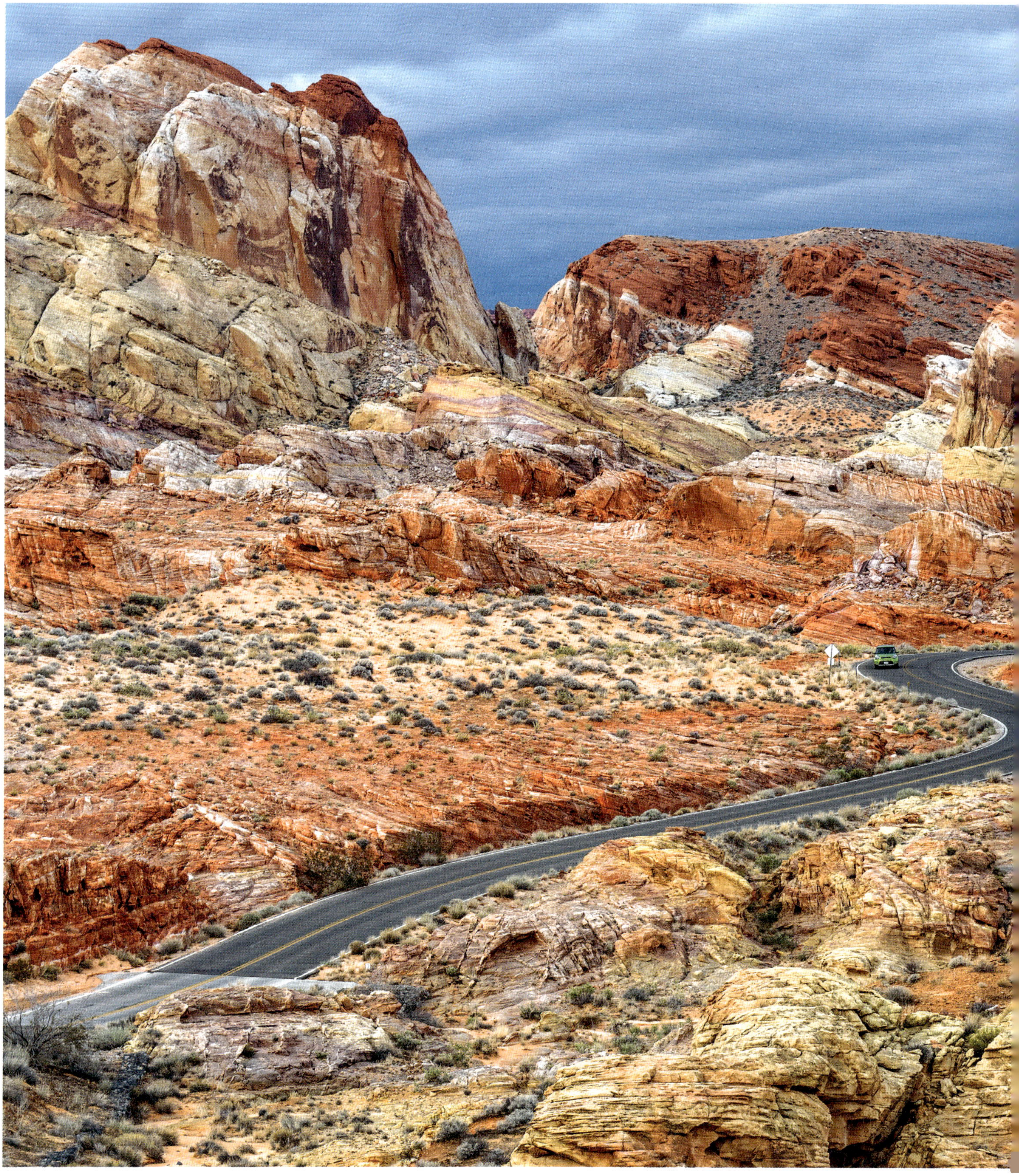

[ 18 ]

# USA

Die USA wartet mit einer solchen Fülle an Naturschönheiten auf, dass es schwerfällt, sie in ihrer Gesamtheit zu fassen, und fasziniert gleichzeitig mit pulsierenden Metropolen. Ein Land der reizvollen Kontraste – menschenleer und quirlig, karg und überbordend, urban und wild, aber immer einzigartig!

Die USA sind wie geschaffen für Roadtrips – wenn die nicht glücklich machen, was dann?

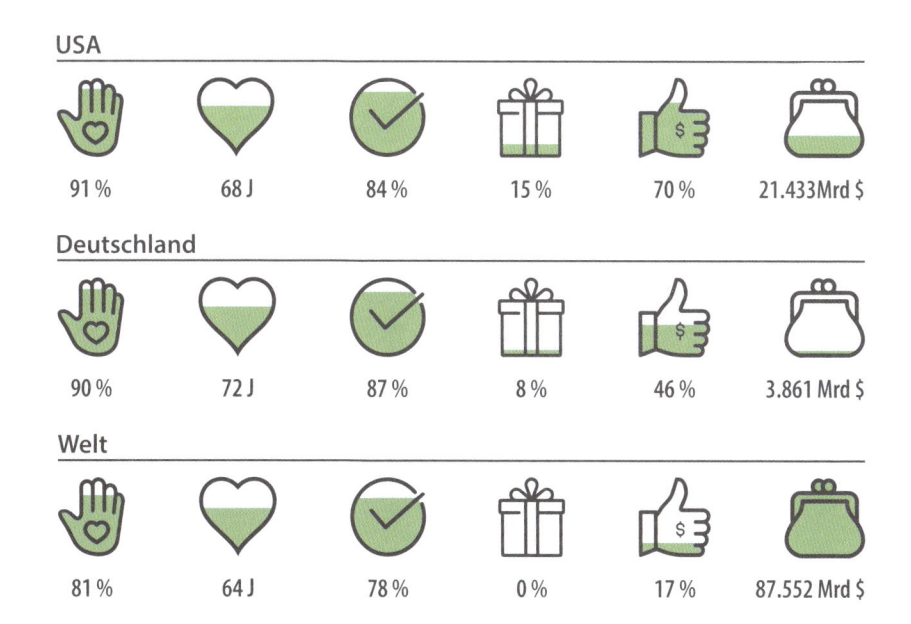

**USA**

| 91 % | 68 J | 84 % | 15 % | 70 % | 21.433 Mrd $ |

**Deutschland**

| 90 % | 72 J | 87 % | 8 % | 46 % | 3.861 Mrd $ |

**Welt**

| 81 % | 64 J | 78 % | 0 % | 17 % | 87.552 Mrd $ |

Im Canyonlands Nationalpark zaubert die Sonne gerne warme Töne an den Mesa Arch.

Am Miami Beach frönt man am liebsten gemeinsam entspannenden Sportübungen.

Cornelia Lohs

# Keep your sunny side up

»Zeig deine Sonnenseite« ist ein beliebtes Motto der Amerikaner, denn »*there are others around much worse off than you*« – es gibt immer andere, denen es schlechter geht als dir.

Zugegeben, das gilt nicht unbedingt für die New Yorker, denen nachgesagt wird, dass sie mit griesgrämigem Gesichtsausdruck bei einem Gehtempo von 100 Meilen die Stunde auf den Straßen Manhattans E-Mails auf ihren Smartphones beantworten. An der sonnigen Westküste, wo der kalifornische Himmel strahlend blau ist, sieht es ganz anders aus. Hier vergeht die Zeit scheinbar langsamer, alle sind gefühlt immer gut gelaunt, freundlich und unsagbar positiv. »*They keep their sunny side up!*«

Mein Mann ist Amerikaner. Durch ihn habe ich während meines siebenjährigen »Teilzeitwohnens« in Grand Rapids/Michigan nicht nur den *American Way of Life*, die Kultur und Mentalität der US-Amerikaner, kennengelernt, sondern auf zahlreichen Reisen von Ost nach West und Nord nach Süd auch das Land. Das Gesamtpaket USA, sozusagen. Und das ist ganz schön vielfältig. Nirgendwo sonst auf der Welt findet man einen solch bunten Mix an Nationalitäten, Sprachen und Traditionen – was man jedoch kaum findet, ist der typische Amerikaner. Abgesehen von ihrem Nationalstolz, der überaus großen Freundlichkeit, Hilfsbereitschaft, der positiven Lebenseinstellung und der unerschütterlichen Überzeugung, dass jeder seines eigenen Glückes Schmied ist und Großes im Leben erreichen kann, unterscheiden sich die US-Bürger regional sehr stark. Ob Ostküste, Mittlerer Westen, Südstaaten, Mountain States oder Westküste – jeder tickt anders. Logisch, wenn man bedenkt, dass allein zwischen New York und Los Angeles knapp 4 500 Kilometer, beziehungsweise sechs Flugstunden, liegen. Die Entfernung vom südlichsten zum nördlichsten Staat beträgt sogar über 6 000 Kilometer.

Ebenso vielfältig wie die Kultur ist die Landschaft, deren Schönheit atemberaubend ist: Nationalparks mit zerklüfteten Canyons, dichten Wäldern und gigantischen Wasserfällen, schier endlose Pazifikstrände in Kalifornien, die einzigartige Küstenlandschaft Neuenglands, der Seenreichtum Michigans – tatsächlich gibt es dort 11 000 Seen –, die beeindruckende Naturlandschaft der majestätischen Rocky Mountains, die unendliche Weite der Prärie, die artenreiche Sonora-Wüste in Arizona, um nur einige zu nennen.

Unabhängig davon, durch welchen Teil der Vereinigten Staaten von Amerika man reist, schon nach kurzer Zeit merkt man, wie leicht es einem Land und Leute machen, seine Sonnenseite zu zeigen.

Yuri Williams

# Superhelden gibt es wirklich

Wenn Yuri Williams in sein Spider-Man-Kostüm schlüpft, verbreitet er Freude und lässt Menschen, die nicht auf der Sonnenseite des Lebens stehen, die traurige Realität für wenige Momente vergessen. Der engagierte Bewährungshelfer im Jugendstrafvollzug in Los Angeles gründete die gemeinnützige Organisation »A Future Superhero and Friends« (www.afuturesuperhero.com) 2009, um aus dem dunklen Loch zu fliehen, in welches er nach dem Krebstod seiner Mutter gefallen war. In seiner Freizeit begann er, Obdachlose und Bedürftige mit Kleidung und Lebensmitteln zu versorgen, und verkleidete sich als Spider-Man, um in Kliniken krebskranken Kindern ein Lächeln ins Gesicht zu zaubern. Das Kostüm des legendären Comic-Helden ist längst zu seinem Markenzeichen geworden. Bis heute hat Yuri Krankenhäuser in allen 50 Bundesstaaten besucht. Er sammelt Spenden, ruft Fundraising-Aktionen für Menschen ins Leben, die Geld für Medikamente benötigen, organisiert Blutspendeaktionen und Kinoabende für diejenigen, die sich keine Kinobesuche leisten können.

Als während der Corona-Pandemie im Frühjahr 2020 im Großraum Los Angeles rund 1,3 Millionen Menschen ihren Job verloren und viele von heute auf morgen ohne einen Dollar dastanden, versorgte Yuri Williams zahlreiche Familien mit Lebensmittelpaketen. An Ostern brachte nicht der Osterhase, sondern Spider-Man Überraschungskörbchen, und auch die Kinder in Krankenhäusern mussten während der Pandemie nicht auf den Superhelden verzichten – er heiterte die Kleinen per Video-Anruf auf.

Auf die Frage, was er jungen Menschen gerne ans Herz legen möchte, antwortet Yuri: »Positivität bringt dir positive Energie und gutes Karma; sei nicht die Person, die immer die Hand nach etwas ausstreckt, sei die Person, die gibt.«

Das Lächeln trägt Yuri meist unter einer Superhelden-Maske – aber dass es trotzdem ansteckend ist, steht außer Frage.

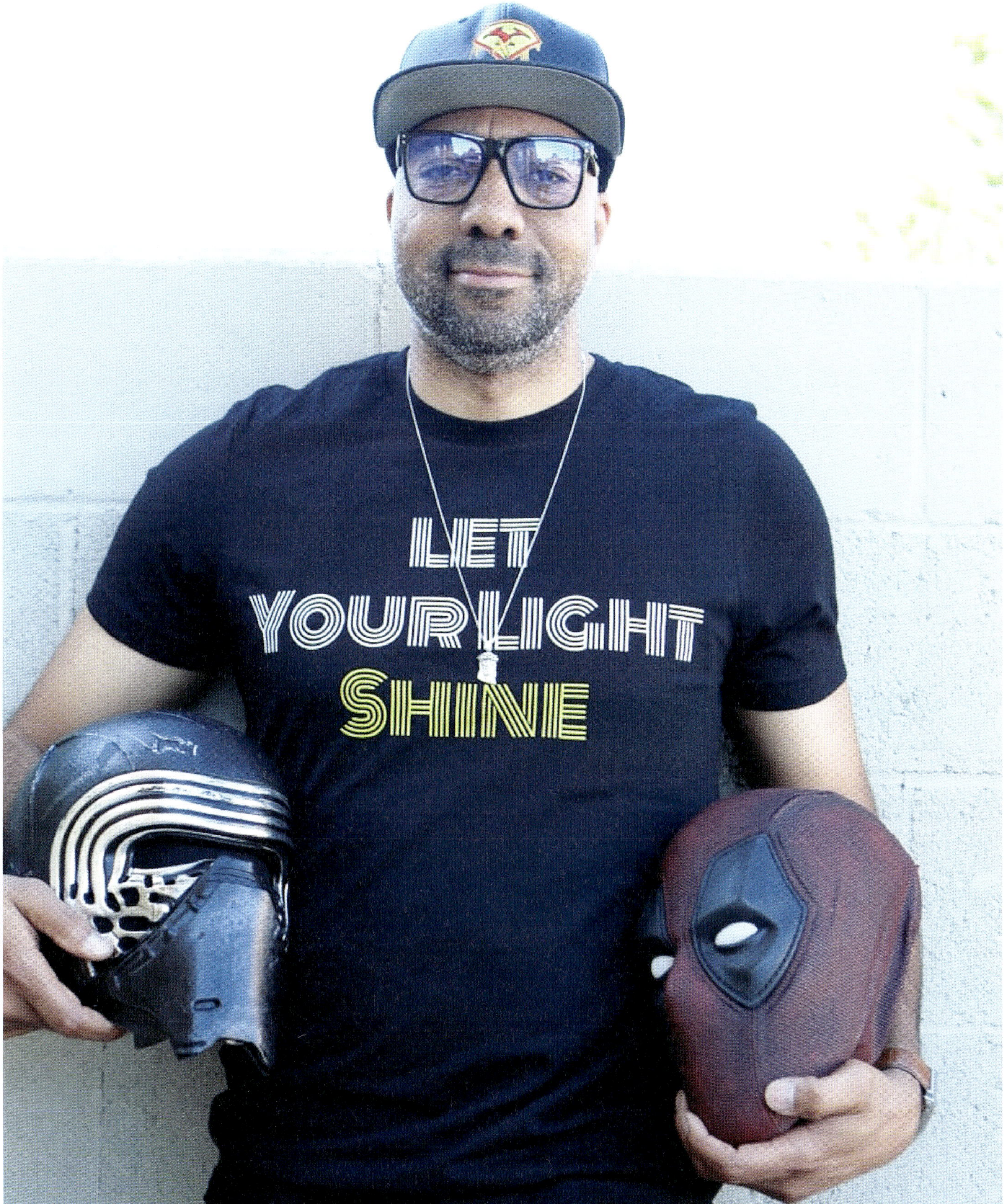
LET
YOURLIGHT
SHINE

# Crow Fair – ein Fest für Augen und Ohren

Jährlich am dritten Augustwochenende verwandelt sich die hügelige Landschaft an den Ufern des Little Bighorn River in Montana in die »Tipi-Hauptstadt« der Welt. Dort, wo Häuptling Sitting Bull 1876 mit mehr als 2 000 Kriegern der Sioux und Cheyenne das Regiment von General Custer besiegte, sieht man vier Tage lang weiße Tipis, so weit das Auge blickt. Im Reservat des Crow-Volksstamms, beziehungsweise *Apsaalooke* in ihrer Sprache, findet seit über 100 Jahren das größte *Powwow* (Treffen von indigenen Volksstämmen Nordamerikas) der USA statt, das über 50 000 Besucher anzieht. Auf dem Programm stehen morgens Paraden mit prachtvoll geschmückten Pferden, die an längst vergangene Zeiten erinnern, während des Tages Rodeos und spektakuläre traditionelle Pferderennen, bei denen die Reiter bei waghalsigem Tempo von einem Pferd aufs andere wechseln. Von Sonnenuntergang bis tief in die Nacht tanzen die nordamerikanischen Ureinwohner in farbenfrohen Kostümen und prächtigem Federschmuck zum Rhythmus der Trommeln. Ein Spektakel ohnegleichen. Infos auf: www.visitmt.com

Federn und kräftige Farben spielen eine wichtige Rolle in der traditionellen Ausstattung der Ureinwohner Nordamerikas.

USA 165

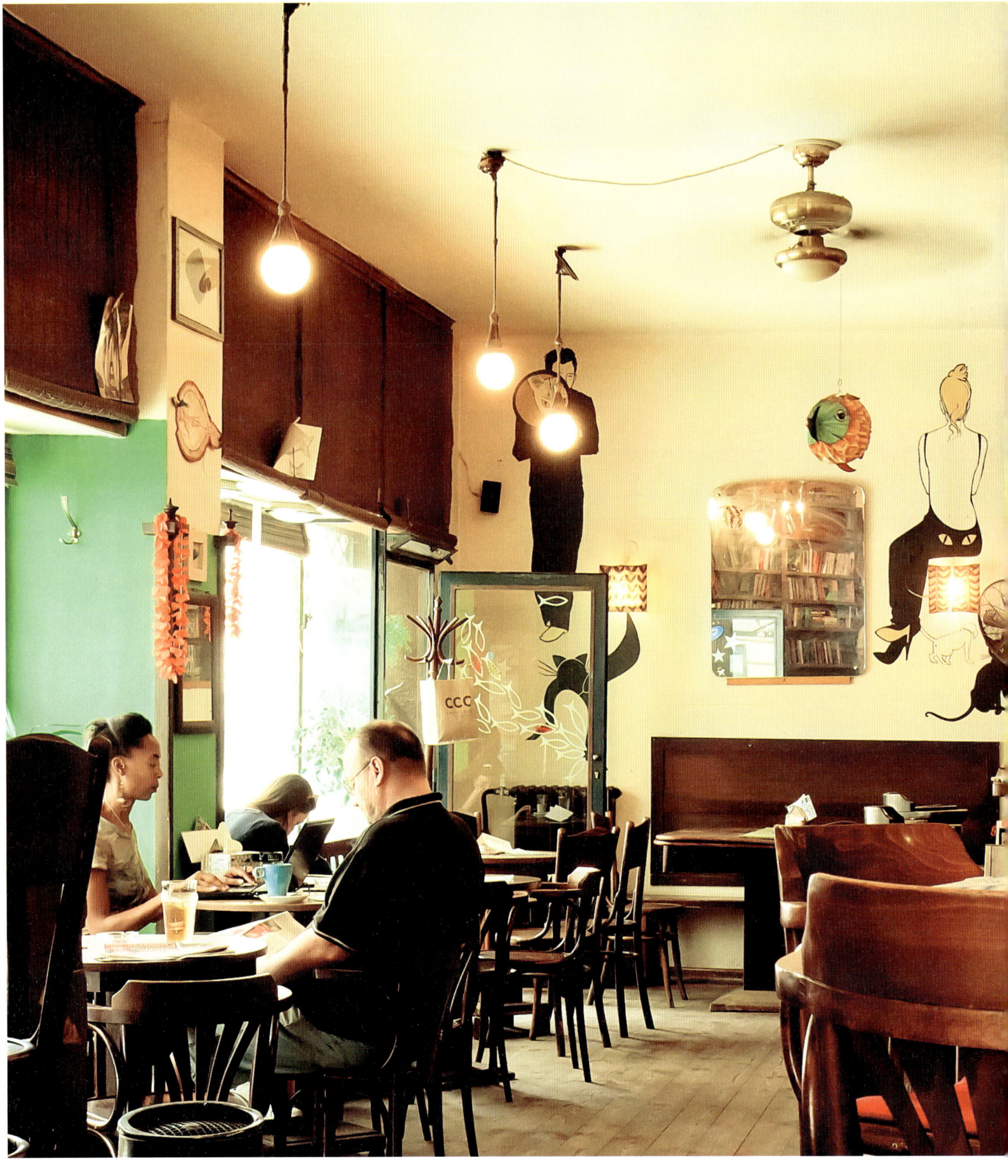

[19]

# Tschechien

Das Glück hat Tschechien mit einer traumhaft schönen Hauptstadt bedacht. Doch Regierungsbeschlüsse, in stolzen Palästen getroffen, führen nicht gleich zu Zufriedenheit. Daher schätzt sich das Volk Tschechiens glücklich, dass es außer Prag noch endloses landschaftliches Idyll gibt, in das man entfliehen kann.

Ein Ambiente der besonderen Art sorgt in den Prager Cafés für positive Gefühle.

**Tschechien**

| 92 % | 70 J | 82 % | 0 % | 86 % | 250 Mrd $ |

**Deutschland**

| 90 % | 72 J | 87 % | 8 % | 46 % | 3.861 Mrd $ |

**Welt**

| 81 % | 64 J | 78 % | 0 % | 17 % | 87.552 Mrd $ |

Tschechien 167

Christian Möser

# Überzeugende Gelassenheit und kompromisslos gutes Bier

Die Schönheit eines Landes, die Grandiosität der Natur sind begünstigende Faktoren, damit seine Bewohner sich glücklich schätzen. Tschechien ist in dieser Hinsicht ein gesegnetes Land: Geheimnisvolle Gebirge werden von lieblichen Hügellandschaften abgelöst, zwischen Wildblumenwiesen und Obstgärten mäandern Bäche und Flüsse, die schon zu großen sinfonischen Werken inspirierten. Zerklüftete Felsenmeere, auf Vulkankegeln thronende Burgen und von verwinkelten Gassen durchzogene Altstädte – der Tourismuswerbung fällt es schwer, nicht zu hyperventilieren.

Auch andere Länder sind dramatisch, gefällig und schön, selbst solche, die im *World Happiness Ranking* weit hinten stehen. Glück hat etwas mit der individuellen Einstellung zum Leben zu tun, behaupten Psychologen. Ein Rezept zur Zufriedenheit einer ganzen Nation auszustellen, führt schnell zum Aufzählen von Klischees.

Reist man durch Tschechien, fällt schnell auf, dass hier eine angenehme Zurückhaltung vorherrscht. Keine aufgesetzte Fröhlichkeit, kaum lautstarke Emotionen. Zwar kam es in der Geschichte zu Ausbrüchen des Volkszorns und dabei ab und an zu einem Fenstersturz. Doch umwälzende Zeitenwenden geht man mit Bedacht an. Der Sturz des Kommunismus 1989 heißt daher treffend »Samtene Revolution«. Andere slawische Nationen finden diese Coolness verdächtig, die Bevölkerung Tschechiens sieht sich auf dem richtigen Weg. Schließlich ist ihr Lebensstandard der höchste in ganz Ostmitteleuropa.

Wie in jeder modernen Gesellschaft empfinden auch tschechische Bürger die Arbeitswelt als herausfordernd und anstrengend. Dem können sie allerdings leicht entfliehen, denn fast alle Familien besitzen eine sogenannte *chata*. Ein Häuschen auf dem Lande, und damit ein Refugium, in dem sich jedes Wochenende der Lebenstraum verwirklichen lässt. Und sei es nur die pure Erholung beim Pilzesammeln, Sliwowitzbrennen oder Schlittenfahren. Regelmäßige kleine Fluchten als Glücksbringer.

Wichtig ist, dass jede *chata* von einem imaginären Zaun umgeben ist, der die große Politik und die kleinen Sorgen des Daseins ausschließt. Das Pfeifen auf »die da oben«, der zivile Ungehorsam sind keine Furcht vor Verantwortung, sondern Voraussetzung, um nicht in den Malstrom des Weltgeschehens gerissen zu werden. Jaroslav Hašek hat mit dem Roman »Die Abenteuer des braven Soldaten Schwejk« diesem Charakterzug ein weltliterarisches Denkmal gesetzt.

Gleichzeitig ist Tschechien ein Land, in dem gesellschaftliches Engagement regelrecht boomt. Möglichst alle sollen am gemeinsamen Wohlstand teilhaben. Diskussionen, Karikaturen, Anträge auf Fördermittel – für alle Aktivitäten gibt es einen Ort: die *hospoda*. Das Glück der Bevölkerung wird in der Kneipe verhandelt. Die *hospoda* ist nicht Fluchtraum, falls der Familienfrieden wackelt, sondern der auswärtige Teil des eigenen Zuhauses. Der Ort, um Freunde zu treffen, sich mit der Anwältin zu beraten, Bücher zu schreiben oder eben den Planeten zu retten.

Tschechisches *pivo* ist weltweit bekannt, in fast allen Ländern trinkt man Pilsner Bier. Für Tschechen der Beweis, dass ihr Rezept zum Glücklichsein längst ausgeplaudert wurde.

Ein bisschen verwunschen, aber absolut idyllisch liegt diese *chata* bei Slavonice.

# »Štěstí přeje připraveným.«

Das Glück begünstigt die Vorbereiteten.

Petra Kovač

# Petra und das Revival der Glaskunst

2015 hat die UNESCO die tschechische Tradition der Schmuckglas-Anfertigung in das Verzeichnis des immateriellen Welterbes aufgenommen. Einige mögen dabei an das Böhmische Kristallglas in der großelterlichen Schrankwand denken. Unsere Vorstellungen aufzubrechen und die Tradition im 21. Jahrhundert fortzuschreiben, hat sich Petra Kovač vorgenommen. Ursprünglich aus Ostböhmen stammend, kommt Petra zur Ausbildung an den Rand des Isergebirges. Ihr Ziel: zu erlernen, wie man Edelsteine bearbeitet und Schmuck daraus macht. Die Gegend, in der sie lernt, ist allerdings als Zentrum der Glasverarbeitung berühmt; beim neugierigen Schielen, was die anderen Azubis anstellen, stellt sie fest, dass ihr Herz eher für das Material Glas brennt. Es sind vor allem die Transparenz und die Vielfältigkeit, die ihre künstlerische Fantasie anregen. Petra legt Granat und Gold beiseite und absolviert ein Kunststudium, in dem sie sich fast ausschließlich mit ihrem neuen Lieblingsmaterial beschäftigt. Seit über fünf Jahren nun wirkt sie im eigenen Atelier, natürlich im Isergebirge. Doch die Anfertigung von Schmuck und Zierglas ist nur für wenige eine Tätigkeit, deren Erlös sämtliche Lebenshaltungskosten decken kann. Petra fand einen Weg, dieses Dilemma aufzulösen, indem sie Gebrauchsglas auf den Markt brachte. Krüge, Schalen, Becher und Vasen, deren Formen auf den ersten Blick ungewöhnlich, zugleich aber klassisch und elegant wirken. Der Clou sind die Verzierungen, für die sie sich von Blaudruck-Motiven aus Mähren und der für die nördlichen Gebirge typischen Spitzenklöppelei inspirieren ließ. Schmuck und Glaskreationen, die der Dekoration dienen, bleiben aber Petras Leidenschaft. Hier kann sie nämlich experimentieren, weitere Materialien – im wahrsten Sinne des Wortes – einflechten, Formen der Natur nachahmen. Dabei geht auch manchmal etwas zu Bruch. Für Petra bringen Scherben nicht nur Glück, sondern sie verwendet sie für neue Objekte. Bei ihrer Kunst ist Glasrecycling also inklusive.
lidovo.webnode.cz

Auch wenn größere Maschinen zum Einsatz kommen, muss Petra äußerste Sorgfalt mit dem fragilen Material walten lassen.

Die Einarbeitung verschiedener Materialien gibt Petras Werken eine besondere Note.

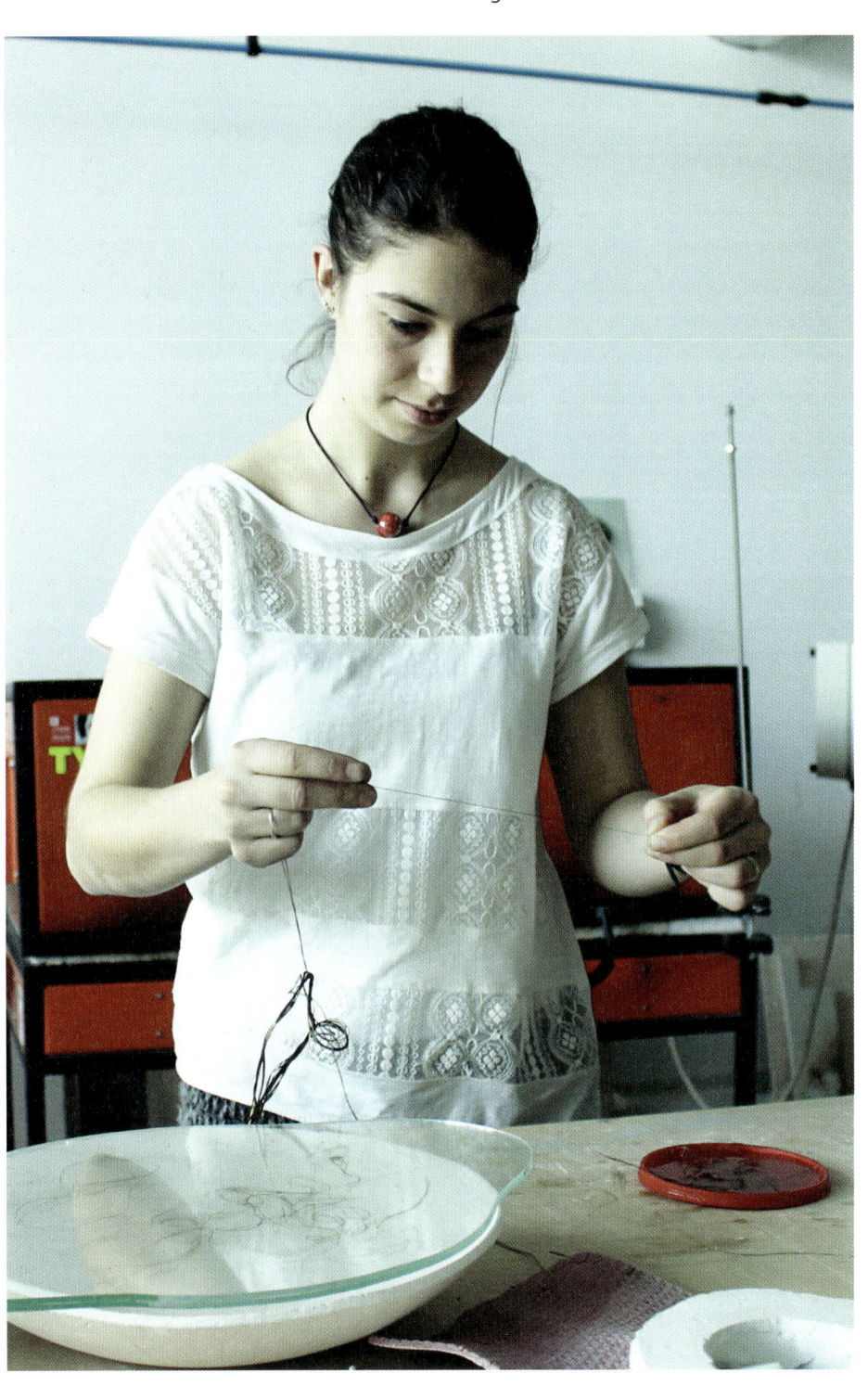

# Mut zur Farbe

Würden Künstler beauftragt werden, das Glück zu visualisieren, fänden sich Weiß und Schwarz nur zum Abtönen auf der Palette. Grundfarben und die Mischungen aus ihnen würden die Leinwand dominieren. So wie die Landschaft Tschechiens, vor allem aber das Umfeld seiner Bewohner. Kunterbunte Motive in der Volkskunst, knallige Hausfassaden auf den Marktplätzen, überwältigend ausgemalte Barocksäle, der überbordende Jugendstil und elegante Kontraste bei Neubauprojekten – die Lust auf Farbe ist nirgends zu übersehen. Auch nicht an den Menschen; die angesagtesten Schneider haben für ihren neuesten Chic Signalfarben entdeckt.

Ein Blick nach Deutschland: In unzähligen Bauverordnungen wird Hausbesitzern vorgeschrieben, welche Farbe die Dachziegel haben müssen und in welchem Ton des Farbspektrums »Beige« die Fassade gestrichen werden darf. Hinter einem violett-kirschroten Gebäude wird Revolution vermutet. Nicht so in Tschechien, wo die Angst vor Neuem längst nicht so stark ausgeprägt ist, und wo die Experimentierlust immer und überall zu greifen ist.

Auch im letzten Jahrhundert zeigte man Mut zur Farbe, beispielsweise im Veitsdom.

# Die tschechische Sprache

Bereits aufgefallen? Die ersten sieben Plätze im *Happiness-Ranking* werden von Ländern eingenommen, in denen man kleine, ungewohnte Sprachen spricht. Sprachen, die in unseren Ohren teilweise komisch, auf jeden Fall aber liebenswert klingen. Die tschechische Sprache gehört mit dazu. Unmöglich ist es, sich der sofort aufflammenden Sympathie zu erwehren, sobald man jemanden Deutsch mit tschechischem Akzent reden hört. Zugleich wird jeder Tschechisch-Lernende vom Stolz durchflutet, wenn er den ersten korrekten Satz artikulieren kann. Denn die Grammatik dieser slawischen Sprache ist das sprichwörtliche Buch mit den sieben Siegeln, besser: Fällen. Vorher übt man noch feucht-fröhlich die Aussprache des »ř«. ... Ein Kind, das seine Gute-Nacht-Geschichten auf Tschechisch vorgelesen bekommt, kann gar nicht anders, als ein glücklicher Mensch zu werden.

Tschechien hat zwar kein Meer, aber die Menschen grüßen sich mit *Ahoi* – wenn das mal nicht happy macht!

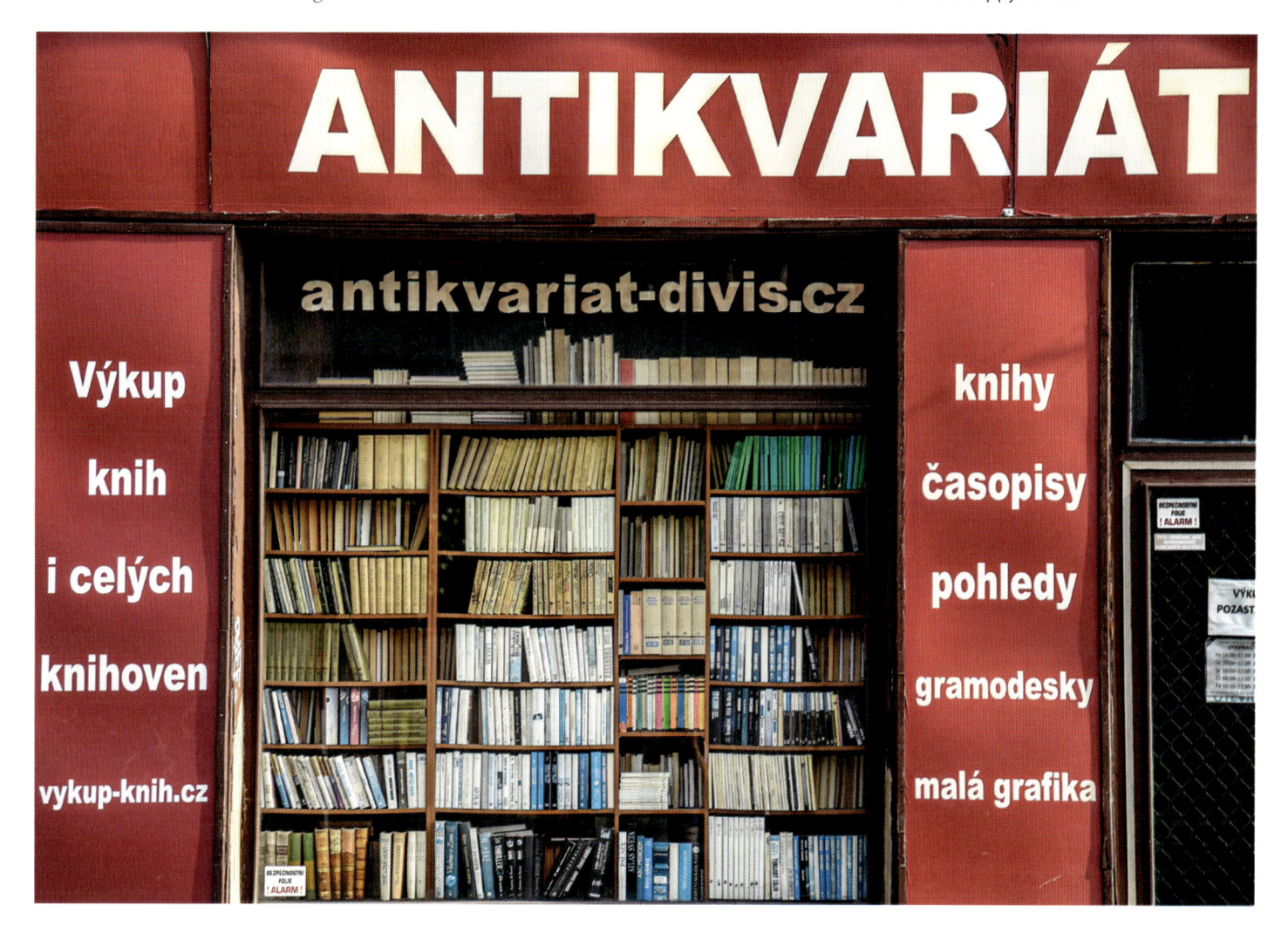

MAISON
I'd like to taste it, taste it
I'd like to have it, have it ...
MAISON DANDOY
SPECULOOS

[20]

# Belgien

Geprägt von den Unterschieden zwischen flämischem Norden und wallonischem Süden, ist Belgien reich an kulturhistorischer Vielfalt. Das kleine Königreich wird flankiert von den Erhebungen der Ardennen, der Moorlandschaft Hohes Venn und der stürmischen Nordsee.

Schon einmal in einem »Keksatelier« gewesen? Nein? Dann ab nach Brüssel zu Dandoy!

**Belgien**

| 91 % | 72 J | 81 % | 0 % | 61 % | 618 Mrd $ |

**Deutschland**

| 90 % | 72 J | 87 % | 8 % | 46 % | 3.861 Mrd $ |

**Welt**

| 81 % | 64 J | 78 % | 0 % | 17 % | 87.552 Mrd $ |

Belgien 175

# »Alle goede dingen bestaan in drieën.«

Aller guten Dinge sind drei.

Jutta M. Ingala

# Heiterkeit in Pinselstrichen

Belgien ist ein Land der Gegensätze, die sich in der Hauptstadt Brüssel zu knisternder Spannung verdichten. In Avantgarde und Subkulturen, in Gastronomie, Kunst und vielem anderen findet sie kreativen Ausdruck. Auch im Nebeneinander großartiger Architektur aus Gestern und Heute: Die Barockfassaden des Grand Place und die Jugendstilbauten von Victor Horta wirken im Spiegel junger, wagemutiger Projekte – etwa dem organischen Wohnhaus Toisoin d'Or oder der gläsernen Skulptur des Europarats – elektrisierend.

Wer über die Boulevards der Hauptstadt flaniert, durch die Straßen und kopfsteingepflasterten Gassen, dabei den Blick neugierig auch auf die weniger spektakulären Gebäude richtet, erlebt ähnliche Gänsehautmomente. Denn belgisches Kulturerbe erobert die Fassaden der Stadt: Der Comic – die neunte Kunst – wird in Brüssel zur Street-Art XXL.

Weltberühmt sind »Tim und Struppi« – im Original »Les aventures de Tintin« – aus der Feder des belgischen Comiczeichners Hergé. Zusammen mit Kapitän Haddock flüchten die beiden Comicfiguren über Dächer und schlittern über Leitern, die ins Leere führen. Illusionistische Malerei wie ein *Trompe-l'œil*. So plastisch, so echt wirken die überdimensionalen Figuren an der Häuserwand, dass man unvermittelt einen Schritt zurücktritt. Eine Straße weiter reitet Lucky Luke seinen treuen Jolly Jumper gegen die Dalton-Brüder. Die Colts rauchen, das Schießpulver kann man förmlich riechen. Schon an der nächsten Häuserecke stockt der Atem erneut: In luftiger Höhe wagt Amateurschnüffler Rick Master einen Drahtseilakt, während Victor Sackville, Spion seiner Majestät, in geheimer Mission durch die Gassen schleicht. Fesselnde Figuren aus wenigen Pinselstrichen, die auf steinernen Seiten ihre Geschichten erzählen. Wie gut, dass Kunst im öffentlichen Raum so wunderbar zwanglos ist. Selbst eilige Passanten erhaschen einen Blick auf die bunte Comicwelt. Deren Heiterkeit schwingt in ihren Schritten mit.

Heiterkeit und Brüssel passen ohnehin recht gut zusammen. Schließlich ist Brüssel die Hauptstadt der süßen Sünden und Metropole bekannter und aufstrebender Chocolatiers. Naschereien aus hauchzart krokanter Schokolade mit cremiger Ganache oder fruchtigen Füllungen sind so typisch belgisch und machen so ungemein glücklich. Am besten lässt man sich durch die Altstadt treiben. In den schmalen, winkligen Gassen werden Auslagen zum Fest für die Sinne, Pralinés zur puren Verführung. Je dunkler die Sorte, umso höher der Kakaoanteil und umso größer der Genuss. Übrigens tatsächlich mit stimulierender Wirkung. Kakao ist eben ein echtes Wunderding.

Broussaille und Catherine vom belgischen Comiczeichner Frank Pé stehlen dem Rathausturm die Aufmerksamkeit.

Nele Bekaert

# Die Pferdefischerin

Nele Bekaert lebt mit ihrer Familie in Oostduinkerke. Die flämische Gemeinde zählt kaum 8 500 Einwohner. Ein typischer Küstenort mit einer langen Reihe kastiger Bauten am Strand. Die hübscheren Häuschen, welche verstreut im Dünengürtel liegen, ducken sich gegen den salzigen Nordseewind.

Nele, Ende 30, betreibt eine *frituur* – eine Frittenbude. Stilecht im Land der leckeren Kartoffelstäbchen. Ihr wahres Glück findet sie jedoch auf dem Rücken ihres Hengstes Axel. Mit ihm zieht sie ins Meer. Eingepackt in gelbes Ölzeug, den Südwester auf dem Kopf, am Sattel schaukeln Weidekörbe. Nele gehört zu den letzten *Paardenvissers* – Pferdefischern – und geht mit Axel auf Krabbenfang.

Der Strand ist weiß und weit, die See bei Oostduinkerke aufgewühlt. Krabben finden hier idealen Nährboden und Fischer machen guten Fang. Bereits 1510 wird das kuriose Fischen zu Pferd in den Annalen erwähnt. Einst entlang der gesamten Nordseeküste verbreitet, ist es heute nur noch in dem belgischen Küstenort lebendig. Bis dato eine Männerdomäne. Ein geschlossener Kreis. Einer, der immer mal wieder vom Aussterben bedroht ist und aktuell 17 Mitglieder zählt. Nele und Katrin Terryn sind die ersten Frauen, die die seit 2013 zum immateriellen Welterbe zählende Tradition pflegen.

Kein lukratives Geschäft, vielmehr ein kräftezehrendes, gleichsam erfüllendes Hobby. Knietief stehen die sanftmütigen, tonnenschweren Brabanter und Henngauer im kalten Wasser, wirbeln mit ihren Schleppnetzen die Krabben auf und trotten im Halbstundentakt zurück an den Strand. Dort wird der Fang in die Körbe geleert, zu kleine Tiere zurück ins Wasser geworfen. In etwa drei Stunden kommen so rund sieben Kilo Schalentiere zusammen. Für den Fang gibt es meist schon Wartelisten. Manchmal werden die Krabben am Strand gekocht und an hungrige Badegäste verkauft.

Krabbenfischen ist Familiensache. Eine Tradition, die in 500 Jahren von Vätern an ihre Söhne weitergegeben wurde. Auch Nele und ihr Mann Chris geben ihr Wissen an die Kinder weiter: »Es ist Teil unserer Identität.« Das Krabbenfischen schweißt zusammen. Man muss sich aufeinander verlassen können, wenn im Meer einmal ein Pferd durchgeht. Auch das Wissen um Gezeiten und Wellenmuster und wie man Netze knüpft, selbst das Kochen von Garnelen gehört zur einzigartigen Tradition.

Bei Wind und Wetter zieht es Axel und Nele ans Meer und in die Brandung. Nicht zuletzt die Körbe verraten, was dabei das Ziel ist.

Belgien 179

4 Generaties
traditie getrouw
Hoge kwaliteit van reser
Geuze-kriek
Bieren die U bescherme
OUDE GEUZE VIEILLE
Oud Beersel
OUDE KRIEK VIEILLE
Oud Beersel
18-02
2014
61
30-10
86

# Kirsche auf Eis

Tiefrot leuchtend, perlend, fruchtig. Getrunken wird es bevorzugt auf Eis. Gerne aus Ballongläsern, in denen sich Aromen perfekt entfalten und die sich so schön in der Hand schwenken lassen. Das passt zum Esprit, das passt zum Bouquet von *Kriek*, was flämisch für Sauerkirsche steht. *Kriek* ist eine von rund 1 000 belgischen Bierspezialitäten, und zwar eine ganz besondere. Für *Kriek* wird ein Sauerbier mit Kirschen versetzt. Bevorzugt wählen Bierbrauer dafür die alte Sorte Schaarbeek, eine kleine, selten gewordene Frucht mit intensivem Aroma. Das Sauerbier ist spontan vergoren. Es entsteht also in einem aufwändigen Brauprozess mit wilden Hefen aus der Umgebungsluft, für den es nicht nur die richtige Jahreszeit, sondern auch viel Geduld braucht. Der Sud reift anschließend traditionell in Eichen- oder Kastanienfässern zu einem sommerlich spritzigen Bier.

Etwa 300 Brauereien zählt das Land. Einige große, viele Mikrobrauereien mit handwerklichem Anspruch und frischen Ideen. Darunter auch die Trappisten, ein Orden in der römisch-katholischen Kirche, deren Biere oft besonders begehrt sind und ausschließlich hinter Klostermauern gebraut werden dürfen. Fantasiebeflügelnd!

1882 wurde die Brauerei Oud Beersel gegründet. In ihren Fässern findet man *Kriek* und *Geuze*, aber auch Sorten, die nicht auf *Lambic* basieren.

*Belgien* 181

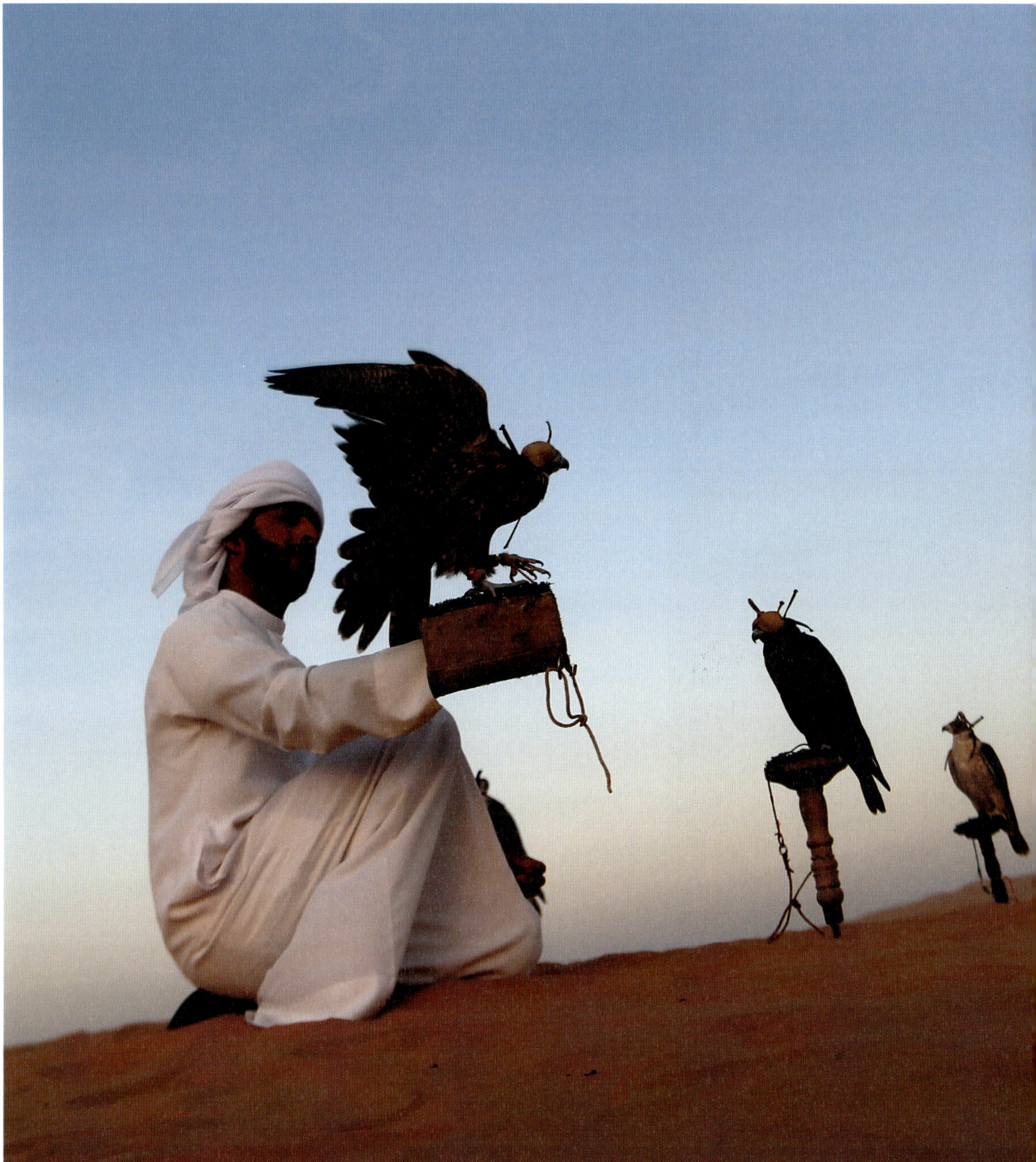

[21]

# Vereinigte Arabische Emirate

In den Vereinigten Arabischen Emiraten begegnen sich Tradition und Moderne, orientalische und abendländische Kultur in einem aktuellen, lebendigen Mix, der Besucher fasziniert und Scharen von Einwanderern aus aller Herren Länder anzieht.

In der Liwa-Oase hat dieser *Qubaisi* sein eigenes Glück in Form der Falknerei gefunden.

**Vereinigte Arabische Emirate**

| 85 % | 67 J | 94 % | 12 % | 59 % | 683 Mrd $ |

**Deutschland**

| 90 % | 72 J | 87 % | 8 % | 46 % | 3.861 Mrd $ |

**Welt**

| 81 % | 64 J | 78 % | 0 % | 17 % | 87.552 Mrd $ |

Grenzen austesten können in den Vereinigten Arabischen Emiraten sowohl Architekten als auch Sportler.

Jens Niemann

# Wie in einer Science-Fiction-Welt

Die Vereinigten Arabischen Emirate sind ein visionärer Staat, eine Wirklichkeit gewordene Utopie, gegründet auf drei Säulen: einer historisch gefestigten arabisch-islamischen Kultur, dem Reichtum an Bodenschätzen und der genialen Idee eines futuristischen Staats mit der dazu gehörenden effektiven Umsetzung. Von den sieben Emiraten sind vor allem das schillernde Dubai und das an Öl und Gas besonders reiche Abu Dhabi bekannt. In ihnen ist die Vision eines modernen, am Reißbrett entworfenen Stadtstaats am weitesten Realität geworden.

*Expatriates* (Fremdarbeiter aus dem Ausland) haben einen Anteil von 80 Prozent an den Einwohnern. Bestimmte Straßen und Stadtviertel sind geprägt vom Heimatland ihrer Bewohner, mit länderspezifischen Geschäften, Restaurants und Clubs. Durch die vielfältigen, vor allem auch auf Touristen zugeschnittene Freizeitangebote und Einkaufsmöglichkeiten sind die Emirate trotz extremer klimatischer Verhältnisse durchaus lebenswert. So erreichen 90 Prozent der Bevölkerung einen Badestrand innerhalb von 20 Kilometern.

Was mir persönlich sonst noch so gut an den Emiraten gefällt, rührt vor allem vom Unterschied zum Leben in Europa her: Es gibt sowohl öffentlich als auch privat viel Platz, es existiert praktisch keine Kriminalität und die Tausenden von Regeln und Verboten, die mir Leben in Europa so kompliziert und stressig machen, findet man hier nur in stark abgeschwächter Form. Nicht zuletzt die niedrigen Steuern sind für einige ein Anreiz, sich hier niederzulassen.

Etwas ganz Ungewohntes ist zum Beispiel auch die Monarchie. Politische Mitbestimmung funktioniert hier anders als in westlichen Demokratien. Bürger wählen nicht, sondern wenden sich mit ihren Sorgen und Vorschlägen an den *Majlis*, ein die Regierung beratendes Gremium aus zumeist Stammesältesten, Funktionären und Würdenträgern. Wie viele asiatische Gesellschaften ist auch die arabische geprägt vom Konsens. Scheichs fühlen sich ihren Untertanen verbunden durch Stamm, Nation, Sitte und Religion. Dem Staatsvolk Gutes zu tun ist ohnehin in der arabischen Kultur die höchste Herrscherpflicht nach dem Glauben an Allah.

Das Bedingungslose Grundeinkommen, derzeit bei uns stark öffentlich diskutiert, ist in den VAE schon seit Jahrzehnten praktische Realität – zumindest für alle mit emiratischer Staatsbürgerschaft. Es gibt auch so etwas wie den deutschen Länderfinanzausgleich: So werden die kleineren und ärmeren Emirate von Abu Dhabi und Dubai subventioniert.

Was es in den Vereinigten Arabischen Emiraten noch nicht gibt, wird einfach gebaut. Sei es eine künstliche Insel, eine Skipiste oder ein Louvre-Museum: Es werden kühne Träume und Ideen verwirklicht, und genau das macht das Leben hier auch so besonders.

Arif Masih

# Der Saubermann

Arif Masih liebt es, wenn es sauber ist. Seine Kunden auch. Der Gebäudereiniger wird bei seinen Stammkunden des Öfteren auch persönlich angefragt, weil er selbst für die hartnäckigsten Reinigungsfälle stets eine Lösung parat hat. »Manche Sachen sind empfindlich gegen Hitze, andere gegen Wasser, manche Ecken sind nur schwer zugänglich«, erklärt Arif.

Der 28-jährige Pakistani arbeitet seit sechs Jahren als Gebäudereiniger bei »Mangrove Services«. Das Unternehmen wurde vor 13 Jahren von seinem Onkel Abdul Ghafoor gegründet. Der ehemalige Banker wollte sein eigenes Unternehmen aufbauen und suchte nach fortschrittlichen Geschäftsideen. Diese fand er im Prinzip der Dampfreinigung. »In Dubai wurde fast ausschließlich chemisch gereinigt. Das ist schädlich für die Umwelt und verbraucht Ressourcen«, meint der Chef. Mit Dampf hingegen wird nicht nur alles gründlich sauber, sondern es stimmt auch die Ökobilanz.

In den Emiraten werden viele Apartments *all inclusive* vermietet, mit Möbeln, Strom, Wasser, Internet und Reinigung. Neben dem regelmäßigen Putzgeschäft hat das Unternehmen auch ein Standbein im Großreinemachen. Dieser gründliche Reinigungsservice ist besonders zu Zeiten von Sandstürmen äußerst gefragt. Der feine Wüstenstaub dringt dann nämlich durch die Ritzen in Türen und Schiebefenstern ein und lagert sich in Vorhängen und Teppichen ab. Das Reinigen mit Dampf ist für solche Fälle ideal. »Viele Leute laufen barfuß. Da wird viel Schmutz in die Teppiche eingetragen. Außerdem schwitzt man wegen der brütenden Hitze. Nach einer Dampfreinigung ist der Teppich wie neu«, so Arif, der inzwischen zum Reinigungsexperten avanciert ist. Mittlerweile gibt er sogar Schulungen im Ausland für Start-up-Unternehmen.

Was Arif an seinem Job so gefällt: »Die Leute freuen sich, wenn sie mich sehen, weil sie wissen, gleich wird alles sauber und schön«, sagt er. »Ich könnte keinen Bürojob machen. Ich muss das Ergebnis meiner Arbeit sehen. Ein perfektes Ergebnis«. Diese Art von Perfektion schätzen die Kunden. In den Vereinigten Arabischen Emiraten gilt es als ein Statussymbol, wenn alles glänzt. Arif berichtet, »Emiratis waschen ihr Auto täglich«. Und die Wohnungen? »Nicht ganz so häufig, aber wenn Besuch erwartet wird, dann muss alles sein wie neu!«

Keine Ecke ist zu unerreichbar, kein Schmutz zu hartnäckig für Arif und seine Crew.

*Vereinigte Arabische Emirate* 187

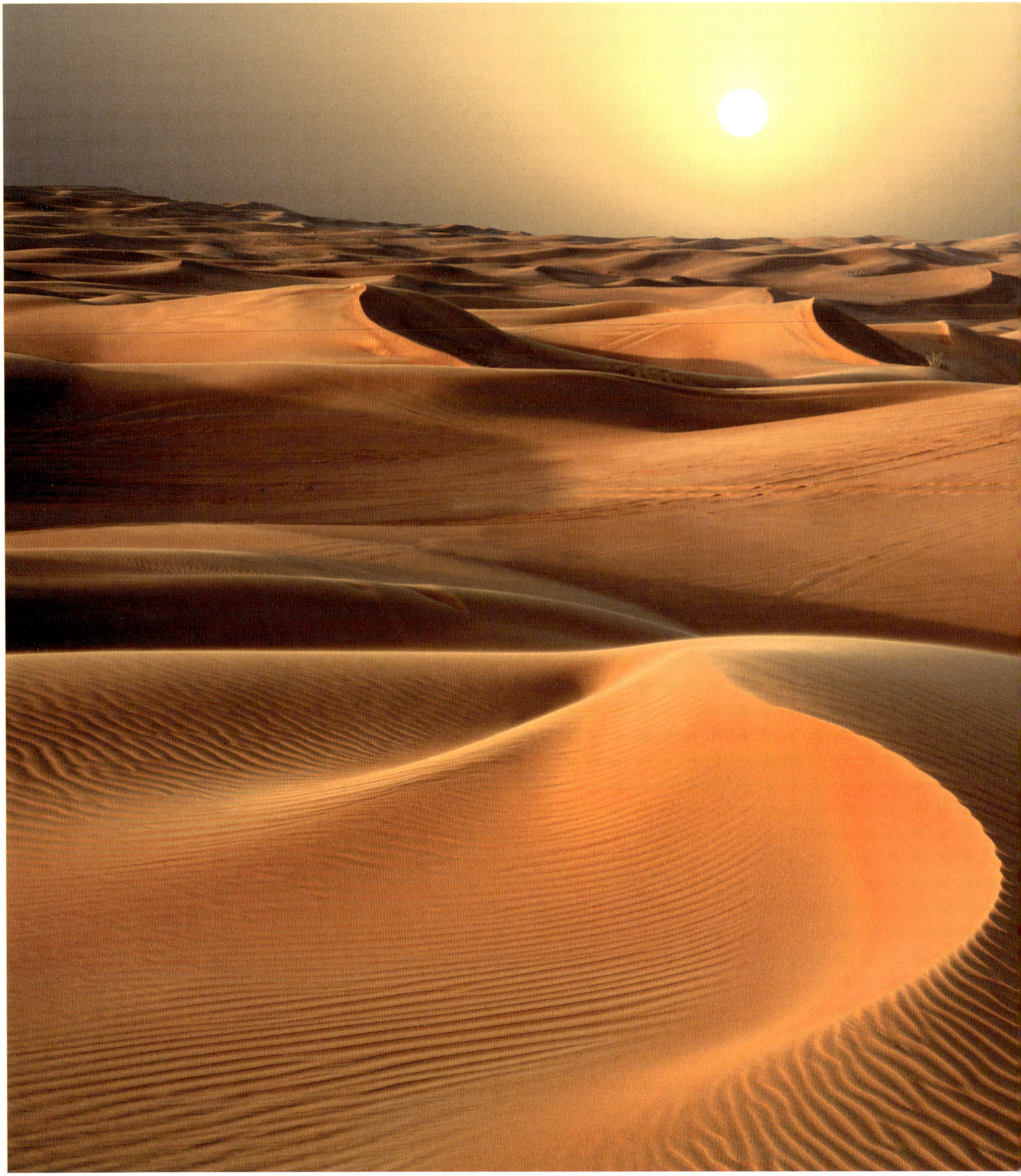

# Komm, wir fahren in die Wüste

Das Emirat Dubai hat freizeitmäßig unglaublich viel zu bieten. Es verfügt über ein riesiges Tourismus-Angebot an Sehenswürdigkeiten, Erlebnissen, Gastronomie und Einkaufsmöglichkeiten aller Art. Das ist zwar toll, aber viele sehnen sich nach einer anstrengenden Arbeitswoche auch mal nach etwas Ruhigem und Erholsamen. Da ist die Wüste genau richtig.

Hinter dem dicht besiedelten Küstenstreifen liegt die arabische Wüste. Ein wunderbarer Ort, um auch einmal ein ganzes Wochenende dort zu verbringen. Alles auf einen Geländewagen gepackt und dann geht es los: in Richtung Oman, Saudi-Arabien oder Eujairah. Die schönsten Dünen hingegen gibt es in der Nähe des Hajar-Gebirges und in der Liwa-Wüste. Das unfassbar weite Sandmeer strahlt eine besondere Stille aus, und da es so gut wie nie regnet, kann man auch gut bis in die Nachtstunden hinein bleiben und den Sternenhimmel bewundern. Oder man kommt frühmorgens, wenn die Sonne noch nicht den Horizont erklommen hat – dann hat man gute Chancen, Sternschnuppen zu sehen.

Weil die unberührte Natur zurückgeht und der Tourismus wächst, hat die Politik mit der Ausweisung von Nationalparks begonnen. Touristische Fahrten in Wüstengebieten werden stärker reglementiert, damit nicht nur Besuchern, sondern auch zukünftigen Generationen dieses einzigartige Ökosystem erhalten bleibt. Picknicken ist an vielen Orten noch erlaubt, das Übernachten nicht immer. Dafür sieht man in Naturschutzgebieten wie dem Dubai Desert Conservation Reserve auch wieder häufig Gazellen und Wüstenfüchse.

Abseits des Stadttrubels von Dubai breitet sich die Wüste wie ein faltiger, orangefarbener Teppich über das Land aus.

*Vereinigte Arabische Emirate*

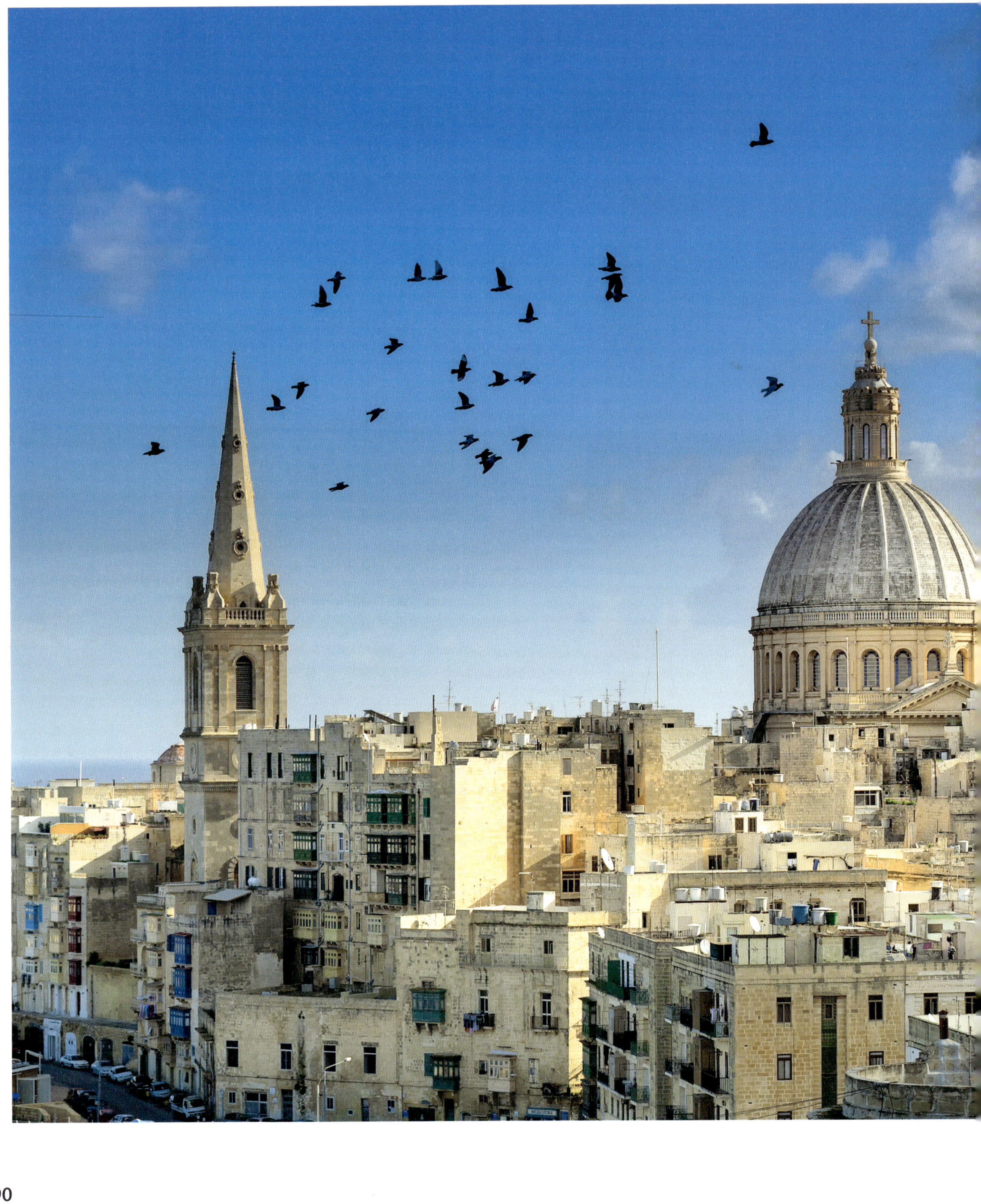

[22]

# Malta

Malta ist nie allein. Zu dem winzigen Land gehört noch ein faszinierender Miniarchipel mit den Inseln Gozo, Comino und Cominotto. Der Inselstaat, im Mittelmeer zwischen Sizilien und Afrika gelegen, ist ein Schmelztiegel der Kulturen, in dem auch Valletta, die kleinste Hauptstadt in der EU, ihren Platz findet.

Den Vögeln gleich schwebt der Blick über das mediterrane Flair von Valletta.

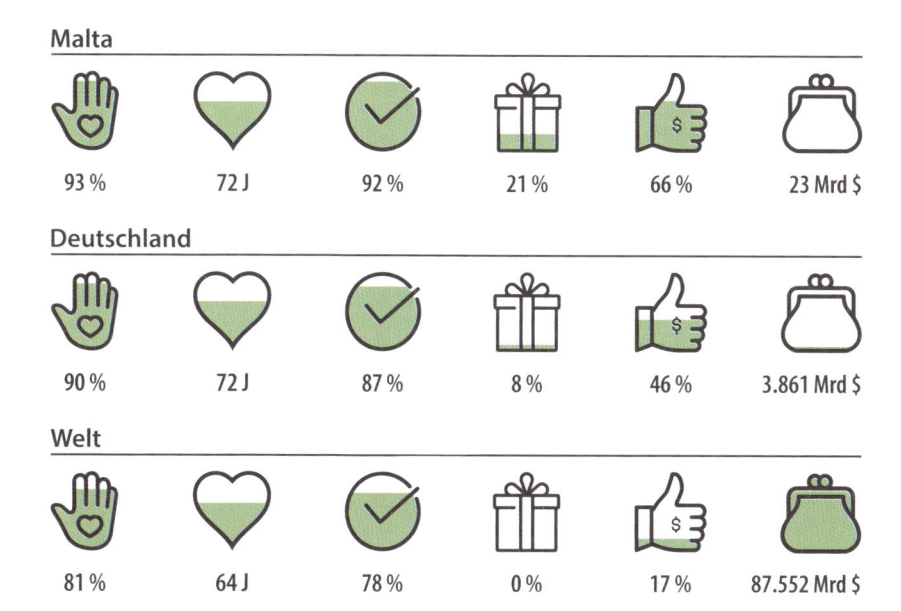

**Malta**

| ✋ | ♥ | ✓ | 🎁 | 👍 | 👛 |
|---|---|---|---|---|---|
| 93 % | 72 J | 92 % | 21 % | 66 % | 23 Mrd $ |

**Deutschland**

| ✋ | ♥ | ✓ | 🎁 | 👍 | 👛 |
|---|---|---|---|---|---|
| 90 % | 72 J | 87 % | 8 % | 46 % | 3.861 Mrd $ |

**Welt**

| ✋ | ♥ | ✓ | 🎁 | 👍 | 👛 |
|---|---|---|---|---|---|
| 81 % | 64 J | 78 % | 0 % | 17 % | 87.552 Mrd $ |

Tina Engler

# Der Insel verfallen – eine Liebeserklärung

Ich gestehe, ich bin der Insel verfallen und das immer wieder aufs Neue. Liegt es nun an dem besonderen Licht, das Filmemacher aus aller Welt anzieht, oder eher daran, dass ich, wenn mir alles einfach zu viel wird, einfach mal in der Blue Lagoon bei Comino abtauche und im türkis schimmernden Meer eine völlig neue Welt entdecke? Vielleicht ist der Grund aber auch, dass ich als stets reisende Nomadin und Abenteurerin hier endlich meine geografische Entsprechung gefunden habe? Und das ganz ohne Jetlag, denn Malta versammelt die ganze Welt, ein buntes Völkergemisch, auf engstem Raum und kleine Weltreisen sind in nur wenigen Stunden möglich. Der kleinste EU-Mitgliedsstaat umfasst gerade mal 320 Quadratkilometer und ist demnach in etwa gerade mal so groß wie das Bundesland Bremen, oder anders ausgedrückt, sehr überschaubar.

Als ich zum ersten Mal auf die Insel kam, war ich 21 Jahre alt und organisierte für Kunden eines Windsurfshops eine Surfreise an die Salina Bay in Qawra. Ich hatte zwar keine Ahnung vom Tourismus, aber der Wind und die Wellen waren perfekt und so waren alle Mitreisenden glücklich. Ich auch – und zwar vom ersten Moment an –, danach kamen viele weitere Reisen hinzu. Ich entdeckte jedes Mal neue Plätze und verliebte mich dabei immer ein kleines bisschen mehr in das Land. Mir gefiel schon damals die Mischung unterschiedlichster Kulturen und Religionen, die hier auf dem Mini-Eiland friedlich zusammenleben. Sie bescheren dem kleinen Staat eine Weltoffenheit, die man sonst selten findet.

Valetta, die Schöne, vereint, nach Rom, die größte Ansammlung historischer Bauwerke auf kleinstem Raum. Man stolpert durch enge kopfsteingepflasterte Gassen, vorbei an herrschaftlichen Palästen und Plätzen, trifft auf Schritt und Tritt auf Zeitzeugen vergangener Epochen – und das nicht nur in der Kapitale, sondern allerorts auf der Hauptinsel. Begehrt war Malta nämlich schon immer, Araber, Italiener, Franzosen und Engländer, sie alle besetzten im Laufe der Jahrhunderte die Insel, verschwanden dann wieder und ließen ein bisschen was von ihren Einflüssen da. Es ist wohl die Hinterlassenschaft der vielen Völker zwischen Orient und Okzident, die der Insel ihre Erhabenheit gibt und ihre Einwohner stolz, tolerant und ziemlich tiefenentspannt macht. Kein Wunder, denn es scheint, als wäre das Beste aus allen Welten auf der Insel verblieben: *Five o'Clock Tea* in den ehrwürdigen Cafés, wie dem traditionellen »Cafe Cortina« in Valetta, italienisches *Dolce Vita* an den Stränden von Golden Bay und Mellieha Bay, französisch lässiges *Savoir Vivre*, nebst ofenfrischem Baguette und *Café au Lait* an der St. Paul's Bay, oder ein frisch Gezapftes in den britischen Pubs von St. Julians, zudem afrikanisches Streetfood in Mdina. Wer hier nicht in einen glückseligen Sinnesrausch verfällt, hat irgendetwas falsch gemacht. Dazu die Architektur, verschiedenste Stile von Barock bis maurisch, die in ihrer Melange einzigartig sind. Genug von Erde und Monumentalbauten? Dann taucht man eben einfach unter: Die Tauchgründe bei Comino und Gozo zählen zu den Schönsten der Welt.

Man muss nicht lang überlegen, um zu verstehen, woher der Name *Blue Lagoon* herrührt.

Kronleuchter über von Topfpflanzen gesäumten Straßen? Das kann nur das malerische, etwas eigentümliche Valletta sein!

So schön Gozo zum Tauchen ist, so gut sollte man aufpassen – hier leben nämlich auch Feuerquallen.

# »Das Weben liegt mir im Blut.«

Bevor sie sich ihrer Leidenschaft, dem Weben, widmen kann, spinnt Alda Bugeja aus der Wolle feines Garn.

Alda Bugeja

# Fantasie mit Leidenschaft zu Glück verwebt

Weben gehört zu den ältesten Handwerkstätigkeiten im maltesischen Archipel. Für ihre Kunstfertigkeit waren die Weber von Malta und Gozo schon in prähistorischer Zeit berühmt. Bis vor wenigen Jahrzehnten gehörten Webstühle zum Inventar beinahe jedes Hauses. Gewebt wurde alles, was eine Familie an Textilem benötigte: Kleidung, Decken, Teppiche. Auch die maltesische Nationaltracht besteht aus handgewebten Stoffen. Doch neue Moden und Materialien, auch ein verändertes Bewusstsein haben gewebte Waren aus dem Alltag verdrängt.

Eine, die das ändern möchte, ist Alda Bugeja. Sie gilt als beste Weberin des Archipels. »Das Weben liegt mir im Blut«, sagt Alda, die sich schon früh an die Fersen ihrer Mutter Josephine heftete – »Eine großartige Frau! Sie hat die schönsten Dinge gewebt.« – und sich dabei neugierig alles abschaute. Mit fünf Jahren sitzt Alda bereits am Webstuhl. Mit sechs bekommt sie einen eigenen. Ihr erstes Webstück und ganzer Stolz ist eine Tasche, die sie mit ihrem Namen bestickt. Die Tasche wird zum ständigen Begleiter. Aldas Leidenschaft paart sich mit Fantasie: Traditionelle Techniken und Muster werden um frische Akzente bereichert. Als Zehnjährige arbeitet sie mit ihrer Mutter an einem prestigeträchtigen Kostümprojekt.

Ihr Talent, ihre außergewöhnliche Qualität bleiben nicht unbemerkt: Sie wird an die Universität eingeladen, um über ihr Handwerk zu dozieren. Und sie gibt Workshops für Interessierte, gibt ihr Wissen an die nächste Generation weiter. Es reift ein neues Bewusstsein um die Attraktivität handgefertigter Produkte. Und der guten Eigenschaften von Schafwolle, die – zu Teppichen oder Wandbehängen verwoben – helfen, Kälte in Häusern zu absorbieren.

Mehrfach werden Aldas Arbeit und ihr unermüdlicher Einsatz für den Erhalt der maltesischen Webkunst durch das Land ausgezeichnet. Inzwischen tritt die jüngste Tochter Antonella in die Fußstapfen der Mutter. Mit Talent setzt sie eine lange Familientradition fort. Beglückend, findet Alda. So bleibt altes Kulturgut lebendig.

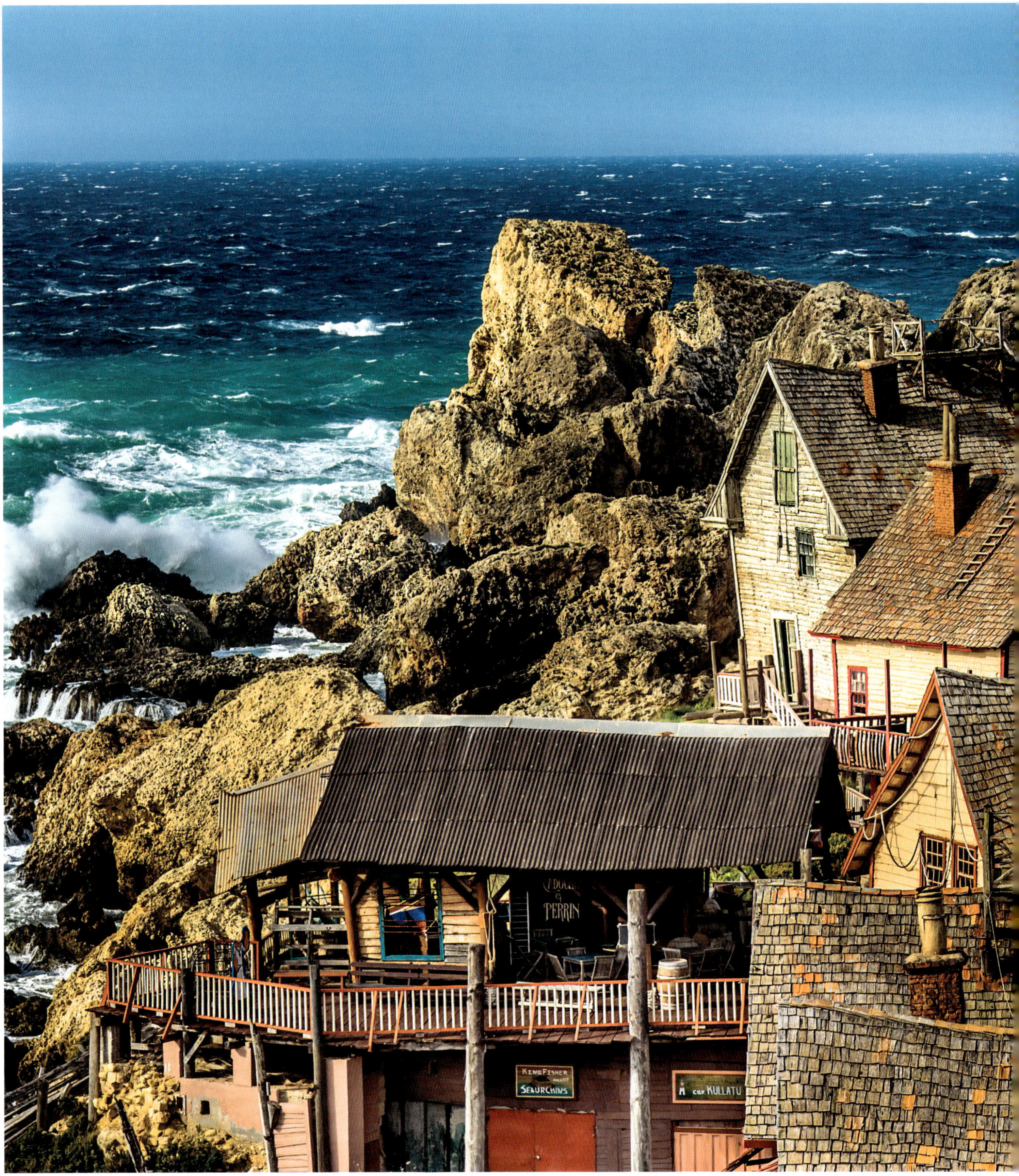
PERRIN
KINGFISHER
SEAURCHINS
cap. KULLATU

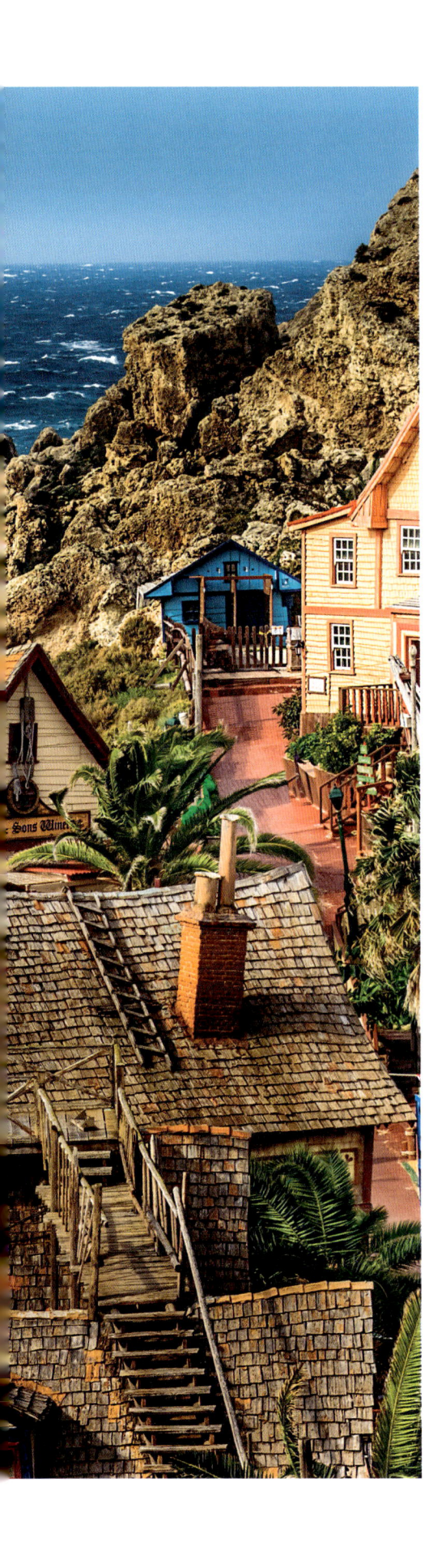

# Drehort Malta: »Klein Hollywood« lässt grüßen

Malta wartet nicht nur mit Kultur und historischen Bauwerken auf, sondern auch mit faszinierenden Landschaften, die ohne viel Aufwand als spannende Filmlocations dienen. Was für ein Mix! Kein Wunder, dass die Filmemacher der großen Blockbuster-Kinofilme diesen längst entdeckt haben. Der kleine Inselstaat ist inzwischen zu so einer Art »Mini Hollywood« avanciert. Mittlerweile tummeln sich fast ständig internationale Filmcrews auf der Insel, weil eigentlich permanent irgendwelche großen Filmproduktionen laufen. Und so kann es durchaus mal passieren, plötzlich Brad Pitt oder Tom Hanks beim Absacker in der Hotelbar zu treffen. Inzwischen ist Malta sogar einer der weltweit wichtigsten Drehorte: Von »Gladiator« mit Russell Crowe über »Game of Thrones«, Tom Hanks' »Da Vinci Code«, Steven Spielbergs »München« bis hin zu Wolfgang Petersens »Troja« oder »By the Sea« mit Angelina Jolie, sie alle haben eines gemeinsam: den Multi-Kulti-Staat als Drehort, natürlich eher inkognito. Die Insel bietet einfach »nur« die perfekte Kulisse – für das alte Rom, das Marseille des 19. Jahrhunderts oder auch mal das Beirut der 60er-Jahre. Eben eine für alle(s).

Im Nordwesten der Insel steht mit dem Popeye Village eine bekannte Kulissenstadt, 1979 wurde sie von Robert Altman errichtet.

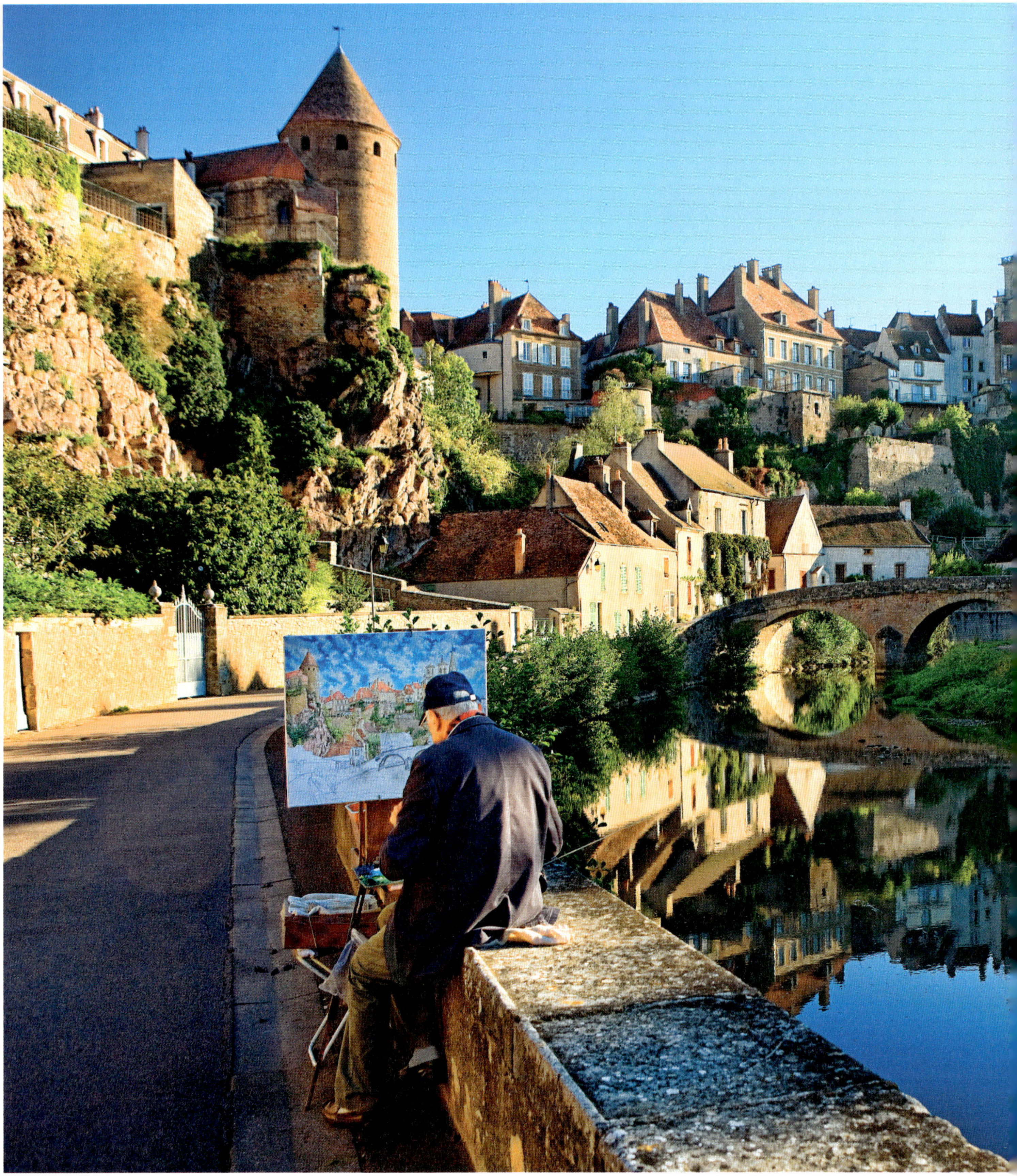

[ 23 ]

# Frankreich

Leben wie Gott in Frankreich – das heißt im Müßiggang flanieren und sich Zeit nehmen für die Schönheit, die uns umgibt. Das heißt genießen und Reichtum finden, an den schroffen Küsten der Normandie, den herrlich duftenden Lavendelfeldern und natürlich im Café der Welt à Paris!

Künstlerischen Seelen diente Frankreich seit jeher als Inspiration – hier Semur-en-Auxois.

### Frankreich

| 94 % | 74 J | 83 % | 0 % | 58 % | 3.228 Mrd $ |

### Deutschland

| 90 % | 72 J | 87 % | 8 % | 46 % | 3.861 Mrd $ |

### Welt

| 81 % | 64 J | 78 % | 0 % | 17 % | 87.552 Mrd $ |

*Frankreich*

»Wenn der liebe Gott sich langweilt, dann öffnet er das Fenster und betrachtet die Boulevards von Paris.«

Heinrich Heine

Katharina Erschov

# Savoir-faire – das »Gewusst-wie«

Paris, Paris, Paris, wie viele Lieder sind über dich gesungen, wie viele Bücher geschrieben und Filme gedreht worden und dennoch hörst du nicht auf zu entzücken! »Jeder kennt das sagenumwobene Paris, ohne je hier gewesen zu sein«, sagt meine Freundin Manon, als wir durch das Quartier St. Germain flanieren. »Es gibt sogar das ‚Paris Syndrom' – eine Depression, die eintritt, wenn Erwartungshaltung und Realität über die Stadt auseinanderfallen.« Meine Erwartungen erfüllt Paris immer, weil ich hier nicht mehr auf den Spuren der Geschichte bin, sondern auf der Suche nach Essen. Im »Les Deux Magots«, wo

Zum Sommerbeginn locken Cafés auf die Straßen von Saint-Germain.

einst bereits Ernest Hemingway, Umberto Eco und Albert Camus gebruncht und geschaffen haben, tunke ich ein Croissant in meine heiße Schokolade und genieße den Moment des Einfachen. Um den Palace de la Contrescarpe reiht sich ein Restaurant an das nächste und es entsteht der Eindruck, als seien die Pariser auch nur nach dem einen aus: der Gourmandise. Wir essen eine *Pho* im »Bonjour Vietnam«, weil Frankreich die Casserole für die Geschmäcker dieser Welt ist. Hier schmeckt die Suppe so, wie ich sie aus ihrer Heimat Vietnam kenne, das *Bulgogi* nach Koreas Würze und das Sushi wie in Japan, weil Franzosen das *savoir-faire* – das »Gewusst-wie« par excellence beherrschen. Neben all der kulinarischen Exotik sind die bunt bemalten Restaurants und Boutiquen mit den gestreiften Fensterläden im typisch französischen Stil märchenhaft verpackt und inzwischen selbst zu eigenständigen Sehenswürdigkeiten geworden. Das ist eben auch das *savoir-faire* der französischen Bevölkerung:

Aus dem Gewöhnlichen Besonderes entstehen zu lassen. »Ich denke, wir sind besessen von Perfektion«, sinnt Manon nach, während wir im »Le Barav« einen perfekten *Jambon cuit à la truffe* – einen Kochschinken mit Trüffel – essen. Für einen Besucher der Stadt ist diese Obsession mit der Perfektion ein Geschenk, weil sie sich in einer einzigartigen Qualität der Dinge widerspiegelt. Deshalb reise ich immer wieder gerne nach Paris, weil Schönheit im Detail liegt und Glück im Magen zu gedeihen beginnt.

Bertrand Larcher

# Glück im Teigmantel

Bretonisch, das war einmal pfui. Vielleicht, vielleicht auch nicht, weil die Sprache mit dem Walisischen, auch mit dem Kornischen verwandt ist und einst von Britannien aufs Festland Frankreichs zog. Mit Mann und Maus. Vielleicht gab es da Ressentiments. Wer weiß das schon noch so genau. Das bretonische Wort für Bretagne ist *Breizh*. Es klingt melodisch, ist einprägsam. Und so schön schlicht. Das passt sehr gut zu Bertrand Larcher. Er stammt aus der Bretagne, aus der Nähe der alten Festungsstadt Fougères. Auf einem Bauernhof, dort am Saum der Welt, wo die Gezeiten den Atlantik tief ins Land drücken, wuchs er auf. Bertrand ist ein Genussmensch, Spitzengastronom – jedoch ohne Chichi – und Herr der Pfannkuchen. Zutreffender wohl: Meister der *Krampouezhenn*.

*Galettes* ist die französische, *Krampouezhenn* die bretonische Bezeichnung für jene deftigen Buchweizenpfannkuchen, die zu den grundständigen bretonischen Gerichten gehören. *Crêpes* sind ihre süße Spielart. *Krampouezhenn* werden in etwas Gänseschmalz in gusseisernen Pfannen gebacken, hauchdünn, dann mit gesalzener Butter bestrichen. »Wir Bretonen mögen es eben herzhaft«, sagt Bertrand, der den Pfannkuchen in seinen *Crêperien*, die schlicht – und »bien sûr«! – »Café Breizh« heißen, zu ungeahnter Beliebtheit verholfen hat. Bis ins ferne Japan. Der Buchweizen macht's, der Alleskönner. Ohne Gluten ist er auch für die Empfindsamen ein bekömmlicher Gaumenkitzler.

Wie die Bretonen selbst, stammt auch der Buchweizen nicht aus Frankreich. Er kam aus Asien, doch schon vor so langer Zeit, dass sich heute niemand daran erinnert. Bertrand, der sich leidenschaftlich für die ökologische Landwirtschaft engagiert, baut ihn inzwischen wieder auf dem elterlichen Hof an. Für ihn ist der Buchweizen bretonisches Erbe. Und die *Krampouezhenn* ein Stück bretonischer Identität, die er sogar im Rang eines UNESCO-Weltkulturerbes sieht. Dafür legt er sich mächtig ins Zeug und hat etwa im Herbst 2020 das »Atelier de la Crêpe« in Saint-Malo eröffnet. Hier gibt er sein reiches Wissen rund um die Buchweizenpfannkuchen weiter: die richtigen Zutaten, das gefühlvolle Kneten des Teigs, das Ausbacken mit Augenmaß und das Finale: die Füllung. Bertrand, der Meister der *Krampouezhenn*, bildet nicht einfach nur angehende Crêpe-Bäcker aus. Bei ihm wird Glück im Teigmantel gebacken!

Bertrand, Bretagne, Buchweizen. Ein Dreigespann wie füreinander geschaffen.

Frankreich 203

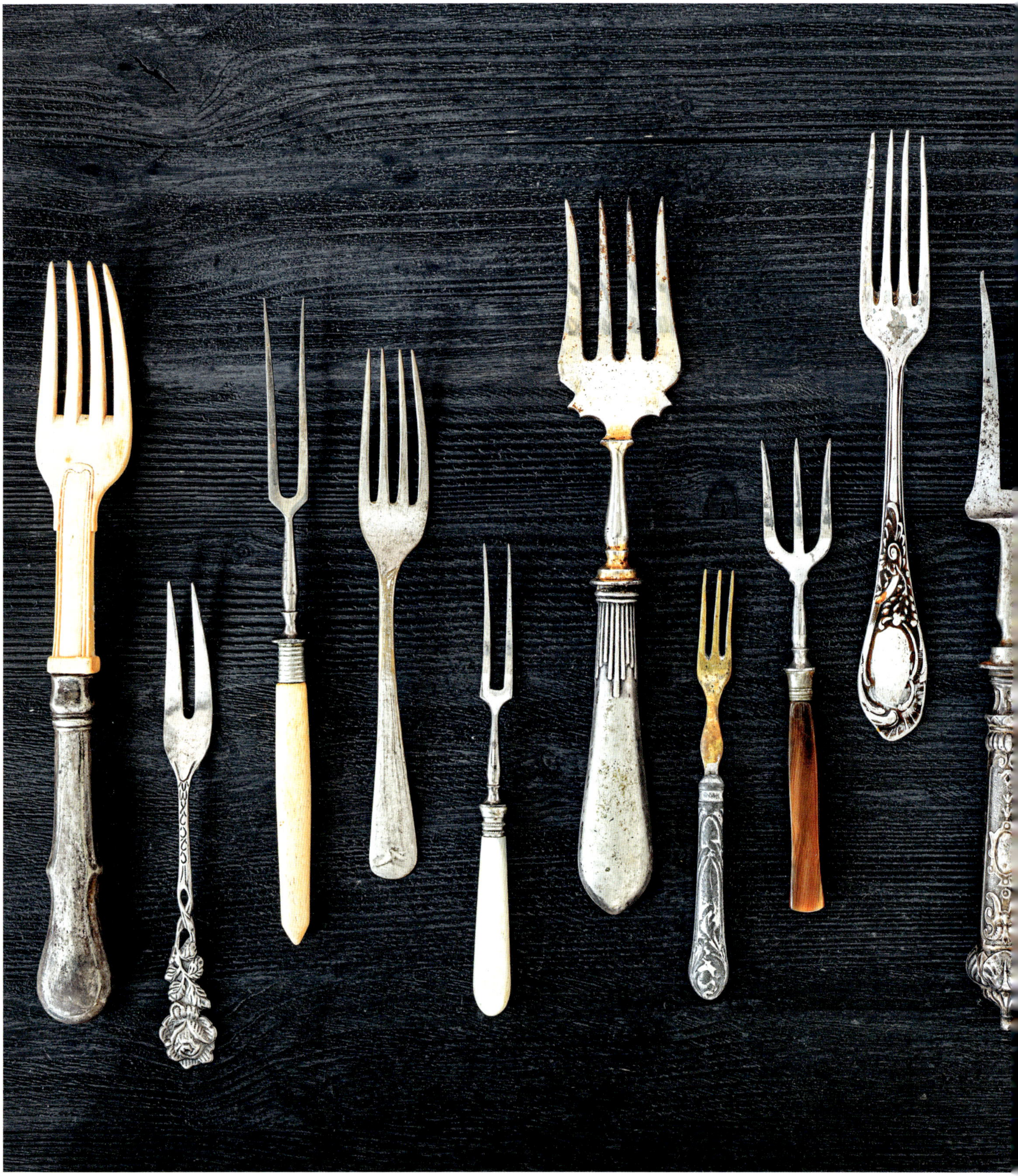

# Eine Gabel für Frankreich

Als Katharina de' Medici anlässlich ihrer Heirat mit Heinrich von Orléans in Marseille eintraf, war sie in Begleitung eines besonderen Gefährten: der Gabel. Das kleine Mitbringsel, sogleich in die Gesellschaft eingeführt, eroberte zügig alle Tafeln Frankreichs und verkomplizierte so manche Mahlzeit. Fünf Finger, die normalerweise im Kartoffelpüree landeten, wurden nun von einem silbernen Vierzack ersetzt, der den Verzehr der Mahlzeit verlangsamte und das Ritual des Speisens zivilisierte. Die Étiquette war geboren. Ludwig der XIV. war es, der die Regeln des sozialen Miteinanders strapazierte, indem er vor seinem Versailler Garten »Etiketten« anbringen hat lassen, die den feinen Rasen vor aristokratischen Trampelfüßlern schützen sollten. Wer die Grenzen der Etiketten übertrat, wurde heftig bestraft. Am Hofe Ludwigs diente die Étiquette zwar dazu, soziale Hierarchien zu etablieren, sie erschuf aber auch eine Kultur, in der die Grenzen seines Gegenübers ertastet und geachtet werden konnten.

»Ich denke, dass unsere sozialen Regeln sich permanent verschieben und mit der Zeit entwickeln«, sagt Innenarchitektin Natalie Lucchezzi. »In der Aristokratie wünschte man sich früher keinen guten Appetit. Wie absurd das heute wäre?!« In ihrer Schule des feinen Servierens lehrt Natalie alles rund um die Tischettikette und zeigt, wie man sich die *joie de vivre* auf den eigenen Tisch holt und somit das französische Lebensgefühl in den Alltag. Ihre Tischdekorationen sind prunkvoll und opulent wie zu Ludwigs Zeiten. »Nach außen wirkt meine Dekoration vielleicht perfekt etikettiert, in Wahrheit ist es aber bloß ein Ausdruck meiner Zugehörigkeit zu Frankreich, unseren Traditionen und unserer Geschichte. Es ist meine Hochachtung für die Entwicklung dieses Landes«, erklärt sie. Traditionell steht auf ihrer Tafel das *surtout de table* – ein Tablett, auf dem sich allerlei für den Gaumen oder bloß das Auge findet. Weil sich nach der Französischen Revolution die Esskultur Frankreichs änderte und seitdem die Speisen auf den Tafeln nicht mehr aufgereiht, sondern in Gängen serviert werden, entsteht viel Platz für kreatives Schaffen. »Das *surtout de table* ist meine kleine Insel der Fantasie und ich empfehle jedem, sich diesen Platz für ein kleines Herzstück auf dem Tisch zu schaffen.«

Noch nie über die Geschichte der Gabel nachgedacht? In Frankreich tut man es.

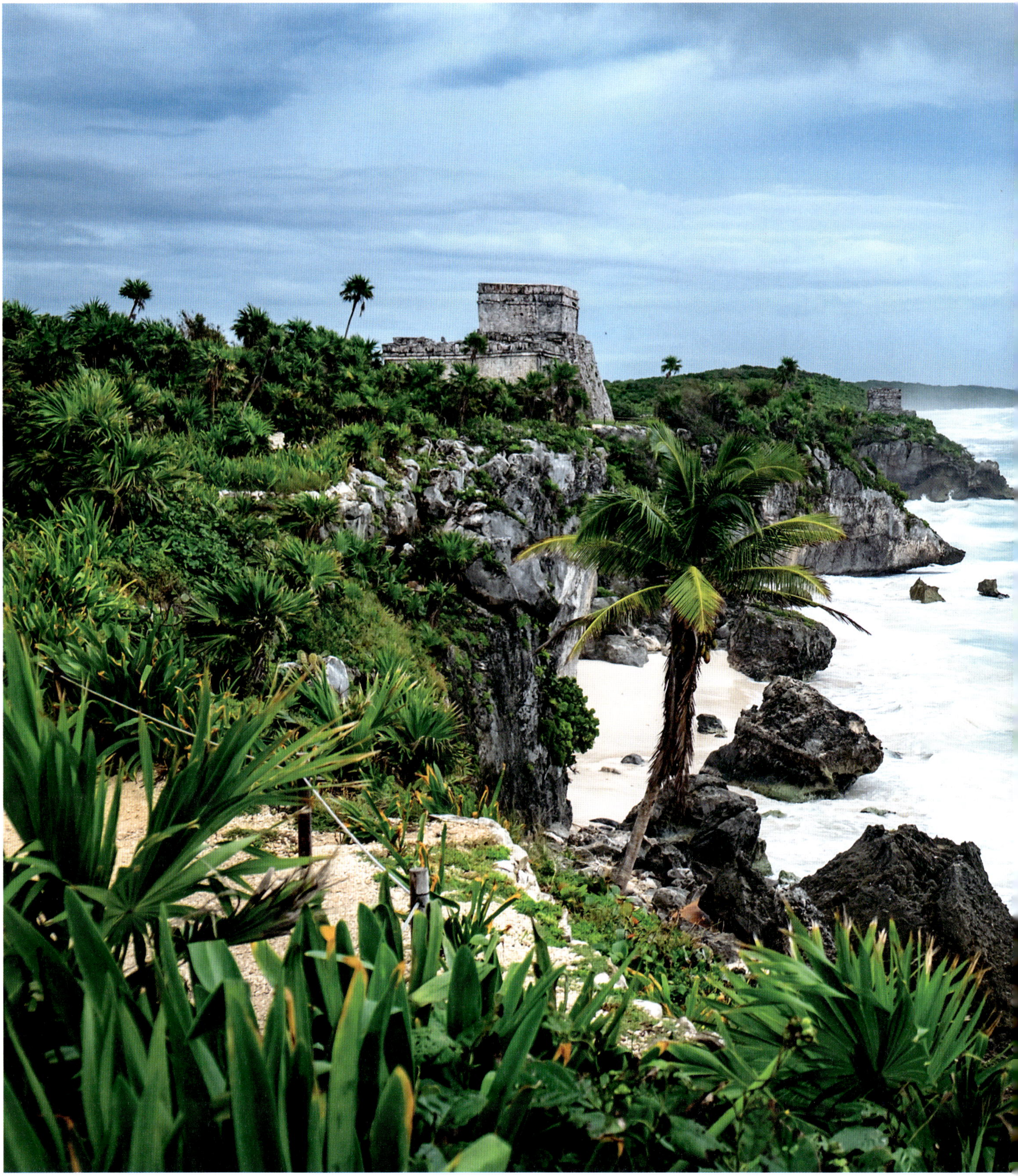

[24]

# Mexiko

Mexiko, zwischen Pazifik und Karibik gelegen, ist ein buntes Land voller Traditionen, Kultur, Natur, Karibik, Musik und feurigem Chili. Ein Staat, der von Gegensätzen geprägt ist und in dem das Familienleben nach dem Tod nicht aufhört. Den Soundtrack liefert die emotionale *Mariachi*-Musik.

Hochkulturen treffen an der Riviera Maya auf Karibikträume von türkisem Meer und Sandstrand.

**Mexiko**

| 84 % | 68 J | 86 % | 0 % | 81 % | 2.625 Mrd $ |

**Deutschland**

| 90 % | 72 J | 87 % | 8 % | 46 % | 3.861 Mrd $ |

**Welt**

| 81 % | 64 J | 78 % | 0 % | 17 % | 87.552 Mrd $ |

Über die Herkunft des Namens *La Casa Azul* muss man nicht lange nachdenken. Der Kontrast zum Grün und Rot ist pittoresk.

Farbenfroh und der Künstlerin angemessen, ist der Altar des Kahlo-Museums, *La Casa Azul*, am Tag der Toten geschmückt.

In Mexiko pflegt man ein gänzlich anderes Verhältnis zum Tod. Auch in Frida Kahlos Haus lässt sich das beobachten.

Tina Engler

# Auf den Spuren Frida Kahlos

Mexiko hat mich von Klein auf fasziniert. Erst durch die sehnsuchtsvollen *Mariachi*-Klänge, die mein Vater von seinen Reisen mit nach Hause brachte, später als Teenager entdeckte ich die Malerin Frida Kahlo, deren Biografien ich förmlich verschlang. Ihre Malereien – von einer unglaublichen Strahlkraft – faszinierten mich damals genauso wie heute. Oftmals schuf sie Selbstporträts, die sie zerbrechlich und stark zugleich zeigen, ihr geschundener Körper, gewandet in prachtvolle Kleider. Sie war eine verletzte Seele, die ihrem Innersten über ihre kraftvollen Werke Ausdruck verlieh. In einen ihrer Tagebücher notierte sie »Nichts ist fürs Leben wichtiger als das Lachen. Lachen bedeutet Stärke, Selbstvergessenheit und Leichtigkeit. Tragödien hingegen sind völlig albern.« Ihr Leben selbst allerdings war definitiv eine. Als Kind erkrankte sie an Polio und wurde von den Mitschülern als »Hinkebein« belächelt. Mit 18 Jahren wäre sie bei einem Tramunglück fast gestorben, durchbohrt von einer Eisenstange, die sie fortan in ein Stützkorsett zwang. Doch niemals gab sie auf, ihr Motor war ihre ungebändigte Kreativität und Lebensfreude – trotz allem, oder vielleicht gerade deshalb.

Als ich zum ersten Mal ihr Haus im Stadtteil Coyoacán in Mexiko-Stadt besuchte, welches mittlerweile zu einem Museum umfunktioniert wurde, empfing mich eine beinah dörfliche Ruhe. Während im Zentrum der gigantischen Millionenstadt Autos auf zehnspurigen Avenidas rauschen und der Smog sich beißend in den Atemwegen festsetzt, ist der beschauliche Stadtteil der entspannte Gegenentwurf – eine Art lebendiges Gemälde in Pastelltönen. Hier fällt es leicht, tief in die koloniale Atmosphäre früherer Jahrhunderte einzutauchen. Die engen Gässchen sind von bunten Häusern mit Blumen umrankten Innenhöfen gesäumt. Eines davon ist das sogenannte *Casa Azul*. In diesem »Blauen Haus« kam Frida 1907 zur Welt und verbrachte einen Großteil ihres Lebens an der Seite ihrer großen Liebe, dem Künstler Diego Rivera, bis sie 1954 dort verstarb. Das Haus ist auch heute noch eine grüne Oase, in der weiterhin die Hibiskusblüten wachsen, die sie sich immer ins Haar steckte. Hier fand sie Trost bei Affen und Papageien, wenn Diego mal wieder fremd ging, sie der Schwermut verfiel, dunkle Gedanken sie heimsuchten oder ihr ihre seelischen oder physischen Schmerzen zu stark wurden.

Die *Casa Azul* spiegelt die facettenreiche Seele Fridas wider. Es ist ein Gesamtkunstwerk, in dem jedes einzelne Stück eine bestimmte Bedeutung hat, mit einem permanenten Kontrast zwischen purer Heiterkeit und der ständigen greifbaren Nähe zum Tod, denn Totenköpfe und Skelette sind omnipräsent. Es ist eine Hommage an ihre Heimat Mexiko und an das Leben selbst, in all seinen Extremen. Durchdrungen von einer Energie, die mich jedes Mal wieder gefangen nimmt. Fast taumelnd, zwischen Glück und einer unbestimmten Sehnsucht fällt es mir schwer zu gehen, doch ich werde ja wiederkommen …

Topos
# Die Maulwürfe von Mexiko

Am Morgen des 19. September 1985, um genau sieben Uhr neunzehn, erschütterte ein Erdbeben der Stärke 8.1 auf der Richter-Skala die mexikanische Hauptstadt. Es dauerte nur zwei Minuten. Zwei Minuten, in denen sich Spannungen des Mittelamerikagrabens, die sich seit den verheerenden Beben vom Juni und September des Jahres 1911 aufgebaut hatten, gewaltig entluden. Zwei Minuten, die genügten, um das historische Zentrum in Schutt und Asche zu graben. Danach legte sich eine gespenstische Stille über die Stadt. Wie viele Menschen starben, wurde nie genau ermittelt. Vermutungen gehen über die 10 000 hinaus. Eine Viertelmillion wurde obdachlos.

Im ersten Chaos und ohne aktivierten Katastrophenschutzplan des Präsidenten, der dafür stark kritisiert wurde, begannen Anwohner Verschüttete zu bergen und Hilfsgüter zu verteilen. Dies war die Geburtsstunde der Topos – zu Deutsch Maulwürfe –, der bis heute mehrfach ausgezeichneten und gewürdigten freiwilligen Rettungsbrigade.

Hochmotivierte, eingespielte Teams, die zu wöchentlichen Trainings und Schulungen zusammenkommen. Gemeinnützige Erstretter, die jederzeit einsatzbereit sind. 200 allein in Mexiko-Stadt. Schon bei mehr als 24 Einsätzen weltweit, unterstützten die mexikanischen Topos – offiziell Brigada de Rescate Topos Tlaltelolco – lokale Retter im Katastrophenfall. Spezialisiert sind sie auf Erdbeben und kamen beispielsweise 1999 in Tawain beim Jiji-Beben als Retter zum Einsatz, 2009 auf der indonesischen Insel Sumatra oder 2010 beim verheerenden Beben auf Haití, um Verschüttete zu bergen. Immer dabei: eigens ausgebildete Rettungshunde.

Die *Topos* riskieren nach Erdbeben, wie hier in Juchitan de Zaragoza, ihr eigenes Leben bei der Suche nach Verschütteten.

*Mexiko* 211

# Picknick auf dem Friedhof - der Tag der Toten

Der Tod gehört zum Leben dazu. Nirgends wird diese Tatsache augenscheinlicher zelebriert als am *Dia de los Muertos*, dem Tag der Toten, der alljährlich zum 1. November, gefeiert wird. Dann verwandeln sich Friedhöfe in fröhliche Partylocations, die bunte Straßenparade wird vom Sensenmann angeführt und Kinder verkleiden sich als Skelette. Das klingt für uns vielleicht etwas makaber, ist jedoch fest in der Mentalität der mexikanischen Bevölkerung verankert und letztendlich nichts Anderes als ein Hoch auf das bunte Leben, das hier nie zu enden scheint.

Jedes Jahr zu Allerheiligen wird es voll auf den Friedhöfen des Landes. In der Nacht treffen sich die Familien, um der Toten zu gedenken. Allerdings geht das zum Teil mit ohrenbetäubendem Lärm vonstatten, denn viele haben ihre Ghettoblaster dabei, um ihren Ahnen die Lieblingsklänge zu Ohren kommen zu lassen, manch einer bucht sogar eine *Mariachi-Combo*. Jeder bringt etwas mit, bevorzugt die Lieblingsspeisen der Verstorbenen, schließlich will man sie ja erfreuen. Da darf auch der Tequila nicht fehlen und der fließt in dieser Nacht in Strömen. Ein heiteres Happening, das – da ist sich die Partycrowd sicher –, die Verstorbenen glücklich macht. Deshalb erhalten diese auch viele Geschenke. In den Bäckereien türmen sich leckere Marzipanschädel und Schokoladenskelette aller Größen, neben dem *Pan de Muerto*, dem Totenbrot, die Lieblingssnacks zu dieser Zeit. In Mexiko hält sich seit Urzeiten die Legende, dass auch die Toten all das genießen können, was ihnen bereits vor ihrem Ableben Freude bereitet hat. Welch schöner Gedanke und irgendwie tröstlich, dass man im Jenseits nichts vermissen wird. Der mexikanische Tag der Toten holt das Sterben mitten ins pralle Leben und gehört dazu, wie die Geburt. Am *Dia de los Muertos* feiert man nicht nur die Verstorbenen, sondern vor allem auch das Geschenk des Lebens: schrill, fröhlich und laut.

Alles andere als trist begeht man in Mexiko den *Día de los Muertos,* so auch in Oaxaca.

Mexiko 213

河街237號
上順珠寶銀樓
韓國館
aida
美夢成真
永和
饒河街
RaoHe St.
饒河街觀光夜市
Raohe St. Night Market
蟹脚
蟹肉
媽祖廟口
服務台

[ 25 ]

# Taiwan

Schon zum sechsten Mal ist Taiwan die glücklichste Nation Ostasiens. Das meldet der *World Happiness Report* der Vereinten Nationen 2021. Hightech, das ist für viele Menschen im Westen das Synonym für dieses Eiland mit seinen weißen Stränden, grünen Reisfeldern und hohen Bergen.

Der Nachtmarkt in der Raohe Street ist ein allabendlicher Anziehungspunkt in Taipeh.

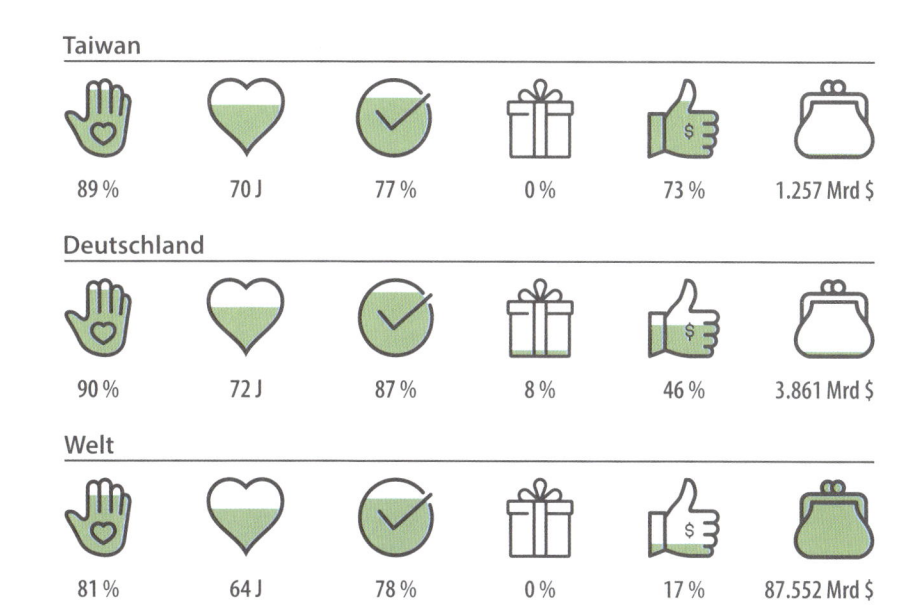

**Taiwan**

| 89 % | 70 J | 77 % | 0 % | 73 % | 1.257 Mrd $ |

**Deutschland**

| 90 % | 72 J | 87 % | 8 % | 46 % | 3.861 Mrd $ |

**Welt**

| 81 % | 64 J | 78 % | 0 % | 17 % | 87.552 Mrd $ |

*Taiwan* 215

Brigitte Heusel

# Auf der schönen Insel

*Ilha formosa*, schöne Insel, so nannten portugiesische Seefahrer das Eiland im Pazifik. Ich biege in einen schmalen Weg ein, der steil bergauf führt. Die letzten Häuser Taipehs hinter mir lassend, trete ich ein in Dämmerlicht. Es ist heiß und feucht. Zikaden zirpen. Die hohen Bäume links und rechts des Pfades bilden ein dichtes Blätterdach über mir. Eine üppige Pflanzenwelt entfaltet sich. Immer wieder erblicke ich die großen, prächtigen Baumfarne, die so typisch für die Wälder Taiwans sind. Nach einem schweißtreibenden Aufstieg erreiche ich einen kleinen Tempel. Bei einer Schale heißen Tees genieße ich die tolle Aussicht. Blauer Himmel wölbt sich über ein tief eingeschnittenes Tal. Üppiges Grün bedeckt die steil abfallenden Berghänge. Die dicht gedrängten Häuser der Großstadt und ihre Geräusche sind weit weg. Glücklich stimme ich den portugiesischen Seefahrern zu.

Eine Fahrt mit dem Bus entlang der Ostküste Taiwans raubt mir immer wieder fast den Atem. Die schmale Straße, teilweise in den Stein gehauen, führt hoch oben an fast senkrecht abfallenden Felswänden entlang. Tief unten brechen sich die Wellen des Pazifik. Weiter geht es durch die bizarr zerklüftete Taroko-Schlucht mit überhängendem Grün, kristallklaren Gebirgsbächen und abenteuerlichen Pfaden.

Entlang des breiten, dicht besiedelten Küstenstreifens im Westen der Insel führt mich mein Weg zurück nach Taipeh, dem politischen und kulturellen Zentrum von Taiwan. Meine Freunde aus Studententagen erwarten mich und wir bummeln durch die Großstadt, die heute besonders von modernen Bauten geprägt ist. So war der 508 Meter hohe Wolkenkratzer »Taipei 101« bis 2007 das höchste Gebäude der Welt. Zwischendrin erinnern liebevoll restaurierte Gebäude an die 50-jährige Kolonialherrschaft Japans, die 1945 endete.

Auf dem schattigen Vorplatz eines prächtigen Tempels erlauben wir uns eine kurze Rast, als uns ein lautes Feuerwerk und das Schlagen von Trommeln und Gongs aufschrecken lässt. Ganz in der Nähe werden mit diesem traditionellen Spektakel die Götter zum Tempelfest begleitet. Aufwändige Masken, Kostüme und, heute durchaus moderne Musik und Tänze gehören zum Fest ebenso wie ein Jahrmarkt. Laut, bunt und voll Lebensfreude, so feiern die Einwohner Taipehs das Fest. Gäste sind herzlich willkommen. Fröhlich mischen wir uns unter die Besucher.

Später schlendern wir in der Altstadt unter Arkaden der Wohn- und Geschäftshäuser entlang und begutachten die Auslagen der vielen kleinen Läden. Bei einer Tasse Oolong-Tee erfahre ich die wechselvolle Geschichte Taiwans nach dem Zweiten Weltkrieg, von der Aufhebung des Kriegsrechts 1987 und dem friedlichen Weg in die Demokratie. Stolz weisen meine Freunde darauf hin, dass das Verfassungsgericht gerade die gleichgeschlechtliche Ehe der heterosexuellen Ehe gleichstellte – zum ersten Mal in einem asiatischen Land. Ein großer Erfolg, denn vor rund 20 Jahren demonstrierte nur einer kleiner Kreis für die Rechte Homosexueller. Heute ist die Taiwan-Pride die größte LGBTQI*-Parade Ostasiens. Und auch die erste Transgender-Ministerin weltweit wirkt in Taiwan.

Es wird Abend. Wie viele Taipeher besuchen auch wir einen der Nachtmärkte. Neben günstigen Textilien, Haushaltsartikeln, Spielwaren und Modeschmuck ist es vor allem die Riesenauswahl an ausgezeichneten und preiswerten Speisen, die allabendlich ein großes Publikum anzieht. Gerichte sämtlicher Küchen Chinas, Köstlichkeiten aus Japan, Korea und dem Westen, frische Meeresfrüchte und Fisch, allerlei Süßspeisen, knackiges Obst und frischgepresste Säfte – die Wahl fällt uns schwer. Soll es ein Milchshake mit Papaya oder doch lieber Bubble Tea sein? Wir schauen uns lange um, kaufen ein und essen. In einer der vielen Bars der noch immer hell erleuchteten Stadt lassen wir den Tag fröhlich ausklingen.

Bei aller Zukunftsgewandheit, vergisst die Insel nie ihre Wurzeln und die alten Glücksorte, die man oft inmitten der Natur findet.

Im Qingshui District hat man die Qual der Wahl, welche Köstlichkeiten man zuerst probieren soll.

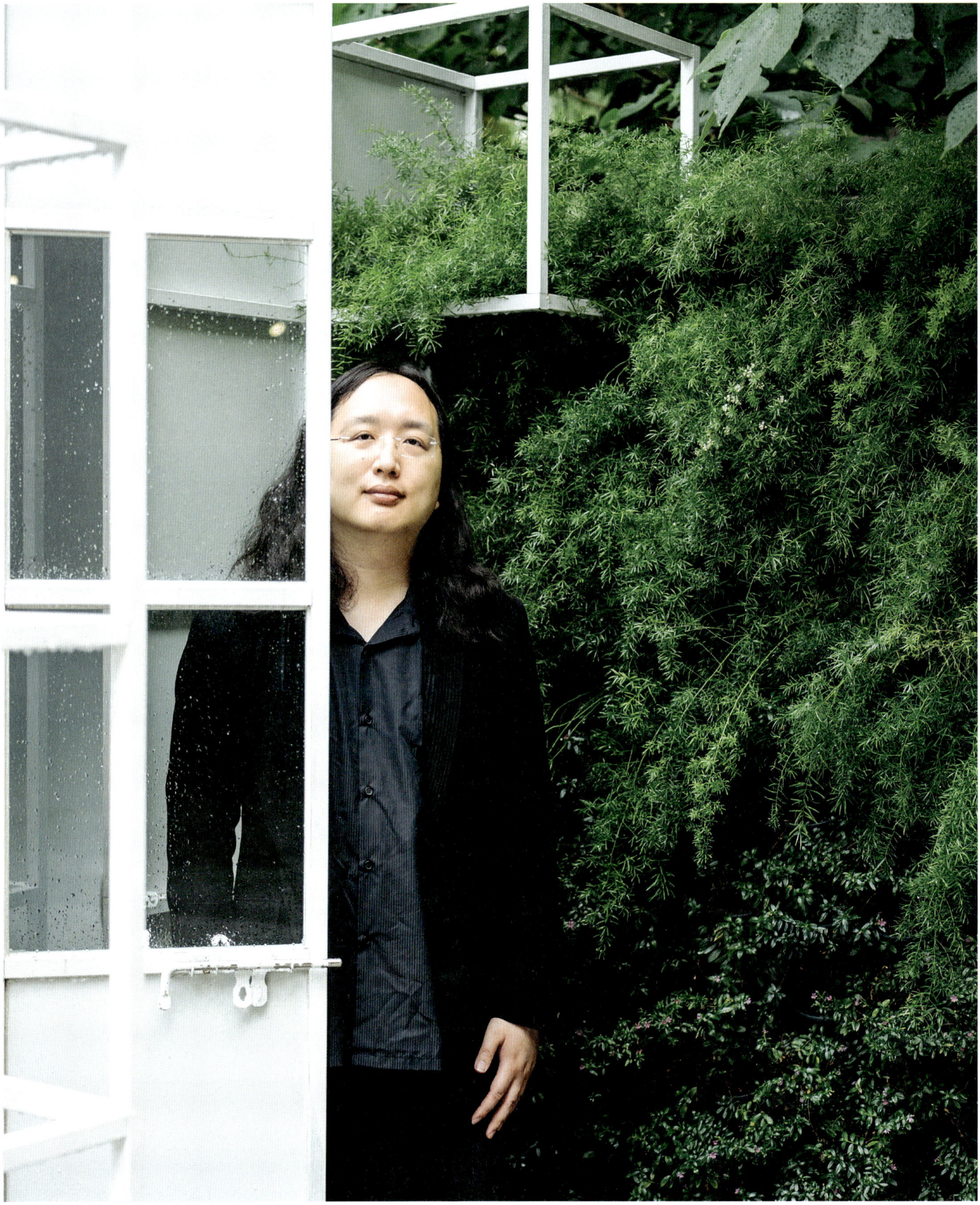

Audrey Tang

# Die unkonventionelle Ministerin

Auf die Frage nach ihren Helden antworten viele Taiwaner: »Ganz klar, Audrey Tang!« In unseren Medien ist sie inzwischen eine beliebte Interviewpartnerin. Nicht nur im Kampf gegen die Corona-Pandemie erzielte die junge Digitalministerin aus Taiwan Erfolge, gemeinsam mit der Bevölkerung. Sie ist auch die erste Transgender-Ministerin weltweit.

1981 wurde Audrey Tang in Taipeh geboren. Als Wunderkind konnte sie früh lesen, begann im Alter von acht Jahren zu programmieren und brach mit 14 die Schule ab. Alles, was ihr wichtig war, lernte sie aus und mit dem Internet. Sie gründete mehrere Start-ups und wirkte schließlich fast ein Jahrzehnt als Beraterin namhafter IT-Unternehmen im US-amerikanischen Silicon Valley. 2005 glich sie ihr Geschlecht an und änderte ihren Vornamen zu Audrey. Als *post-gender*, wie sie sich selbst bezeichnet, setzt sie sich für die Auflösung der Geschlechterkategorien und der damit einhergehenden Machtstrukturen ein.

Audrey Tang war mit dabei, als 2014 gegen ein Handelsabkommen mit der Volksrepublik China erfolgreich demonstriert wurde. Zwei Jahre später gewann die Demokratische Fortschrittspartei (Democratic Progressive Party) die Wahlen. Präsidentin Tsai Ying-Wen holte mehrere Personen der Protestbewegung, darunter die parteilose Audrey Tang, in ihr Kabinett.

Heute wehrt sie nicht nur Cyberattacken aus dem Ausland ab, sondern treibt zudem den digitalen Ausbau voran und stärkt damit die Wirtschaft des Landes. Ihr Ziel ist es, Taiwan zu einer digitalen Demokratie zu machen. Sie kreierte Internetplattformen, um Regierungsbeschlüsse und -maßnahmen transparent zu machen. Alle Bürger haben so die Möglichkeit, soziale und politische Themen zu diskutieren und Lösungsvorschläge bei Problemen einzubringen. Bei der Bevölkerung findet dies großen Anklang, gerade bei der jüngeren Generation. Audrey Tang will so für die persönliche Freiheit, politische Partizipation, das Recht auf Internet und freie Wahlen sorgen – Themen, die ihr besonders am Herzen liegen. Denn was für viele heute selbstverständlich ist, wurde in Taiwan erst 1987 ins Rollen gebracht, als das Kriegsrecht, das seit 1949 galt, aufgehoben und damit eine langsame Demokratisierung eingeleitet wurde.

Beim ersten großen Rockfestival 2021, dem Megaport Festival, trat Audrey Tang gemeinsam mit der Band Chthonic auf. Über 90 000 Rock-Fans kamen. Chthonic mit ihrem Frontmann Freddy Lim, ebenfalls parteiloses Kabinettsmitglied seit 2016, waren wiederholt auch in Wacken, Deutschland zu erleben.

Transparente Politik und die Digitalisierung sind die Ziele, für die Audrey Tang kämpft.

# Rücksicht Made in Taiwan

Es ist Rush Hour. Der Bus ist voll. An der nächsten Station steigt eine junge Frau mit einem etwa siebenjährigen Mädchen ein. Das Kind trägt einen Schulranzen, hat einen langen Schultag hinter sich. Ein Herr um die 70 sieht Mutter und Tochter einsteigen, erhebt sich von seinem Platz in der fünften Reihe. Er sagt lächelnd zu der Kleinen: »Bitte setze Dich.« Das Kind bedankt sich und nimmt erschöpft Platz.

Szenen wie diese sind in den U-Bahnen und Bussen Taiwans alltäglich. Nicht nur den älteren Mitbürgerinnen und -bürger werden höflich Sitzplätze angeboten, sondern auch Kindern und ihren Müttern.

Auch Hilfsbereitschaft wird auf der Insel groß geschrieben: Stellen Sie sich vor, Sie stehen an einer Ampel. Es beginnt zu regnen. Sie suchen in Ihrer Tasche verzweifelt nach dem Schirm. Da wird von hinten oder von der Seite ein schützendes Dach über ihr Haupt gehalten! Ein netter Herr oder eine freundliche Dame geleiten Sie gut beschirmt auf die andere Straßenseite, nehmen Ihren Dank mit einem Lächeln und einem Kopfnicken an und gehen ihrer Wege.

Hilfsbereitschaft kann so vieles sein und fängt schon bei den kleinen Dingen an: Sei es auch nur ein schützender Regenschirm.

Taiwan 221

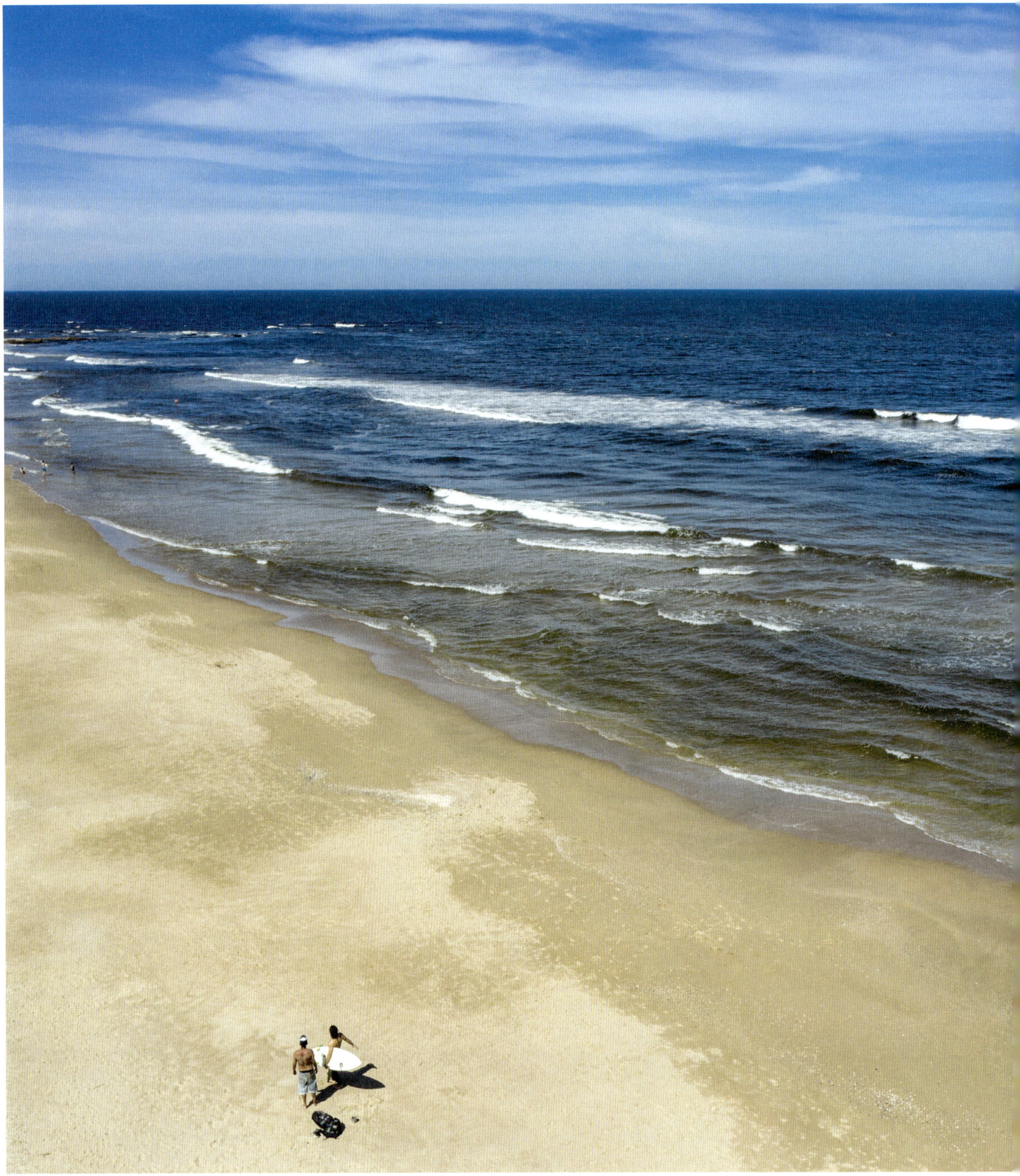

[ 26 ]

# Uruguay

Mit Stabilität und sozialer Gerechtigkeit macht man keine Schlagzeilen. Deshalb fällt den meisten zu Uruguay auch nicht sonderlich viel ein. Dass es traumhaft leere Strände, Flüsse, die Ozeanen gleichen, bezaubernde Kolonialstädte und Jugendstilbauten in sich vereint? Ein gut gehütetes Geheimnis. Zum Glück!

Andernorts müsste man solch schöne Strände mit Touristenscharen teilen – nicht in Uruguay!

**Uruguay**

| 92 % | 69 J | 89 % | -0,10 % | 64 % | 77 Mrd $ |

**Deutschland**

| 90 % | 72 J | 87 % | 8 % | 46 % | 3.861 Mrd $ |

**Welt**

| 81 % | 64 J | 78 % | 0 % | 17 % | 87.552 Mrd $ |

Ulrike Wiebrecht

# Wo Lebensqualität für Entspannung sorgt

Blaue, hellrosa oder sanft brombeerfarbene Häuser im Kolonialstil, kopfsteingepflasterte Straßen und rot blühende Ceibo-Bäume: Das sind meine ersten Eindrücke von Uruguay, als ich im Hafen von Colonia del Sacramento von Bord gehe. Die älteste Stadt des Landes gleicht einem Pastellgemälde. Zu Recht gehört sie zum Welterbe der UNESCO. Ihrem Charme bin ich schnell erlegen. Allerdings auch froh, nach einem Tag wieder weiterzufahren. An schönen Wochenenden kommen scharenweise Argentinier mit dem Schnellboot von Buenos Aires herüber. Dann ist es mit dem trauten Idyll in der malerischen Calle de los Suspiros, der Seufzerstraße, vorbei.

Immerhin ist Colonia ein fulminanter Auftakt für ein Land, von dem die meisten nur Klischees im Kopf haben, wie die endlose, flache Pampa, in der Millionen von Rindern weiden. Wann nimmt die Welt schon mal Notiz vom kleinsten spanischsprachigen Land Südamerikas? Ja, 1950, als es in einem legendären Endspiel Brasilien in der Fußballweltmeisterschaft besiegte. Oder 2013, als das Parlament dort Marihuana legalisierte. Aber sonst? Glänzt es in den Medien durch Abwesenheit. Weil es nicht wie seine Nachbarn von einer Krise in die nächste schlittert. Und weil es erstaunlich viel Lebensqualität aufweist.

Wie entspannt es sich hier lebt, erfahre ich auch oder gerade in der Hauptstadt. Manche bezeichnen Montevideo als verschnarcht. Ich würde sagen: herrlich unaufgeregt. Wohin ich schaue, sitzen Menschen entspannt auf Plätzen und in Parkanlagen, plaudern miteinander und reichen dabei Becher herum. Nicht mit Bier. Mit Mate-Tee! Kaum einer, der ohne seine Thermoskanne mit heißem Wasser, der typischen Kalebasse und dem Kraut der Ureinwohner aus dem Haus geht, um sich nach bewährtem Ritual immer wieder den bitter-herben Tee aufzugießen, der scheinbar Glückshormone freisetzt.

Ich habe nicht das Gefühl, in einer Metropole mit mehr als 1,3 Millionen Einwohnern zu sein. Rundum sorgen kilometerlange – meist leere – Strände für Entspannung. Und selbst im Zentrum, wo sich wunderbare Art-déco-Bauten und neoklassizistische Paläste um die Plaza de la Independencia reihen, frönen die Menschen den kleinen Freuden des Alltags.

Im Mercado del Puerto, der großen Markthalle am Hafen, finden filmreife Fleischorgien statt. Schon von Weitem zieht einem der intensive Geruch von gegrillten Steaks in die Nase. Im Inneren stapeln sich rohe Würste und teils noch blutige Fleischfilets, die man sich gleich an Ort und Stelle brutzeln und mit einem Glas Wein servieren lassen kann. Ein Totalangriff auf die Sinne, der mich zusammenzucken lässt!

Nein, das ist mir dann doch zu heftig. Da geselle ich mich lieber zu den Zartbesaiteteren, die nach Sonnenuntergang auf den Straßen Tango tanzen. Buenos Aires ist ja keineswegs die einzige Stadt, die Anspruch auf dieses immaterielle UNESCO-Welterbe erhebt, und hat ihm sogar ein Museum gewidmet. Benannt ist das Museo de la Cumparsita nach einem der berühmtesten Tangos, der hier aus der Taufe gehoben wurde. Im nahen Tacuarembó soll auch die Tango-Legende Carlos Gardel geboren worden sein. Wer sich so innig umarmt wie die Tänzer auf den Straßen, dem vergeht jeglicher Unmut. Wen wundert es dann noch, dass in Montevideo der längste Karneval der Welt gefeiert wird?

Auch in Uruguays größtem Weingut wird regelmäßig zum Tanz aufgespielt – natürlich zum Tango.

Den Flair vergangener Zeiten kann man in Colonia del Sacramento atmen.

Jörg P. A. Thomsen

# Museumsgründer aus Freundschaft

Es ist schon eine unglaubliche Geschichte: 72 Tage lang haben 16 Menschen im Jahr 1972 nach einem Flugzeugabsturz bei minus 30 Grad Celsius überlebt. An einem Ort, irgendwo in den Anden, auf 4000 Metern Höhe.

Wenn ihnen das gelungen ist, dann nur deshalb, weil sich die Mitglieder der Rugby-Mannschaft, die auf dem Weg zu einem Freundschaftsspiel in Chile waren, von den Leichen ihrer Kameraden ernährt haben, die beim Absturz oder kurz danach ums Leben gekommen waren. Es hört sich schrecklich an. Und zugleich wie ein Wunder. Dass sich dieses »Wunder der Anden« inzwischen im Museo de los Andes besichtigen lässt, ist Jörg P. A. Thomsen zu verdanken. Er war mit einigen der Betroffenen befreundet und konnte die Geschichte einfach nicht vergessen. So restaurierte er einen vom Verfall bedrohten Stadtpalast in Montevideo und zeichnete die Umstände des Flugzeugunglücks liebevoll mit Fotos, Dokumenten, wissenschaftlichen Begleittexten, Videos und Originalteilen des Flugzeugs nach. Tatsächlich braucht keiner Angst zu haben, ein Gruselkabinett zu betreten. »Hier geht es nicht um Nekrophagie, sondern um Ziele im Leben. Und um Werte wie Solidarität, Teamgeist, Mut, Tatkraft, Ausdauer und Vertrauen, für die meiner Meinung nach Uruguay steht«, sagt der deutsch-uruguayische Museumsgründer.

Doch neben dem Stolz auf die Leistung der Überlebenden hätten ihm auch immer die 29 anderen Menschen leidgetan, die dabei umkamen und in Vergessenheit gerieten. Ihnen wollte er eine Art Denkmal setzen. »Du bist der Erste, der nach so vielen Jahren nach meinem Sohn gefragt hat«, dankte ihm eine Mutter und spendete Geld für das Projekt. Damit hat Thomsen tatsächlich noch ein weiteres Wunder vollbracht: Familien von Opfern und Geretteten, die jahrelang fast verfeindet waren, fanden durch die behutsame Aufarbeitung der Geschichte wieder zueinander. Eine späte, aber wichtige Versöhnung. Mehr kann ein Museum wohl kaum leisten!

Text und Bild führen den Besuchern des Museo de los Andes die Geschehnisse vor Augen, Gründer Thomsen erzählt, was ihm von seinen Freunden berichtet wurde.

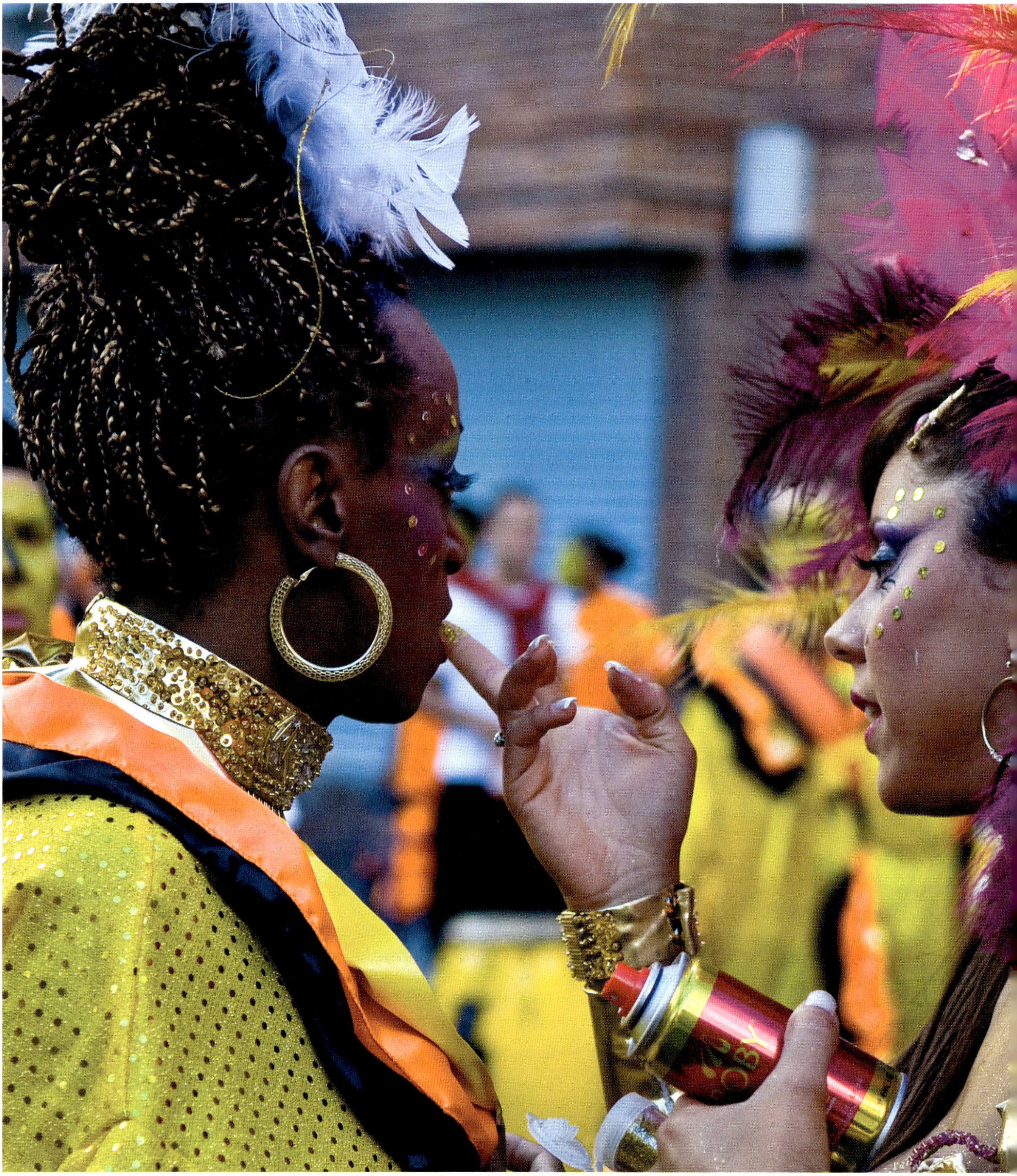

# Karneval der Superlative

Nicht Brasilien, nicht Venedig oder Köln, nein, Uruguay feiert den längsten Karneval der Welt. Über 40 Tage dauert das ausgelassene Treiben. Es beginnt Ende Januar, wenn sogenannte *Comparsas* – Gruppen von Tänzern und Musikern – durch die Straßen ziehen. Bis in die hintersten Ecken sind die Rhythmen ihrer *Candombe* genannten Trommeln zu hören, die einst von Sklaven ins Land gebracht wurden und heute zum immateriellen Welterbe der UNESCO gehören. Ihren Höhepunkt erreichen die Umzüge im Februar beim großen Desfile de Llamadas mit riesigem Trommelwirbel, an dem um die 2 000 Musiker mitwirken. Anschließend treten die *Murgas* genannten Karnevalsgruppen in Theatern und anderen Gebäuden in Aktion: Mit prachtvollen Kostümen, grimmigen Masken und schrillen Klängen machen sich die kleinen Ensembles von Sängern und Perkussionisten über Politiker lustig, prangern Missstände an und gießen jede Menge Spott über die Zuschauer aus. Außerhalb der Karneval-Saison lassen sich im Museo del Carnaval fantasievolle Kostüme und andere Requisiten bestaunen, die einem eine gute Vorstellung von der langen Karnevalstradition geben.

Teilnehmerinnen am Karneval in Montevideo verleihen sich mit goldenem Glitzer den letzten Schliff, dann kann es losgehen.

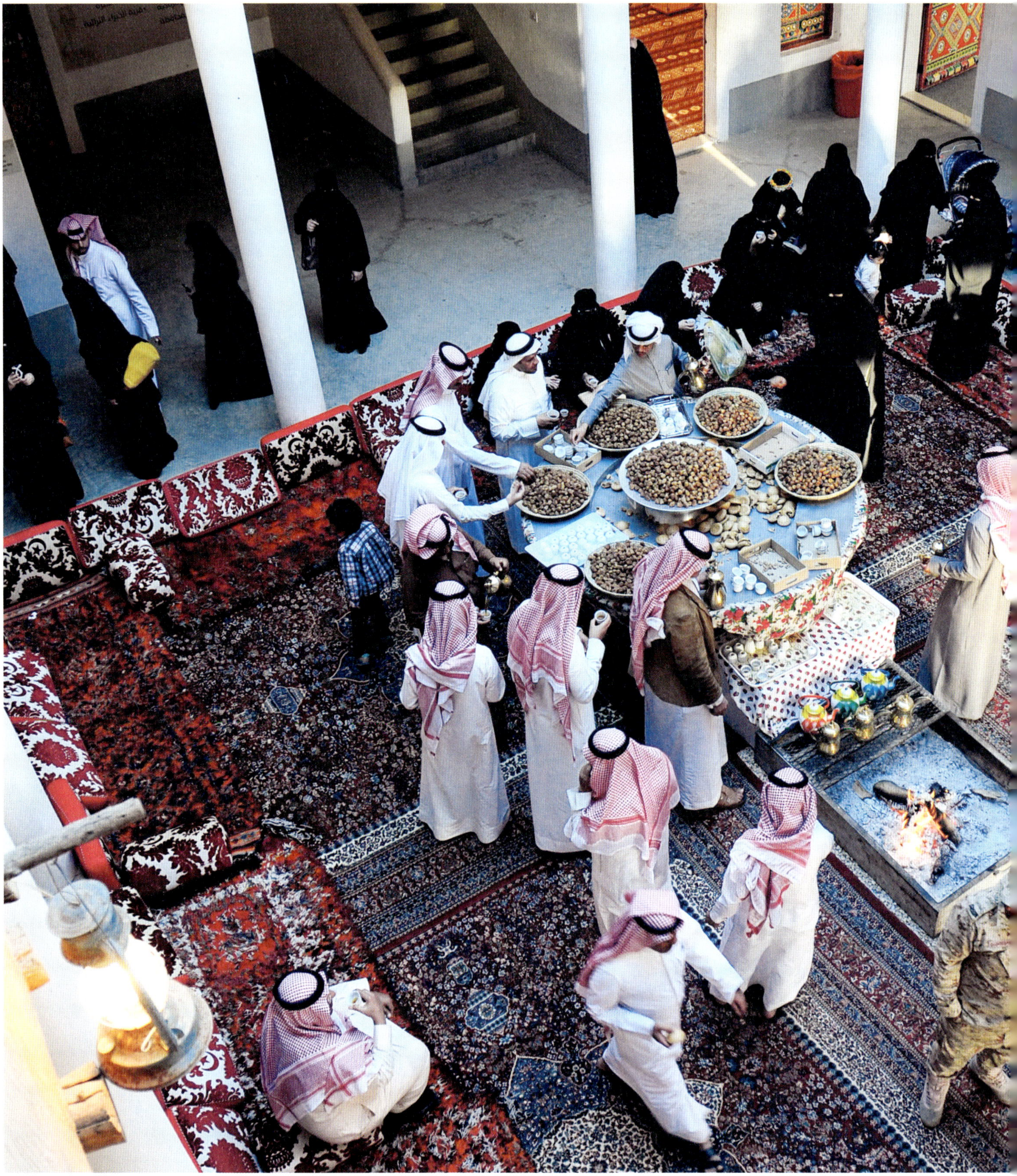

[ 27 ]

# Saudi-Arabien

Wenig beachtet vom Rest der Welt hat sich innerhalb der letzten 100 Jahre ein neuer, funktionierender Staat im größten Teil Arabiens entwickelt, der einer rasant wachsenden Bevölkerung ein auskömmliches Leben und die Perspektive auf eine glückliche Zukunft bietet.

Dattelfest in Saudi-Arabien: In der gesamten islamischen Welt besitzt die Frucht Symbolwert.

**Saudi Arabien**

| 87 % | 66 J | 85 % | 0 % | 68 % | 792 Mrd $ |

**Deutschland**

| 90 % | 72 J | 87 % | 8 % | 46 % | 3.861 Mrd $ |

**Welt**

| 81 % | 64 J | 78 % | 0 % | 17 % | 87.552 Mrd $ |

Schon in vorchristlicher Zeit war das heutige Al-ʿUla besiedelt, nicht zuletzt die Lage an einer wichtigen Handelsroute, der sogenannten Weihrauchstraße, verhalf zu Größe.

Bei allem Respekt für Tradition, orientiert man sich auch in Saudi-Arabien an der Zeit.

Jens Niemann

# Die Heimat der Glückseligen

In Saudi-Arabien treffen Extreme aufeinander, klimatisch, kulturell und gesellschaftlich. Vielleicht ist das ein Grund, warum die Menschen hier so ruhig und ausgeglichen sind. Man hat sich an die Launen der Natur und die Wechselhaftigkeit des Lebens angepasst, und sich dabei das Wesentliche des Menschseins erhalten: Fröhlichkeit, Freundlichkeit und eine Verbundenheit mit dem Übersinnlichen. In keinem anderen Land habe ich derart überschwängliche Gastfreundschaft erlebt. Dass sich Einheimische Fremden besonders zur Hilfe verpflichtet sehen, sieht man daran, dass hier gerne auch einmal übertrieben wird. Denn Gäste darf man hier auf eine Weise verwöhnen, wie man es sich selbst nicht gönnt.

In Saudi-Arabien zählt vor allem anderen die Beziehung zwischen Menschen. Technokratie und Beamtenstaat passen nicht zum »Königreich der Menschlichkeit«, wie sich der saudische Staat selbst bezeichnet. Die Gesetze sind zwar streng, werden aber nachgiebig angewendet. Als ich einmal mit dem Auto eine Einbahnstraße in die falsche Richtung fuhr, haben mir die Polizeibeamten im entgegenkommenden Fahrzeug nur freundlich zugewunken. Es wird nicht kritisiert, sondern die Fehler anderer Menschen werden gern übersehen. Das führt zwar dazu, dass viele Fehler oft wiederholt und womöglich gar nicht korrigiert werden, gibt aber in Summe ein ungemein entspanntes und sicheres Lebensgefühl, von dem viele nur träumen können.

Bürger Saudi-Arabiens machen sich keine große Sorgen, was alles passieren könnte (oder auch nicht). Eile oder gar Stress, dass etwas zu einem bestimmten Termin fertiggestellt werden muss, gibt es hier praktisch nicht. Alle Dinge ergeben sich *Insha Allah*, so Gott es will, von alleine. Man muss nur guten Willen zeigen und Geduld haben. Dies offenbart sich vor allem in der Fröhlichkeit und Freundlichkeit der Menschen, die stets hilfsbereit sind, auch wenn sie einem nicht wirklich helfen können: Hauptsache, man zeigt seinen guten Willen. Die Menschen hier fühlen sich sicher aufgehoben im Vertrauen auf Allah, der ihre Geschicke leitet und sie auch trotz mancher Schwierigkeiten sicher ins selige, unsterbliche Leben geleiten wird.

Da diese Einstellung unseren Gewohnheiten teils diametral gegenübersteht, ist mir die Umstellung auf diese neue Art zu leben nicht leicht gefallen. Das Schöne daran war, meine eigenen Ängste, Zwänge und Unsicherheiten dadurch zu erkennen. Es bedeutete aber auch den Verzicht auf gewohnte Qualität, Zuverlässigkeit und Planbarkeit. Manche Unternehmungen – besonders knapp kalkulierte – funktionieren hier gar nicht. Manche Dinge dagegen funktionieren nur hier. In einem Land, wo es niemand eilig hat, macht es nichts aus, wenn sich jemand einmal vordrängelt. Vermutlich hat der gerade wirklich Zeitnot, und ist deshalb zu bedauern – und vorzulassen.

Mohammed Mabkhout Al Dossary

# Der Gastgeber

Mohammed Mabkhout Al Dossary verdankt es seiner gesellschaftlichen Stellung, dass er nicht arbeiten muss. Doch darüber spricht er nicht gern. Am liebsten spricht er über Falken. Die edlen Tiere sind in Saudi-Arabien sehr begehrt und Teil einer jahrhundertealten Tradition. An jedem Wochenende fährt er zu seinem Zeltlager in der Wüste, 80 Kilometer südlich der Hauptstadt Riad. Oft lädt er dazu ausländische Gäste ein, die er nicht selten erst am Tag zuvor im Supermarkt oder im Park getroffen hat. Für ihn sind alle Fremden Gäste, selbst wenn sie schon Jahre hier arbeiten, und er erprobt an ihnen die sprichwörtliche arabische Gastfreundschaft. »Ich möchte ihnen zeigen, wie Arabien früher war, vor dem Öl, vor der modernen Technik, vor den Autobahnen und Hochhäusern«, sagt er. Außerdem möchte er die Gäste selbst kennenlernen und etwas über ihre Nation und ihre Kultur erfahren. »Wir kennen zwar vieles aus dem Fernsehen«, sinniert Mohammed, »aber wir wissen natürlich, dass im Fernsehen nicht alles echt ist.« Stolz zeigt er Fotos seiner Gäste, denen er einen Falken auf die Hand setzt, Männer, Frauen und Kinder aus aller Herren Länder.

Mohammeds Lager besteht aus drei Zelten und einer kleinen Toilettenbaracke mit fließend Wasser aus dem Tank. In einem Zelt wird gekocht, in einem gegessen und in einem schlafen die Kamelhirten, die auch das Essen und den Tee zubereiten. Die Einladung beginnt am Nachmittag mit einem Begrüßungstee und arabischem Kaffee. Dann zeigt Mohammed seine Falken. Bei unserem Besuch hat Mohammed seinen Freund Faisal mitgebracht, inklusive dessen eigenem Falken. Die Falken üben die Jagd auf Köder und werden anschließend gefüttert. Die Zeit bis zum Abendessen verbringen wir mit Gesprächen und einer Wanderung durch das mehrere Quadratkilometer große Wüstenareal. Vor Sonnenaufgang wird noch ein Feuer entzündet. Dann wird es gemütlich. Auf dem Teppich sitzend essen, trinken und reden wir bis in die Nacht. Gegen 22 Uhr begleitet Mohammed uns noch bis zur Autobahn. Er weiß, dass wir bei Zeiten ins Bett gehen wollen. Wir sind Tagmenschen, er ist Beduine. Wie lange er und Faisal noch in der Wüste verbringen? »Die ganze Nacht«, sagt Mohammed mit einem Lächeln, »wir sind es so gewohnt.«

Am liebsten umgibt sich Mohammed mit neuen Freunden aus aller Welt – und seinem Falken natürlich.

*»Ich möchte ihnen zeigen, wie Arabien früher war, vor dem Öl, vor der modernen Technik, vor den Autobahnen und Hochhäusern.«*

In der Wüste sitzend, mit Blick auf die unendliche Weite und dazu einen traditionellen arabischen Kaffee vom Feuer – das kann ein purer Glücksmoment sein.

*Saudi-Arabien*

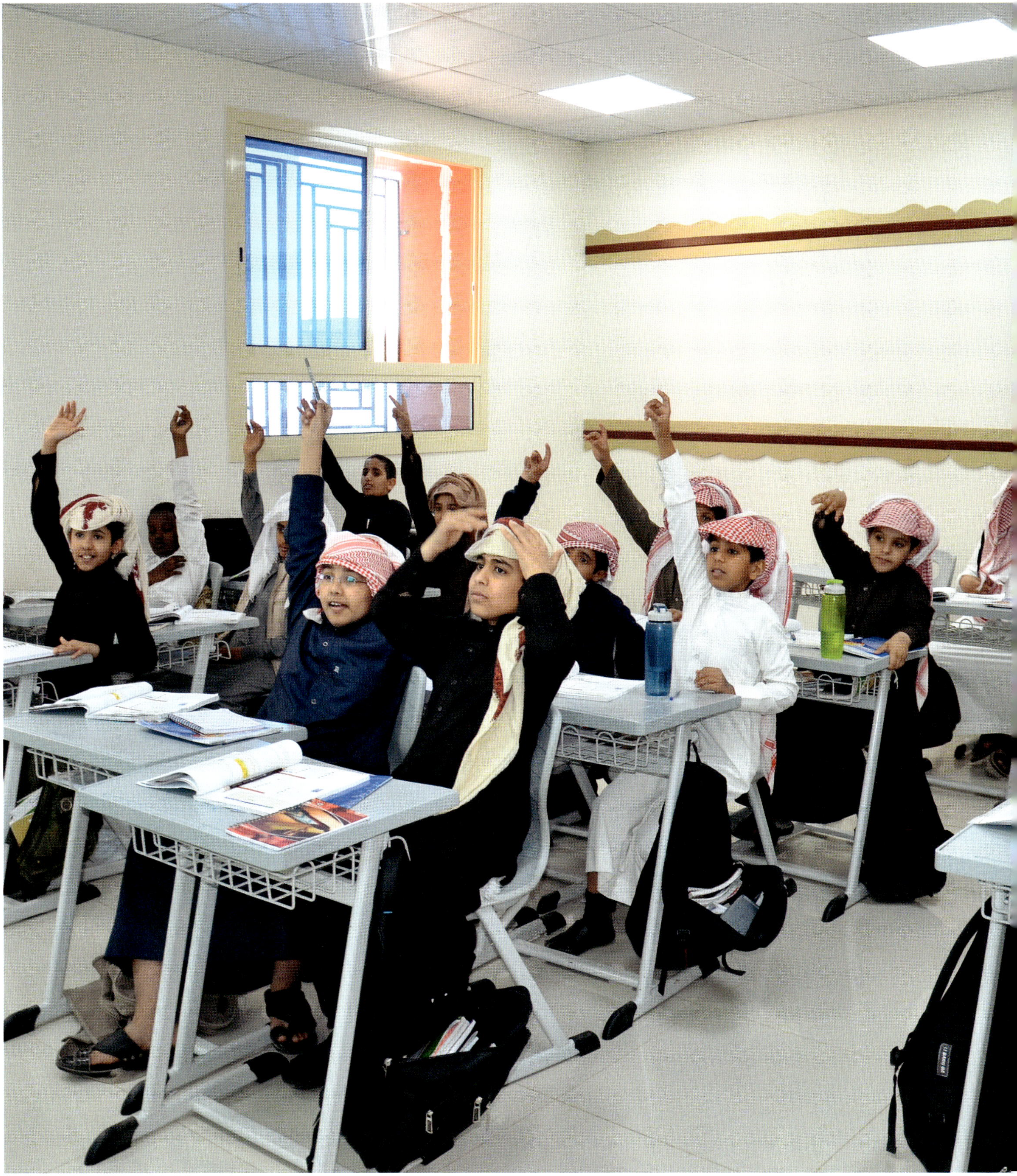

# Das saudische Sozialsystem

Saudi-Arabien hat ein weitreichendes Sozialsystem, das Tradition und Moderne in einzigartiger Weise verbindet. Die erste Stufe der sozialen Absicherung bildet traditionell die (erweiterte) Familie. Da Kontakte auch zu entfernten Verwandten gepflegt werden, bildet die Verwandtschaft schnell eine Gruppe von mehreren hundert Personen. Man hilft sich gegenseitig. Schenkungen unter Verwandten sind üblich und zählen zu den im Islam verpflichtenden Almosen (*Zakat*), die jeder gläubige und vermögende Muslim zu spenden hat. Gemäß dem Prinzip »von innen nach außen« genießen bedürftige Familienmitglieder dabei Vorrang vor verarmten Außenstehenden.

Die zweite Stufe erfolgt durch ein großzügiges Angebot an vergünstigten und kostenlosen Grundbedarfsmitteln wie Wasser, Strom, Weizen, Reis, Benzin, Versicherungen, Bildung und ärztlicher Versorgung. Die bis vor wenigen Jahren noch ganz kostenlose Strom- und Wasserversorgung in weiten Teilen des Landes hat zu einer großen Vergeudung von Ressourcen geführt. Leckende Wasserleitungen wurden oft nicht repariert, Licht auch am Tag brennen gelassen usw. Wie gut es ihnen finanziell ging, haben viele erst gemerkt, als dafür Gebühren verlangt wurden. So hat der Anstieg der Benzinpreise von früher (umgerechnet) neun Cent auf heute 47 Cent pro Liter zum ersten Mal zu Unmut in der Bevölkerung geführt.

Die dritte Stufe ist ein der deutschen Sozial- und Arbeitslosenhilfe vergleichbares System der Bezahlung bzw. Bezuschussung der Lebenshaltungskosten. Diese Transfers richten sich nach Bedürftigkeit, Lebensumstände und Berufserfahrung. In ärmeren Gegenden werden »Sozialwohnungen« errichtet, welche kostenlos zur Verfügung gestellt werden. Dies ist auch eine Maßnahme der Regierung, um nomadisierende Beduinen sesshaft zu machen und dadurch Streitigkeiten um die Nutzung des Landes zu vermeiden. Auch das staatliche Gesundheits- und Bildungssystem ist kostenlos. Das Königshaus fördert darüber hinaus jährlich zigtausende Studenten mit Stipendien für Universitäten.

Die neunjährige Schulpflicht gilt für Jungen und Mädchen gleichermaßen. Unterrichtet werden sie allerdings in getrennten Schulen.

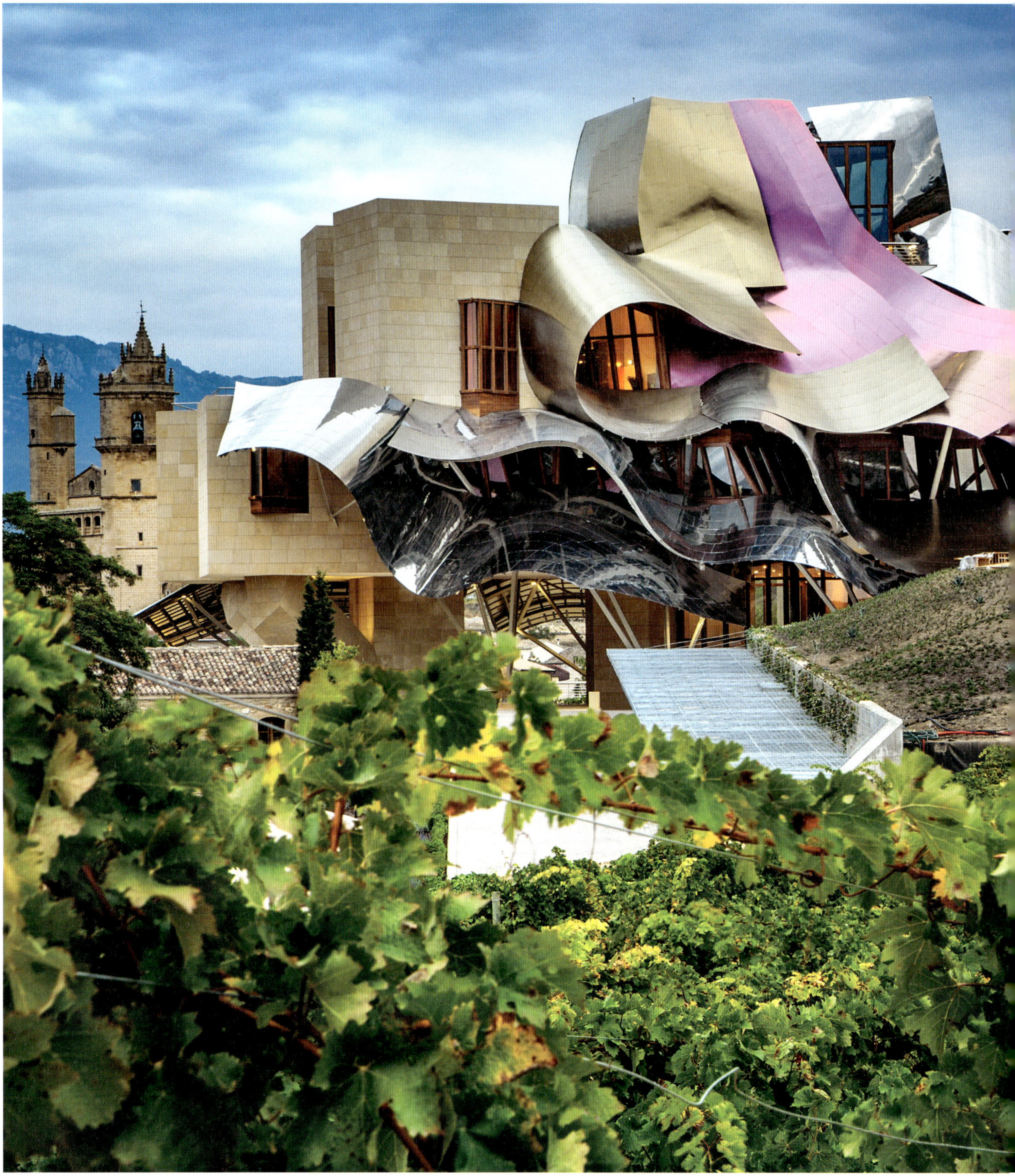

[28]

# Spanien

Zu den schier endlosen Küsten wie der Costa Brava gesellen sich weiße Dörfer vor blauem Himmel, warten eindrucksvolle Städte wie Sevilla, Granada oder Barcelona darauf, entdeckt zu werden, und laden ursprüngliche Landschaften zu Erkundungen ein. Darüber hinaus lockt natürlich die reiche Inselwelt Spaniens.

Dekonstruktivismus inmitten der Weinberge: das Hotel Marqués de Riscal von Frank Gehry.

**Spanien**

| 92 % | 74 J | 75 % | 0 % | 77 % | 2.006 Mrd $ |

**Deutschland**

| 90 % | 72 J | 87 % | 8 % | 46 % | 3.861 Mrd $ |

**Welt**

| 81 % | 64 J | 78 % | 0 % | 17 % | 87.552 Mrd $ |

Spanien 239

Tina Engler

# Insel der Ruhe – Mallorca im Winter

Woran denkt man, wenn man »Spanien« hört? Gitarren, Flamenco, Sonne, Tapas und Strände? Ziemlich wahrscheinlich. Mir kommt dabei zuerst »meine« Insel, Mallorca, in den Sinn. Ach und übrigens, wer diese abfällig »Malle« nennt, ist bei mir gleich durch …

»Die Insel der Stille« nannte sie einst der katalanische Maler und Dichter Santiago Rusinol. »Ich lebe im Paradies auf Erden«, schwärmte der Komponist Fréderic Chopin im Jahre 1838 beseelt in einem seiner Briefe. Künstler inspirient nicht nur ihre facettenreiche und ungestüme Natur, sondern auch die besondere Kraft, die von ihr ausgeht. »Auf Mallorca ist die Stille tiefer als anderswo«, schrieb die französische Schriftstellerin George Sand schon im frühen 19. Jahrhundert, als sie an der Seite des todkranken Chopin einen langen Winter auf Mallorca verbrachte. In einer Zelle des königlichen Kartäuser-Klosters lebten die beiden mehrere Monate im Bergstädtchen Valldemossa zusammen.

Eine leichte Melancholie weht auch heute noch durch die Gassen. Sie macht sich gerade in den frühen kühlen Morgenstunden bemerkbar, wenn die Terrassen der kleinen Cafés am Kirchenvorplatz noch fast leer sind. Abends und des Morgens, wirkt Valldemossa nahezu verschlafen. Es herrscht eine angenehm stille friedvolle Atmosphäre. Die Zeit steht still. Fern von Ballermann und Party beschleicht mich an diesem wundersamen Ort mit nostalgischem Flair, jedes Mal erneut das Gefühl, als würde ich eine Reise in längst vergangene Jahrhunderte antreten. Es ist für mich ein magischer Ort, der meine Kreativität beflügelt und mich innehalten lässt. Auf eine geheimnisvolle Weise komme ich mir selbst wieder näher. Er entspricht mir, es ist, wie eine endlose Umarmung. Zugegeben, es mag kitschig klingen, aber genauso fühle ich.

Der lange Gebirgszug der Tramuntana, der Valldemossa sanft einbettet, nimmt dem gleichnamigen Wind seine Kraft. Das Licht taucht den Himmel in sanfte Pastelltöne. Die Luft ist frisch und klar. Einfach nur schauen, den Blick schweifen lassen. Eins mit dem Moment sein. Unweigerlich setzt eine tiefe Entspannung ein. Die Franziskanerbrüder der Einsiedelei Eremita de la Trinitat, oberhalb der Gebirgsstraße zwischen Valldemossa und Sollér, sind nur über einen schmalen Pfad bergaufwärts zu erreichen. Bergziegen meckern, Schafe blöken. Die Poesie der Landschaft lässt Raum und Zeit vergessen. Der heilige Berg beseelt und lässt mich tiefes Glück empfinden. Winter auf Mallorca, für mich die schönste Jahreszeit.

Spanien und Schnee ist nicht unbedingt die geläufigste Assoziation. Doch Valldemossa unterstreicht, wie schön und beruhigend diese Kombination sein kann.

Einzig Topfpflanzen und Orangen in den Straßen wird man im Winter jedoch vermissen.

*Spanien* 241

Mercè Donat Pérez

# Mercè und das Glück am Ende der Welt

Dort, wo die Ausläufer der Pyrenäen auf das Mittelmeer treffen, bildet das Cap de Creus den östlichsten Zipfel des spanischen Festlands. Rau und romantisch, eine von den kühl-böigen Tramuntana-Winden geprägte Halbinsel, die seit 1998 geschützter Naturpark ist. Hier wachsen Wilde Möhren und Strohblumen, Opuntien, Meerfenchel und eine endemische Art des lila wogenden Strandflieders. In diese großartige Landschaft hinein wurde 1974 Mercè Donat Pérez als zweites von drei Kindern geboren.

Ihr Geburtsort Cadaqués, einst ein beschauliches Fischerdorf, ist heute ein surreal schöner Ort aus weiß getünchten Häusern mit roten Ziegeln, die sich dicht an dicht an eine im tiefsten Meergrün schillernde Bucht schmiegen. Ganz so, als wetteiferten sie um den Platz in der ersten Reihe. »Es war immer schon ein magischer Ort für mich«, sagt Mercè über ihre Heimat. »Und ein Ort des Zusammenhalts.« Nicht nur innerhalb der kleinen Familie, in der man einander half und in der die Eltern den Blick ihrer Kinder für die einfachen, oft so kostbaren Momente im Leben schärften.

In Cadaqués besuchten alle die gleiche Schule. Denn es gab nur eine. Alle Kinder kannten sich. Und manche treffen sich noch heute, auch wenn ihre Lebenswege schon vor langer Zeit auseinanderdrifteten. Mercè ist zurückgekehrt. Nach dem Studium von Sozial- und Politikwissenschaften, nach Exkursionen in Lehre, Verwaltung und öffentlichen Sektor. Einer unbestimmten Sehnsucht folgend. Die Anthroposophie, eine von Rudolf Steiner begründete, weltweit vertretene spirituelle Weltanschauung, hat ihr den Blick geöffnet, ihre Faszination für Literatur und das Geschichtenerzählen entflammt. Und so gründete Mercè 2011 das Unternehmen Rutes Cadaqués – etwa »Wege um Cadaqués« – und führt seitdem Besucher an die schönsten Orte am Cap de Creus. Orte voller Poesie, wo die Natur ihre Geheimnisse enthüllt, wo die Sinne auf vielfältige Weise angesprochen werden. Mercè erzählt ihre Geschichten dazu. Verwebt kulturelles Wissen mit Kunst und Literatur, bezieht Dalí, der im benachbarten Port Lligat lebte, genauso ein wie die bunt gefärbten Felsformationen, Flora und Fauna oder das mittelalterliche Kloster Sant Pere de Rodes, das hoch über allem thront. Das erfüllt sie. Ihre Gäste sind beeindruckt und beseelt. Und so wird der magische Ort am Ende der Welt auch zu einem besonders glücklichen!

Die tiefe Hingabe Mercès für ihre Heimatregion ist ansteckend – und sehr verständlich, wenn man die wunderbare Natur betrachtet.

# »Es war immer ein magischer Ort für mich«

*Spanien* 243

# Von Kathedralen aus Stein zu duftendem Grün

Wer an Spanien denkt, denkt an Meer. Und tatsächlich ist die Iberische Halbinsel beinahe vollständig von Meer und Ozean umgeben. Brandung und Gezeiten haben ganze 8 000 Kilometer Küstensaum geformt, geschliffen, zerfurcht. Gegensätzlich, oft spektakulär. Mit den metamorphen Klippen im Baskenland, die monumental gezackt aus der Erde ragen, oder den Catedrales in Galizien, Felssäulen und Bögen, die an gotische Gewölbe erinnern und scheinbar nach dem Himmel greifen. Bei Ebbe spaziert man glücklich unter ihnen hindurch. Und begreift plötzlich, was frühe Baumeister inspiriert haben muss. Ganz anders die feinsandigen Strände Andalusiens, die im maurischen Licht des Südens weich und golden leuchten. Und dann sind da noch die Inselarchipele ...

Weit weniger bekannt ist, dass Spanien auch zu den gebirgigsten und waldreichsten Ländern Europas gehört. Mit prähistorischen Lorbeerwäldern auf La Gomera und duftenden Pinienhainen an der Costa Brava, mit bizarr erodierten Kalksteinplateaus und dem Marschland der Doñana, über das Flamingos ihre rosaroten Schwingen breiten. Dass Spanien die meisten UNESCO-Biosphärenreservate Europas zählt, scheint auf einmal selbstverständlich.

An der Küste Kantabriens macht Praia das Catedrais, der Strand der Kathedralen, mit eindrucksvollen, natürlichen, nur bei Ebbe sichtbaren Steinbögen von sich reden.

Spanien 245

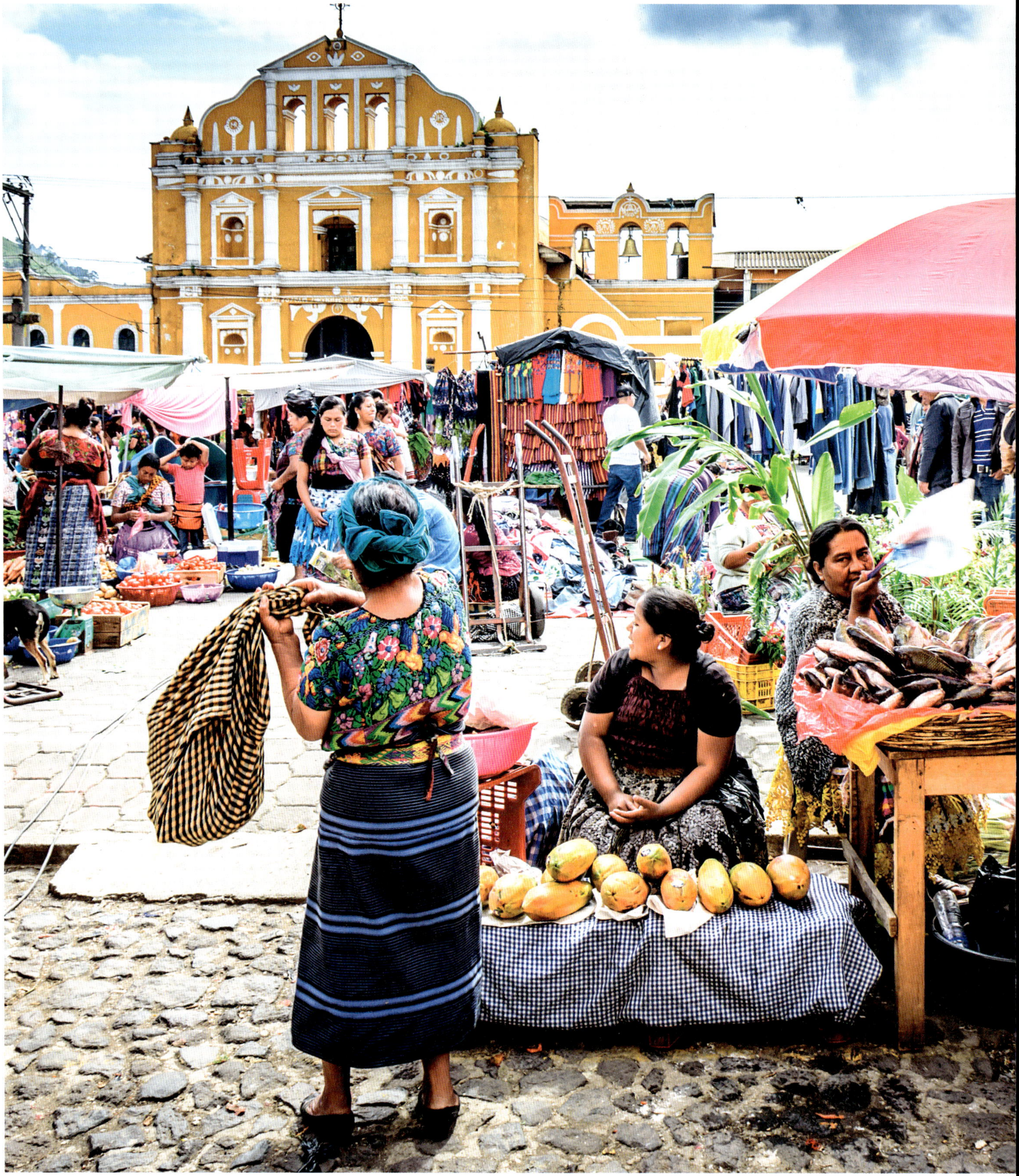

[ 29 ]

# Guatemala

Guatemala ist ein atemberaubend vielfältiges Land zwischen zwei Meeren mit einem der artenreichsten Ökosysteme der Erde. Mittendrin erheben sich Vulkane und spiegeln sich in tiefblauen Seen. Das Erbe der Maya und der spanischen Eroberer prägt die fröhlichen Guatemalteken.

Im kleinen Örtchen Santa María de Jesús bieten Händlerinnen auf dem Markt ihre Waren an.

**Guatemala**

| 82 % | 65 J | 91 % | 0 % | 78 % | 149 Mrd $ |

**Deutschland**

| 90 % | 72 J | 87 % | 8 % | 46 % | 3.861 Mrd $ |

**Welt**

| 81 % | 64 J | 78 % | 0 % | 17 % | 87.552 Mrd $ |

Geheimnisumwoben sind die steinernen Zeugen der einstigen Hochkultur der Mayas in Tikal, von Regenwald umgeben.

San Pedro la Laguna liegt am Atitlán-See und besitzt eine trubelige Innenstadt.

Marike Langhorst

# Ein verführerisches Lächeln und ein Platz für Götter

Wenn ich das intensive Kaffee-Aroma rieche und die Klänge der Marimba, eines xylophonartigen Musikiunstuments, höre, wenn ich die bunten Farben der Hauswände und der Stoffe sehe, wenn ich den über 20 indigenen Sprachen lausche – dann bin ich happy in Guatemala. Auf die Frage, ob sie glücklich sind, antworten die Guatemalteken mit »Ja«. Denn nichts wäre unhöflicher, als auf eine Frage »Nein« zu sagen. Also »Ja«!

Das Land, so groß wie ein Drittel von Deutschland, erstreckt sich über drei Klimazonen, in denen eine einmalig artenreiche Tier- und Pflanzenwelt lebt. Vom Ufer der Karibik klettern die Höhen zu den Bergen bis auf 4 220 Meter und zur pazifischen Küste fallen sie wieder auf null. Über dem Hochland wachen Vulkane. Fuego, Pacaya und Sanitaguito heißen die drei, die derzeit Lava spucken. Die anderen 30 verhalten sich still.

Das sanfte Lächeln der Guatemalteken ist ansteckend, blühend wie die tausend Blumen im Land und macht einfach glücklich. Ich tauche in die verschwenderische Natur ein, die wie ein Magnet für mich ist. Am liebsten besuche ich mit Juan, einem Ornithologen, den ich aus dem Studium kenne, die teils pflanzenüberwucherten, himmelstrebenden Stufenpyramiden in Tikal. Inmitten des verwunschenen Regenwaldes Selva Maya führt Juan mit den unzähligen exotischen Vögeln ein leises geheimnisvolles Zwiegespräch. Die Zeugnisse der Maya aus Vergangenheit und Gegenwart gehören zum kulturellen Welterbe, mindestens die Hälfte ihrer Spuren ist noch unter einem tropischem Pflanzendickicht verborgen.

Heute gehören 40 bis 60 Prozent der Guatemalteken zum Volk der Mayas. Die Realität nach der spanischen Eroberung und dem Bürgerkrieg im 20. Jahrhundert ist für viele ein hartes Leben. Fast die Hälfte der Kinder ist mangelernährt, die größten Banden der Welt, die Maras, verunsichern und treiben Schutzgelder ein. Doch trotz aller Schwierigkeiten weben die Frauen ihre traditionell gefärbten Tücher und sticken mit komplizierten Mustern die Geschichten ihres Lebens hinein.

Guatemala ist ein Paradies. Sogar für die Heiligen, wie eine Legende erzählt. Als sie sich einmal nach Urlaub sehnten, sollen sie zum Atitlán-See im Hochland gekommen sein, um dort Pause vom himmlischen Geschehen zu machen. Es gab weltweit keinen schöneren Ort. Ich stimme den Göttern ohne den leisesten Zweifel an der Wahl ihres Platzes zu. Drei Vulkane umgeben das tiefblaue Wasser und sind eine atemberaubende Kulisse.

Einer der anderen schönsten Orte ist Antigua. La Antigua Guatemala, Weltkulturerbe der UNESCO, war die alte Hauptstadt der spanischen Konquistadoren. Dort finde ich die Spuren der Geschichte zwischen *lost place* und malerischem Verfall, zwischen Kolonialarchitektur, prachtvollen Gärten und barocken Kirchen. Mit flachen Schuhen laufe ich über das holprige Pflaster und folge dem aromatischen Duft in eines der charmanten und liebevoll eingerichteten Cafés.

Maria López

# Die Kraft der Unabhängigkeit

Sie arbeitet auf einer Kaffeeplantage, in Guatemala Finca oder Beneficio genannt, über dem Lago de Atitlán. Ihr strahlendes Lächeln spiegelt die Sonne im See und wenn man ihr zuschaut, bleibt nichts, als selbst heiter und fröhlich zu sein. Sie trägt einen farbenfrohen Rock und eine bunt bestickte Bluse. Ihre langen dunklen Haare hat sie zum Zopf zusammengebunden und auf ihrem Rücken schläft ihre kleine Tochter in einem selbst gewebten Tuch. Die Rede ist von Maria López, und sie ist unsere lachende Heldin des Alltags. Auf der Kaffeeplantage ist sie für verschiedene Handgriffe zuständig. Bei Besichtigungstouren kümmert sie sich um die Besucher und erklärt ihnen alles über die Kultivierung des Kaffees vom Samen bis zur Bohne. Sie zeigt die ganz kleinen Pflänzchen, ihre verschiedenen Wachstumsphasen und schließlich die Terrassen, auf denen die Bohnen getrocknet und dabei immer wieder gewendet werden. Zum Schluss brüht sie den Kaffee auf, mit ein wenig guatemaltekischem Kardamom schmeckt er perfekt, und gießt ihn in bunte Tassen.

Maria ist stolz, sie hat es geschafft. Sie arbeitet in einer Kaffee-Kooperative und ist so der Armut entkommen. Nachdem ihr Mann sie mit den Kindern in einem Land des *Machismo*, also einem Land, in dem ein übersteigertes Gefühl männlicher Überlegenheit und Vitalität herrscht, allein zurückließ, nach bitteren Erfahrungen und ohne Geld, hat sie sich ein neues Leben in der Kooperative aufgebaut.

Gerade hat sie mit 19 anderen Frauen unter der Anleitung einer NGO gelernt, wie Kompost hergestellt wird. Das verbessert nicht nur die Böden der Kaffeeplantage, sondern auch die Fruchtbarkeit in ihrem eigenen kleinen Gemüsegarten. Die Grundzüge ihrer kenntnisreichen Tour konnte sie sich in der Fortbildung »Von der Bohne in die Tasse« beibringen.

Bevor die Besucher die Plantage verlassen, können sie die Kaffeebohnen direkt von hier für zu Hause erwerben. Sie werden in kleinen vielfarbigen Säckchen verkauft, die von Maria und anderen Frauen in Handarbeit gewebt werden. Mit den Webarbeiten haben sie sich ein zweites finanzielles Standbein aufgebaut. Maria ist nach schwierigen Zeiten im eigenständigen Leben angekommen. Bestens vernetzt, erfolgreich, finanziell unabhängig. Eine wahre Heldin des Alltags.

Dank der Kaffee-Kooperative konnte Maria die Armut hinter sich lassen und eine Lebensgrundlage schaffen.

# »Heldin des Alltags«

Die unscheinbaren Bohnen bedeuten für viele Menschen um den Lago Atitlán viel, sie sorgen für Arbeit und Einkommen.

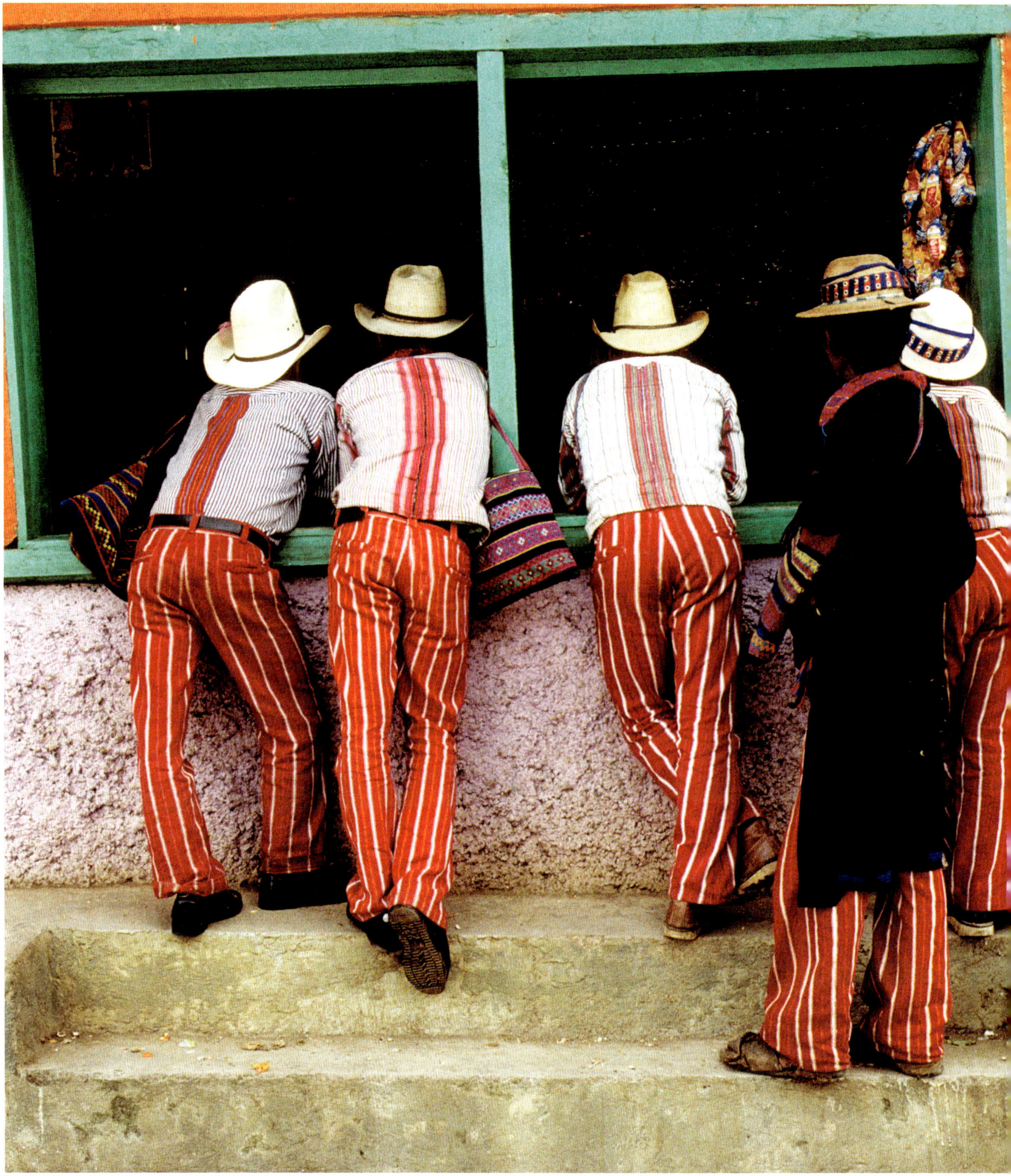

# ¡No tenga pena!

Drei Worte beschreiben das Lebensgefühl der Guatemalteken. *¡No tenga pena!* Das ist der Satz, den man überall hört. Die wörtliche Übersetzung »Hab keinen Schmerz« ist ein Rätsel. Salopp heißt es »Mach dir keinen Kopf« oder »Alles gut«. Wenn es an der Supermarktkasse zu lange dauert, erst das Kleingeld und dann noch die Tasche runterfällt, sagt einer der Wartenden ¡No tenga pena! und verringert damit einfach den Stress für den Pechvogel. Obwohl sich viele Sorgen um die Finanzen, um Arbeit, um Zukunft machen, bleibt ¡No tenga pena! das Motto. Das ist eine Haltung gegenüber dem Leben, gezeichnet von Durchhaltevermögen und Anpassungsfähigkeit. Mit Gelassenheit ¡No tenga pena! zu sagen und dem anderen dadurch Raum zu geben. Niemals zu erlauben, dass Sorgen sich festbeißen und trotz aller Probleme das Leben intensiv zu genießen. ¡No tenga pena!

Mittagspause für fünf Männer in Todos Santos. Und wenn das Essen etwas auf sich warten lässt, übt man sich in Gelassenheit.

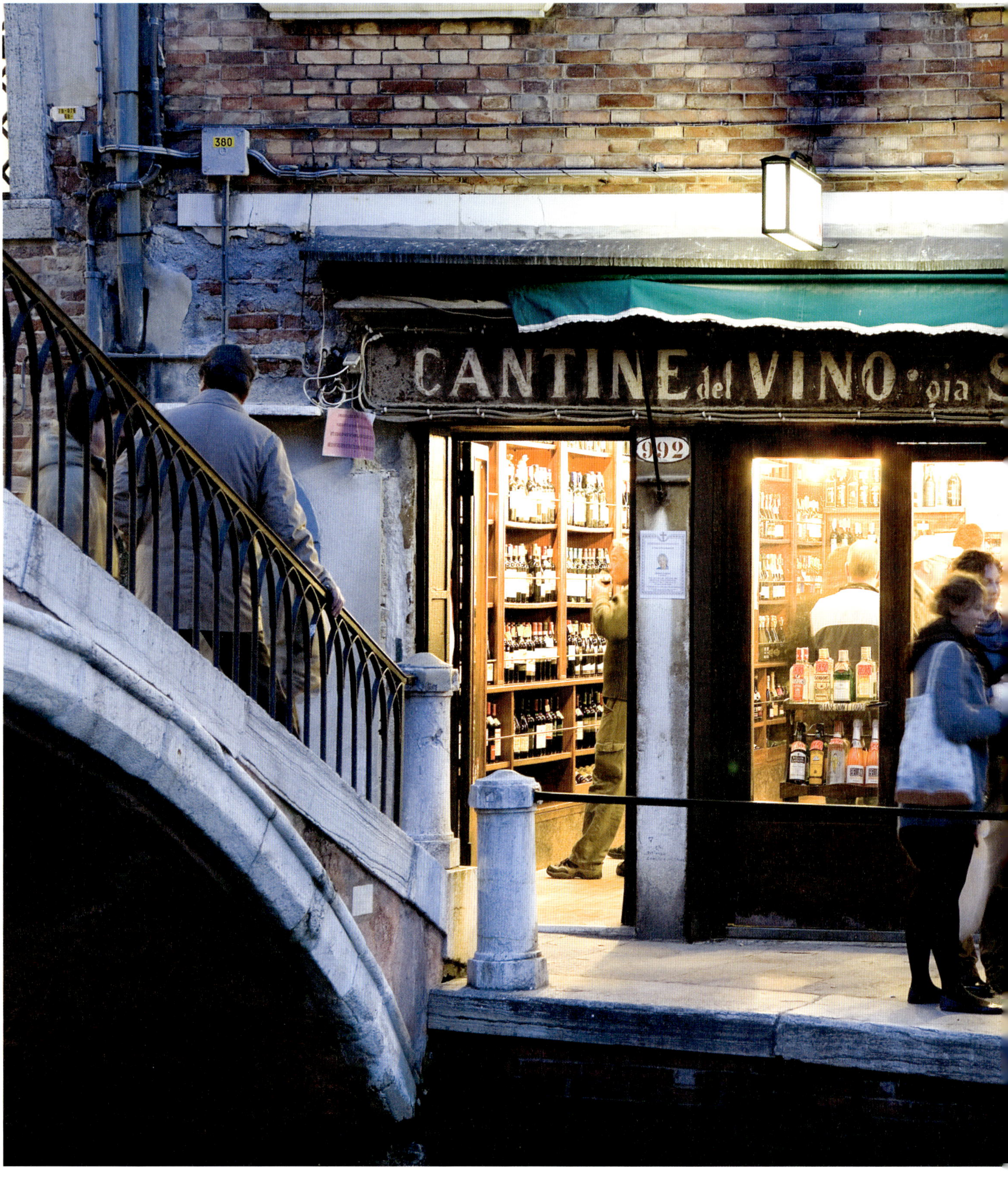
380
CANTINE del VINO gia S
992

[ 30 ]

# Italien

Wenn es denn wahr ist, dass das Glück im Auge des Betrachters liegt, dann bietet Italien dem Betrachter eine unvergleichliche Fülle an Möglichkeiten, glücklich zu sein. Das Land hat mehr Welterbestätten als jedes andere auf der Welt, bietet Natur- und Kulturschönheiten in Hülle und Fülle.

Den Abend mit Freunden und Wein ausklingen lassen – was braucht man mehr?

**Italien**

| | | | | | |
|---|---|---|---|---|---|
| 89 % | 74 J | 66 % | 0 % | 87 % | 2.001 Mrd $ |

**Deutschland**

| | | | | | |
|---|---|---|---|---|---|
| 90 % | 72 J | 87 % | 8 % | 46 % | 3.861 Mrd $ |

**Welt**

| | | | | | |
|---|---|---|---|---|---|
| 81 % | 64 J | 78 % | 0 % | 17 % | 87.552 Mrd $ |

*Italien* 255

Robert Fischer

# Alles Glück der Erde

Können Sie sich einen italienischen Autor vorstellen, der eine »Anleitung zum Unglücklichsein« verfasst? Eben. Nicht, dass die Italiener kein Talent zum Unglücklichsein hätten – ihr Talent zum Glücklichsein ist nur ungleich größer.

Dass das so ist, hat mehrere Gründe. Vielleicht der wichtigste ist der, dass man als Italiener in der Regel in Italien lebt. (Italiener, die aus welchen Gründen auch immer gerade nicht in Italien leben, richten es sich dort, wo sie sind, so italienisch wie möglich ein. Und wissen: Nur in Italien ist es wie in Italien.)

Der andere Grund ist der, dass Italiener auch nirgendwo anders leben wollten. Warum auch? Sie haben doch alles zum Glücklichsein: Alles Glück der Erde, genau genommen, auf vergleichsweise kleinem Raum. Hohe Berge und tiefe Seen, schönste Städte und gleich zu drei Seiten das Meer. Dazu eine Sprache, für die man das Singen und die Musik wohl überhaupt erst erfunden hat, ein herrliches Klima mit üppig blühender Vegetation und deutlich mehr Sonnen- als Regentagen sowie, nicht zuletzt: *La dolce vita*.

*La dolce* was? Nein, was das ist, kann hier nicht lange erörtert werden. Da müssen Sie schon selbst nach Italien fahren, um zu schauen und zu staunen.

Ja, auch um sich zu wundern: Darüber, dass sich hoch oben am Brenner immer wieder jenes glückliche Gefühl einstellt, das man einst hatte, als man den Pass zum ersten Mal überquerte. Darüber, dass man damals wie heute den ersten Espresso noch im Stehen an der Theke einer Autobahnraststätte trinken will, die hier doch deutlich wohltönender *Stazione di servizio autostradale* heißt. Darüber, dass es immer wieder überwältigend ist, dann endlich vor der zerklüfteten Bergwelt der Dolomiten, an den Ufern des Garda- oder eines anderen Sees, in der Lagune von Venedig, auf einer Insel oder einer Piazza der italienischen Städte zu stehen.

Macht also allein schon das Reisen nach Italien den nach Italien Reisenden glücklich? Ganz so einfach ist es nicht.

Was den Autor dieser Zeilen betrifft, so musste er erst viele Male nach Italien fahren, sich mit dem Reiseführer in der Hand vor Botticelli & Co. die Füße in den Bauch stehen, musste Kunst und Kultur von Nord nach Süd besichtigen, bis er eines Tages wieder einmal im Land war und merkte, was es wirklich bedeutet, in Italien glücklich zu sein. Nämlich: am Ort seiner Träume zu sein und gar nichts mehr ansehen zu müssen. Sondern: einfach da zu sein, das Leben zu genießen und glücklich zu sein. Also: fast wie ein Italiener.

Im Nordosten Siziliens machen sonnengeküsste Dörfer wie Savoca ihre Aufwartung.

Selbst in der Millionenstadt Rom findet man Ruheoasen, beispielsweise in Trastevere.

» Immer im Team, das ist wichtig. «

Papst Franziskus

Roberto Mancini

# Die Tränen des Trainers: Roberto Mancini und das Schicksal

Wenn es einer ganz genau weiß, dann der Papst. Erst recht ein Papst wie Franziskus, von dem man weiß, dass er ein begeisterter Fußballfan ist. Und von dem laut »Vatican News« die folgenden Worte überliefert sind: »Ich will euch einfach sagen, dass ich mich freue und dass Sport, auch der Fußball, ein Lebensweg ist, ein Weg der Reife und der Heiligkeit. Man kann weiter gehen. Aber man kann nie allein weiter gehen, immer im Team, immer im Team, das ist wichtig.«

Der vom Papst angesprochene Teamgeist ist das eine, der dem Papst ebenfalls nicht fremde Glaube das andere. Davon

Er weiß »seine« Jungs, hier Matteo Pessina, anzuleiten: Roberto Mancini beim Spiel gegen Wales während der EM 2021.

versteht auch Roberto Mancini, 1964 in der mittelitalienischen Stadt Jesi geboren, eine ganze Menge. Als Junge hatte er einen Traum, den viele haben: Fußball zu spielen, ein Star zu werden, vielleicht sogar ein Held. Tatsächlich gelang ihm als Spieler eine beachtliche Karriere, und auch den Glauben gab er niemals auf. Als er im Jahr 2018 Trainer der italienischen Nationalmannschaft wurde, soll er zu den Spielern gesagt haben: »Ihr könnt groß sein, ihr müsst nur daran glauben.« Drei Jahre später waren die italienischen Kicker nicht bloß groß, sie waren die Größten. Jedenfalls in Europa, als sie sich im Juli 2021 bei der Europameisterschaft den Titel holten.

Nach dem finalen Abpfiff im Londoner Wembley-Stadion gegen die Engländer standen Roberto Mancini die Tränen in den Augen. Es sei ihm so vorgekommen, erzählte er später, als sei ihm das Schicksal noch etwas schuldig gewesen. Denn an derselben Stelle hatte er einst als Spieler ein Champions-League-Finale verloren. Damals habe er auch geweint, sagte er, doch dieses Mal waren die Tränen süßer: »Das Schönste ist, dass Roberto 55 Millionen Italiener glücklich gemacht hat«, wurde Mancinis Vater in der Presse zitiert.

Der kleine Roberto war nun ein Held. Keiner von der triumphalen Sorte, sondern einer, der zu seinen Gefühlen steht und seine Niederlagen nicht versteckt. Der sich für den Fall eines glücklichen Titelgewinns mit Freunden verabredet hatte, um auf dem Jakobsweg zu pilgern. Einer, der weiß, dass der Sport ein Lebensweg ist, ein Weg der Reife.

Nur das mit der Heiligkeit überlässt er doch lieber dem Papst.

*Italien*

# Venedigs Engelflug

Italien, du hast es besser. Nicht nur sind deine Kirchen und Museen voller Engel, in gemalter wie in skulptierter Form. Auch in leibhaftig-lebendiger Form kann man hier Engel fliegen sehen: Die Tradition des *Volo dell'Angelo*, des Engelsflugs, reicht zurück bis ins 16. Jahrhundert, als erstmals ein Artist über ein in der Bucht vor dem Markusplatz verankertes Seil hinauf zum Campanile und von dort bis zum Dogenpalast balancierte. In der Fortsetzung dieser Tradition war auch ein tödlicher Absturz zu beklagen, was aber heute niemand mehr befürchten muss: Zehn Tage vor Aschermittwoch »schwebt« um die Mittagszeit eine gut gesicherte Darstellerin an einem Seil vom Campanile zum Dogenpalast. Als »fliegender Engel« läutet sie die heiße Phase des Karnevals ein und bietet, nicht zuletzt, einen wahrlich glücklich machenden Anblick am Himmel von Venedig.

Nicht nur die Zuschauer sind beglückt. Linda Pani, Venedigs Engel 2020, sagte nach dem Flug, es wären die wohl glücklichsten drei Minuten ihres Lebens gewesen.

*Italien* 261

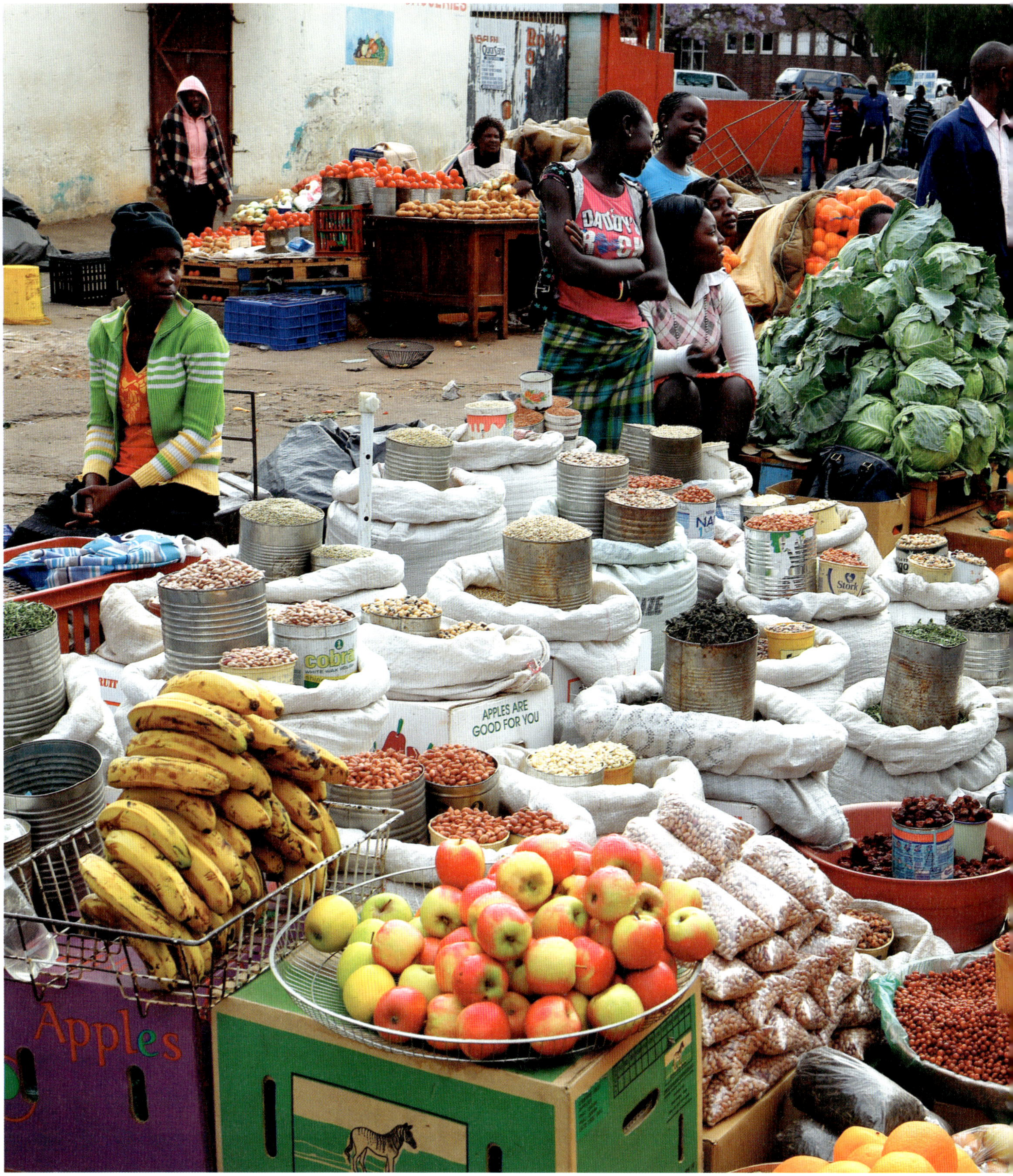
APPLES ARE GOOD FOR YOU
Apples
cobra

# Simbabwe

Obwohl das südafrikanische Land im *Happiness Report* 2021 nur auf Platz 148 rangiert, und es zudem von tiefer Armut betroffen ist, findet man in Simbabwe Glück: Das Land bordet über von kulturellem Reichtum und paradiesischer Natur. Und vertrauensvoller Zuversicht.

Obst und Gemüse, Nüsse, Hülsenfrüchte und mehr erhält man in Bulawayo auf dem Markt.

**Simbabwe**

| 76 % | 56 J | 71 % | 0 % | 81 % | 42 Mrd $ |

**Deutschland**

| 90 % | 72 J | 87 % | 8 % | 46 % | 3.861 Mrd $ |

**Welt**

| 81 % | 64 J | 78 % | 0 % | 17 % | 87.552 Mrd $ |

Susanne Kilimann

# Reich beschenkt

Über 400 Millionen Kinder leben derzeit auf dem afrikanischen Kontinent. Über fünf Millionen unter 15-Jährige sind es in Simbabwe, einem der ärmsten Länder der Welt. Sie machen über 40 Prozent der Gesamtbevölkerung in dem Land aus. Doch hoch ist die Kindersterblichkeit, hoch der Anteil der unterernährten Mädchen und Jungen. Millionen gehen nicht oder nur kurze Zeit in die Schule, weil das Schulgeld fehlt, weil ihre Familien sie als Arbeitskräfte brauchen oder in Diamantminen schicken müssen, damit sie dort arbeiten. Eine weitere Beobachtung, die für negative Schlagzeilen sorgt, ist die Inhaftierung von Kindern und Jugendlichen, die oft kaum begründet erfolgen – oder gemeinsam mit den Eltern geschieht, von denen man so ein Geständnis erzwingen möchte. Die schlechte Wirtschaft und die instabile Politik tun ihr Übriges, dass sich an den Rechten für Kinder wenig ändert. Das Bildungssystem ist schlecht ausgebaut, oft fehlen gute Lehrkräfte und -material, die Schulkosten sind für viele Familien zu hoch. Kinderrechte wie sie die Internationale Kinderrechtskonvention einfordert, können kaum garantiert werden. Das fängt bei schlechter Trinkwasserversorgung an, die viele Krankheiten zur Folge hat, und hört bei dem Fehlen einer Identität auf – denn nicht einmal drei Viertel aller Geburten werden gemeldet. Dem restlichen Anteil mangelt es so an einer offiziellen Identität oder Nationalität – und somit auch der Möglichkeit, Rechte einzufordern.

Fakten wie diese hat wohl jeder von uns im Hinterkopf, als sich die Jeeps an diesem Morgen durch den sandigen Boden des Ngamo-Landes wühlen. Ziel ist die lokale Schule, wo wir, die Safari-Touristen, einen Vormittag mit ein paar Dutzend Schulkindern verbringen. Die Forschen hüpfen uns lachend entgegen, die Schüchternen stehen im Schatten hoher Bäume, winken, lächeln. Mit berührender Offenheit nehmen sie uns in Empfang, löchern uns mit Fragen, deren Antworten sie größtenteils schon zu kennen scheinen, die sie aber zum Kichern bringen. Nein, Löwen, Giraffen, Elefanten – die großen Tiere Afrikas – gibt es dort, wo wir herkommen, nicht. Es gibt Hunde. Es gibt Katzen. Dass die bisweilen verwöhnt werden wie Kinder, denkt man, bringt es aber an diesem Ort nicht über die Lippen. Selbstbewusst führen uns die jungen Gastgeber und Gastgeberinnen in ihre Schule, einen Einraum-Bungalow. Stolz präsentieren sie eine riesige Landkarte mit ihrer Heimat, die zwischen den berühmten Viktoriafällen, die einige schon gesehen haben, und einer Großstadt namens Bulawayo liegt, in der noch fast keines dieser Kinder je war. Buntstifte, Malblöcke, Seifenblasen und Sandwiches sind unsere Mitbringsel, die von den nun diszipliniert in Reihen anstehenden Kindern entgegengenommen werden. Beschämend kleine Gaben. Vermutlich bin ich nicht die Einzige, die in diesem Moment so empfindet. Diese vor Energie sprühenden Mädchen und Jungen, die für uns singen und tanzen, die sich nicht sattsehen können an den eigenen Bildern auf unseren Smartphones – sie haben uns viel geschenkt an diesem Morgen. Sie haben uns teilhaben lassen an der unbeschwerten Freude des Augenblicks. An vertrauensvoller Zuversicht. An dem spontanen Kinderglück, das in Momenten wie diesen darüber hinwegtäuschen kann, dass das Land ihnen kaum die nötigen Rechte und einen Schutz vor Armut, Hunger oder Krankheiten gewähren kann.

Nichts kann Sorgen für einen Moment so gut vergessen machen, wie Kinderlachen.

Mark Butcher und Johnson Ncube

# Der größte Schatz, den dieses Land besitzt

Dass heute rund 40 000 Elefanten im Hwange Nationalpark leben und dass nur wenige Dutzend Tiere pro Jahr von Wilderern getötet werden, ist eine erfreuliche Entwicklung, an der ein Mann großen Anteil hat, den hier alle nur »Butch« nennen – Mark Butcher, ein drahtiger Typ Anfang 60 – sonnengegerbte Haut und schlohweißes Haar, geboren, als das Land noch Rhodesien hieß und britische Kronkolonie war. Seit seiner Jugend treibt ihn ein Herzensanliegen an. Er will die faszinierende Tierwelt seiner geliebten Heimat retten. Seine Arbeit als Ranger habe ihm schon früh gezeigt, dass man dafür auch die Situation der Menschen verändern muss. »In Simbabwe haben weit über 90 Prozent der Menschen keinen Arbeitsplatz, sie verdienen kein Geld. Sie bestreiten ihren Lebensunterhalt als Selbstversorger – halten etwas Vieh, bauen Mais und Bohnen an«, sagt Butcher, als wir unter rotglühendem Abendhimmel über die Kalahari Sands blicken. »Bis vor wenigen Jahren war es hier noch so: Ein Elefant, der deinen Feldern zu nahe kam, war ein potenzieller Feind. Wenn er deine Ernte zertrampelte, war deine Lebensgrundlage zerstört. Also hast du zur Waffe gegriffen. Nackte Existenzangst, nicht Geldgier, war der Grund dafür, dass so viele Elefanten getötet wurden.«

Butchers Idee, mit sanftem Tourismus den am Rande des Nationalparks lebenden Menschen neue Perspektiven zu öffnen und so Wildtiere nachhaltig zu schützen, hat den damals jungen Ranger nicht mehr losgelassen. Um Mitstreiter zu finden, musste er allerdings jede Menge Überzeugungsarbeit leisten »Damals, vor 25 Jahren, wusste hier niemand, was Tourismus ist und schon gar nicht, welchen Nutzen er bringen könnte.« Schließlich konnte der junge Weiße einen jungen Schwarzen für seine Idee gewinnen: Johnson Ncube, der damals gerade das Amt des Dorfoberhauptes übernommen hatte. Ncube verpachtete einen Teil des Ngamo-Lands an die Investoren, die Butcher in England aufgetrieben hatte – Simbabwer, die es als Unternehmer in Großbritannien zu Kapital gebracht hatten. Lodges aus Zeltplanen, Bambus und Holz wurden gebaut, nachhaltige Unterkünfte, in denen es an nichts mangelt, weder an bequemen Kolonialstil-Himmelbetten noch an komfortablen Bädern. *Imvelo* nannten die Gründer ihr Projekt. In der Ngamo-Sprache bedeutet das Natur.

Die Pacht kommt seither den Dorfbewohnern zugute, fließt unter anderem in die Gemeindeschule. Viele Eltern brauchen die Zuschüsse dringend, weil sie das vom Staat gefordterte Schulgeld für ihre Kinder nicht aufbringen können. Seit Imvelo hilft, ist die Zahl der Schulabbrecher im Ngamo-Land deutlich gesunken. Junge Leute aus den Ngamo-Dörfern wurden ausgebildet, verdienen jetzt als Ranger, Köchinnen und Köche, Kellnerinnen und Kellner oder Zimmermädchen Geld. »Wenn ein Elefant heute ein Feld zertrampelt, ist das keine Katastrophe mehr«, sagt der Dorfälteste. »Dann können wir uns Mais und Bohnen auch mal kaufen.« Und noch eines lernt die Ngamo-Jugend Tag für Tag – die wilden Tiere, die großartige Natur, das ist der größte Schatz, den ihr Land besitzt.

Nur mit der Unterstützung der lokalen Bevölkerung und insbesondere Johnson Ncubes war das Projekt Butchers möglich.

In Südafrika studierte Butcher Zoologie und Botanik. Sein Wissen gibt er nun auch gerne den jungen Menschen weiter.

# Durchs Schlafzimmer der Elefanten

Tief steht die Sonne am Horizont und auf den Blättern der Akazien funkelt der Morgentau. Vogelschreie dringen durch die nachtkühle Luft. Ein Kaiserkranichpaar stolziert durch das hohe Gras des Hwange Nationalpark, dem größten Naturschutzgebiet Simbabwes.

Die Reifen eines Jeeps pflügen sich durch den sandigen Boden. »Willkommen im Schlafzimmer der Elefanten«, verkündet schließlich der Ranger. Und tatsächlich: Hinter einigen Baumstämmen sind die ersten grauen Rücken auszumachen. Elefantenkühe und ihre Jungen pflücken mit den Rüsseln belaubte Äste und stopfen sich Bündel für Bündel ins Maul. Dabei fächeln die Tiere friedlich mit den Ohren, unbeirrt in ihrem Tun, obwohl sie längst wahrgenommen haben, dass sie beobachtet werden. Wenn es ihnen zu viel wird, können sie aber auch klar signalisieren, wer in der Region das Sagen hat: Dazu stellen sie ihre großen Ohren auf und heben den Rüssel über den Kopf. Dann weiß der Ranger sofort, bis hier und nicht weiter. Wer im Nationalpark unterwegs ist, sollte sich gut mit solchen Warnsignalen auskennen.

Ganz nah kann man den Dickhäutern in speziell eingerichteten Mini-Bunkern unweit der Wasserstellen kommen. Ausgestattet sind sie mit Aussichtsfenstern, die für die Elefanten nicht witterbar sind. Eine Herde mit mindestens 20 Kühen und Jungtieren erscheint am Horizont. Fasziniert beobachten die Besucher, wie sie die Wasserstelle erreichen. Besonders die Elefantenbabys lösen Entzücken aus. Ein Kleiner trinkt in wenigen Metern Entfernung ausgiebig und spritzt sich dann wie manche der Großen eine Rüsselladung Wasser über Kopf und Rücken. Irgendwann setzt sich die Herde wieder in Bewegung. Verschwindet, wie sie gekommen ist, Rüssel an Schwanz, Rüssel an Schwanz ... Richtung Horizont. Die erste Begegnung mit Elefanten in freier Wildbahn rührt viele Menschen unwahrscheinlich an, sie sind regelrecht ergriffen vom Anblick der intelligenten Wesen, die jedoch auch so sehr durch uns Menschen bedroht sind.

Eine wohltuende Erfrischung gönnen sich auch Elefanten gerne. Praktischerweise haben sie ihren Wasserschlauch immer dabei.

Simbabwe 269

# Register

## A
Aarhus 32
Abu Dhabi 185
Akko 130
Allemannsrät 73
Alp Spektakel 45
Alpabzug 45
Amorbach 153
Andersen, Hans-Christian 36
Antiqua 249
Apsaalooke 164
Artists on Board 109
Atitlán-See 249
Auckland 80
Australian Rules Football 113
Australien 111

## B
Bekaert, Nele 178
Belgien 175
Bern 40
Bhutan 13
Bionicman 42
Bivingen 101
Blue Lagoon 192
Bogenschießen 18
Bonn, Nathalie 96
Bretagne 202
Brüssel 177
Bugeja, Alda 195
Buri, Uri 130
Buschenschank 92
Butcher, Mark 266

## C
Cadaqués 242
Cap de Creus 242
Casa Azul 209
Chata 168
Choden, Kunzang 17
Colonia del Sacramento 224
Comic 177
Corcovado Nationalpark 139
Costa Rica 137
Coyoacán 209
Crow Fair 164

## D
Däenemark 31
Dahle, Ole Martin 59
Dänische Literatur 36
Dessau 154
Deutschland 151
Día de los Muertos 212
Dobson, Jenny 114
Donat Pérez, Mercè 242
Drehort Malta 197

## E
Elefanten 268
Engelflug Venedig 260
Erdbeben 210
Étiquette 205

## F
Falken 234
Feldbach 91
Fika 77
Finnische Sauna 29
Finnland 21
Fornasier, Michel 42
Frankreich 199
Friluftsliv 56

## G
Galette 202
Glaskunst 170
Gom-Kora-Kloster 14
Gospers-Mountain-Feuer 116
Great Sandy Desert 113
Großbritannien 119
Guatemala 247

## H
Hajar-Gebirge 189
Hedegaard, René 35
Hergé 177
Hilfsbereitschaft 220
Hilversum 67
Honig 98
Honkala, Petri 24
Hospoda 168
Hoyer, Saimi 26
Hutschig, Stefanie 154
Hwange-Nationalpark 266

## I
Irland 145
Isergebirge 170
Island 47
Islay 125
Israel 127
Italien 255

## J
Jakob, Johannes 154
Jantelagen 73
Jensen, Johannes V. 36
Jom Kippur 128
Jostedalsbreen 56

## K
Kaffeeanbau 250
Kahlo, Frida 209
Kanada 103
Karneval 229
Katzenbuckel 153
Kleinwalsertal 89
Kopenhagen 32
Kovač, Petra 170
Krabbenfischen 178
Kriek 181
Kristensen, Lotta 74

## L
Larcher, Bertrand 202
Lauvnes 59
Lëtzebuergesch 96
Liwa-Wüste 189
London 120
Lopapeysur 52
López, Maria 250
Luxemburg 95

Eines der ältesten Feste Indiens, das Frühlingsfest Holi, wird heute an vielen Orten auf der ganzen Welt gefeiert. Traditionell wurden dabei Grenzen von Klasse, Geschlecht, Status und Ähnlichem aufgehoben und man zelebriert den Sieg des Guten über das Böse. Nicht zuletzt die bunten Farben beglücken.

## M

Maat, Minke 67
Mabkhout Al Dossary, Mohammed 234
Mallorca 240
Malta 191
Mancini, Roberto 259
Maori 85
Margarethenschlucht 153
Mariachi 209
Marlborough Country 80
Masih, Arif 186
Mathildedal 24
Mexiko 207
Michelstadt 153
Mittsommar 73
Møn 32
Montevideo 224
Morgan, Gaylyn 83

## N

Ncube, Johnson 266
Neuseeland 79
Niederlande 63
Norwegen 55

## O

Odenwald 153
Ontario 107
Oostduinkerke 178
Oslo 56
Österreich 87
Otago-Halbinsel 80

## P

Paardenvisser 178
Paduano, Guiseppe 51
Paris 201
PATH 104
Peregrine, Gerald 148
Pielinensee 23
Pilzesammeln 26
Pivo 168
Powwow 164
Prättigau 45

## Q

Queenstown 80
Quiros, German 140

## R

Radfahren 64
Rantasauna 29
Rauch, Rupert 91
Ravenmaster 122
Rondane 60
Rüdenau 157

## S

Salisbury 120
Saudi-Arabien 231
Saudisches Sozialsystem 237
Saunamakkara 29
Savoir-faire 201
Schweden 71
Schweiz 39
Seeadler 59
Selva Maya 249
Shanachies 150
Simbabwe 263
Skaife, Christopher 122
Skifahren 60
Spanien 239
St. Kilian 157
Städte-Stress-Index 40
Steiermark 89
Storytelling 150
Street Art 177
Streichen, Edward 101

## T

Taipeh 216
Taiwan 215
Taiwan-Pride 216
Tang, Audrey 219
Tango 224
Tarot 83
Tasmanien 114
Tel Aviv 128
Thimphu 14
Thomsen, Jörg P. A. 226
Thümmler, Andreas 157
Tikal 249
Tirol 89
Tjörn 74
Topos 210
Toronto 104
Tower of London 122
Tramuntana 240
Trillium Guards of Ontario 107
Tschechien 167
Tschechische Sprache 173
Tube 120

## U

Uitwaaien 68
Ukko-Koli 23
Uruguay 223
USA 159

## V

Valldemossa 240
Valletta 192
Venedig 260
Vereinigte Arabische Emirate 183
VIA Rail 109
Volo dell'Angelo 260

## W

Weben 195
Westminster Abbey 120
Whisky 157
Wien 89
Williams, Yuri 162
Wollemi-Nationalpark 116
Wunder der Anden 226

## YZ

Yeoman Warders 122
Zeler, Hugo 98

# Bildnachweis & Impressum

S = Shutterstock | G = Getty | M = Mauritius

U1 G/Devesh Tripathi; S. 002-003 Jan Ohrstrom/Shutterstock.com; S. 004-005 LIBIN THOMAS OLAPRATH/Shutterstock.com; S. 006-007 Francois Roux/Shutterstock.com; S. 008 Greens and Blues/Shutterstock.com; S. 010 Shawn.ccf/Shutterstock.com; S. 012-013 Javier Ballester/Shutterstock.com; S. 015 Martin H. Petrich; S. 015 Leo McGilly/Shutterstock.com; S. 016 Martin H. Petrich; S. 018-019 JordiStock/Shutterstock.com; S. 020-021 G/Hanneke Luijting; S. 022 G/Franz Christoph Robiller; S. 025 Rasso Knoller; S. 025 Look/Bauer Syndication; S. 027 Rasso Knoller; S. 028-029 Aleksandra Suzi/Shutterstock.com; S. 030-031 M/Werner Dieterich; S. 033 Roberto Rizzi/Shutterstock.com; S. 033 M/Harald Schön; S. 033 Look/Wolfgang Schardt; S. 034 Marc Vorsatz; S. 036-037 Nina Alizada/Shutterstock.com; S. 038-039 M/Stefano Caldera; S. 041 G/Davide Seddio; S. 041 M/Rene Mattes; S. 043 G/BSIP ; S. 044-045 Fredy Thuerig/Shutterstock.com; S. 046-047 G/Nutkamol Komolvanich; S. 048 Umomos/Shutterstock.com; S. 048 Thampitakkull Jakkree/Shutterstock.com; S. 050 Guiseppe Paduano; S. 050 Guiseppe Paduano; S. 052-053 G/Daniel Schönherr; S. 054-055 G/Fredrik Meling; S. 057 rayints/Shutterstock.com; S. 057 Christian Nowak; S. 058 Christian Nowak; S. 060-061 G/Johner Images; S. 062-063 M/Sander Meertins; S. 065 G/Merten Snijders; S. 065 M/Peter Schickert; S. 066 Minke Maat; S. 068-069 Anton Havelaar/Shutterstock.com; S. 070-071 stilrentfoto/Shutterstock.com; S. 072 M/Ladi Kirn; S. 072 Look/Olaf Meinhardt; S. 075 Jutta M. Ingala; S. 075 Jutta M. Ingala; S. 076-077 Jutta M. Ingala; S. 078-079 Umomos/Shutterstock.com; S. 081 Delpixel/Shutterstock.com; S. 081 Alizada Studios/Shutterstock.com; S. 082 Gaylyn Morgan; S. 082 Gaylyn Morgan; S. 084-085 ChameleonsEye/Shutterstock.com; S. 086-087 Lunghammer/Shutterstock.com; S. 088 Look/Florian Werner; S. 088 Mojmir Fotografie/Shutterstock.com; S. 090 Klaus Koiner; S. 092-093 M/Volker Preusser; S. 094-095 G/Franz Sussbauer; S. 097 Alena Veasey/Shutterstock.com; S. 097 M/Busse & Yankushev; S. 097 Alena Veasey/Shutterstock.com; S. 099 Ramunas Astrauskas; S. 100-101 G/Historical; S. 102-103 Tatsuo Nakamura/Shutterstock.com; S. 105 Gilberto Mesquita/Shutterstock.com; S. 105 Diego Grandi/Shutterstock.com; S. 106 Peter Nowak; S. 108-109 G/Bernard Weil; S. 110-111 Don Fuchs; S. 112 Don Fuchs; S. 112 Don Fuchs; S. 115 Don Fuchs; S. 115 Don Fuchs; S. 116-117 Don Fuchs; S. 118-119 G/Joe Daniel Price; S. 121 M/Loop RF; S. 121 Chrispictures/Shutterstock.com; S. 123 Alamy/Tony ALS; S. 123 Alamy/Tony ALS; S. 124-125 SergeBertasiusPhotography/Shutterstock.com; S. 126-127 M/Jason Langley; S. 129 M/Oleksandr Rupeta; S. 129 Look/Thomas Stankiewicz; S. 131 Sarit Goffen; S. 131 Sarit Goffen; S. 132-133 G/Gorsh13; S. 134-135 G/Simon Dannhauer; S. 136 Serge Goujon/Shutterstock.com; S. 136 G/Suzi Eszterhas; S. 139 Jeff Cable; S. 140-141 M/Jannishagels; S. 142-143 G/No_limit_pictures; S. 145 G/Marco Bottigelli; S. 145 Sharkshock/Shutterstock.com; S. 147 Gerald Peregrine; S. 147 Gerald Peregrine; S. 148-149 Brian Morrison; S. 150-151 M/Andreas Vitting; S. 152 Boris Stroujko/Shutterstock.com; S. 155 Johannes Jakob; S. 156-157 Cornelia Lohs; S. 158-159 G/4kodiak; S. 160 M/Jane Sweeney; S. 160 G/Dave Soldano; S. 163 Jaedyn Williams; S. 164-165 Laif/Christian Heeb; S. 166-167 Radiokafka/Shutterstock.com; S. 169 M/Petr Svarc; S. 171 Petra Kovac; S. 171 Petra Kovac; S. 172 Fulcanelli/Shutterstock.com; S. 173 Christian Möser; S. 174-175 Jutta M. Ingala; S. 176 G/Sylvain Sonnet; S. 179 Sofhie Legein; S. 180-181 M/De Meester Johan; S. 182-183 G/Karim Sahib; S. 184 G/Klaus Brandstaetter; S. 184 G/Britus; S. 187 Jens Niemann; S. 188-189 G/Jon Bower; S. 190-191 G/Anton Zelenov; S. 193 G/Florentina Georgescu; S. 193 G/Elena Eliachevitch; S. 193 M/SeaTops; S. 194 Jutta M. Ingala; S. 196-197 David Ionut/Shutterstock.com; S. 198-199 M/Art Kowalsky; S. 200 M/Jerome Labouyri; S. 203 Philippe Erard; S. 204-205 18042011/Shutterstock.com; S. 206-207 LP Production/Shutterstock.com; S. 208 Anton_Ivanov/Shutterstock.com; S. 208 Anton_Ivanov/Shutterstock.com; S. 208 M/Dominic Byrne; S. 211 G/AFP Contributor; S. 212-213 Kobby Dagan/Shutterstock.com; S. 214-215 r.nagy/Shutterstock.com; S. 217 G/Sharleen Chao; S. 217 G/Khaichuin Sim; S. 218 G/Bloomberg; S. 220-221 kross13/Shutterstock.com; S. 222-223 Look/Holger Leue; S. 225 RPBaiao/Shutterstock.com; S. 225 M/Sergi Reboredo; S. 227 Ulrike Wiebrecht; S. 228-229 Kobby Dagan/Shutterstock.com; S. 230-231 Jens Niemann; S. 232 Jens Niemann; S. 232 Jens Niemann; S. 235 Jens Niemann; S. 235 Jens Niemann; S. 236-237 Ahmed Hamdy Hassan/Shutterstock.com; S. 238-239 G/Gonzalo Azumendi; S. 241 M/Thomas Haupt; S. 241 Simon Whitfield/Shutterstock.com; S. 243 Jutta M. Ingala; S. 244-245 Lunamarina/Shutterstock.com; S. 246-247 Lucy.Brown/Shutterstock.com; S. 248 Natalia Esch/Shutterstock.com; S. 248 Brester Irina/Shutterstock.com; S. 251 Sirisak_baokaew/Shutterstock.com; S. 251 Shutterbug78/Shutterstock.com; S. 252-253 M/Paul Liebhardt; S. 254-255 Look/Sabine Lubenow; S. 257 G/Martyn Goddard; S. 257 BorisB/Shutterstock.com; S. 258 Marco Iacobucci Epp/Shutterstock.com; S. 260-261 G/Mauro Repossini; S. 262-263 hecke61/Shutterstock.com; S. 265 M/Lionela Rob; S. 267 Susanne Kilimann; S. 267 Susanne Kilimann; S. 268-269 Simone Crespiatico/Shutterstock.com; 271 G/Devesh Tripathi

© 2022 Kunth Verlag, München
MAIRDUMONT GmbH & Co. KG, Ostfildern
St.-Cajetan-Straße 41 | 81669 München
Tel. +49.89.45 80 20-0 | Fax +49.89.45 80 20-21
www.kunth-verlag.de | info@kunth-verlag.de

Printed in Italy

Texte: Tina Engler, Katharina Erschov, Robert Fischer, Don Fuchs, Brigitte Heusel, Jutta M. Ingala, Susanne Kilimann, Rasso Knoller, Marike Langhorst, Cornelia Lohs, Christian Möser, Jens Niemann, Dr. Christian Nowak, Martin H. Petrich, Dirk Thomsen, Marc Vorsatz, Ulrike Wiebrecht
Redaktion: Anna Eckerl
Layout & Satz: Verena Ribbentrop
Verlagsleitung: Grit Müller

Alle Rechte vorbehalten. Reproduktionen, Speicherung in Datenverarbeitungsanlagen, Wiedergabe auf elektronischen, fotomechanischen oder ähnlichen Wegen nur mit der ausdrücklichen Genehmigung des Copyrightinhabers. Alle Fakten wurden nach bestem Wissen und Gewissen mit der größtmöglichen Sorgfalt recherchiert. Redaktion und Verlag können jedoch für die absolute Richtigkeit und Vollständigkeit der Angaben keine Gewähr leisten. Der Verlag ist für alle Hinweise und Verbesserungsvorschläge jederzeit dankbar.